幼小衔接

幼儿学前

识字大王

2280字

廉东星 编著

超越篇

成都地图出版社

目录

pí

琵

部首	比	笔画	12	组词	琵琶

造句 她的琵琶弹得很好听。

笔顺 一 二 干 王 王一 王二 王干 珏 珏 琵 琵 琵

qián

乾

部首	乙	笔画	11	组词	乾坤

造句 他最终用实力扭转乾坤。

笔顺 一 十 𠃊 古 古 古 直 卓 卓 乾 乾

kūn

坤

部首	土	笔画	8	组词	坤伶

造句 他竟能扮演坤伶。

笔顺 一 十 土 圵 坰 坰 坦 坤

guī

规

部首	见	笔画	8	组词	规模

造句 兵马俑的规模很庞大。

笔顺 一 二 夫 夫 夫 知 规 规

zé

则

部首	刂	笔画	6	组词	法则

造句 我们应遵循各项法则。

笔顺 丨 冂 贝 贝 贝 则

chóu

仇

部首	亻	笔画	4	组词	仇恨

造句 他们互相仇恨地看着对方。

笔顺 丿 亻 仉 仇

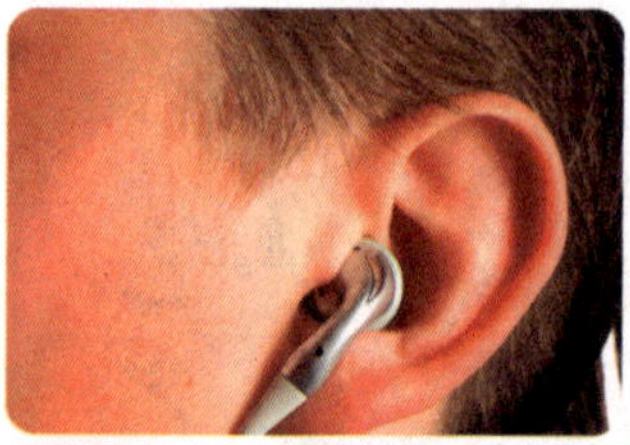

ěr

耳

部首	耳	笔画	6	组词	耳朵
造句	他戴着耳机在听音乐。				
笔顺	一 丆 丌 丌 耳 耳				

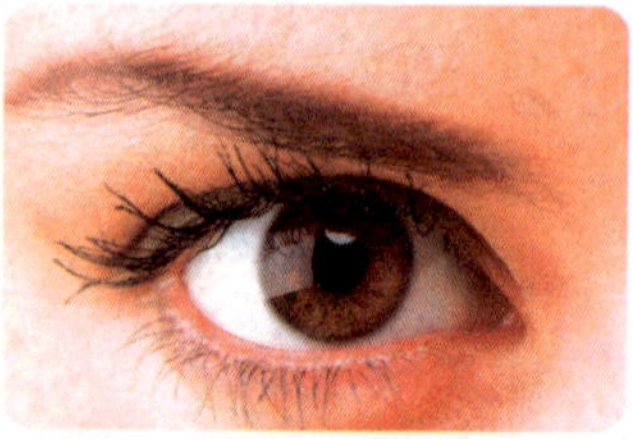

mù

目

部首	目	笔画	5	组词	目光
造句	我们应以长远的目光来看问题。				
笔顺	丨 冂 月 月 目				

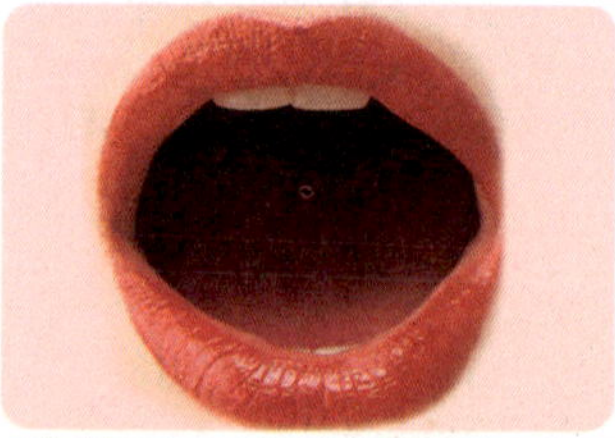

kǒu

口

部首	口	笔画	3	组词	口语
造句	他深吸一口气，走上了讲台。				
笔顺	丨 冂 口				

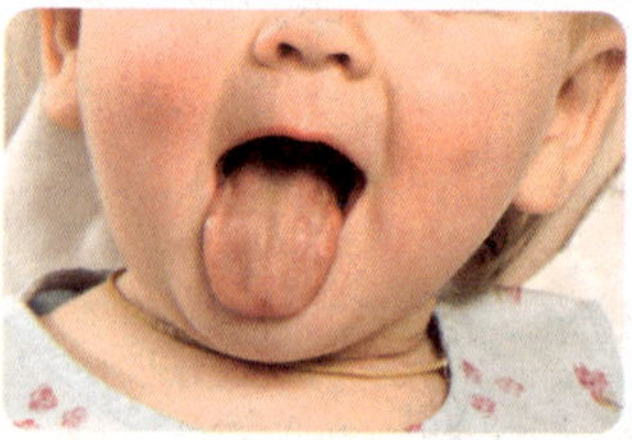

shé

舌

部首	舌	笔画	6	组词	舌头
造句	他朝妈妈吐了吐自己的舌头。				
笔顺	丿 二 千 千 舌 舌				

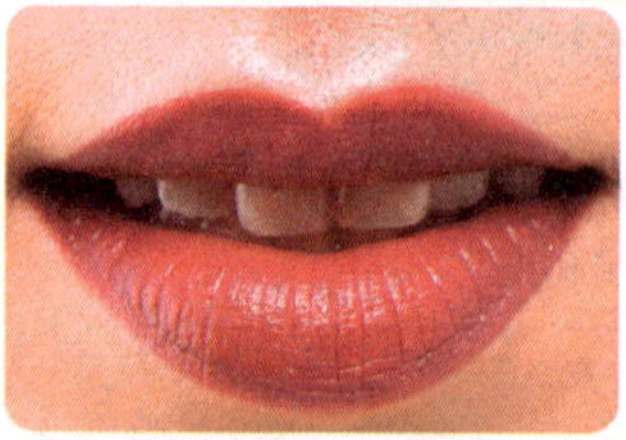

chún

唇

部首	口	笔画	10	组词	嘴唇
造句	她在嘴唇上涂了口红。				
笔顺	一 厂 厂 尸 尼 辰 辰 辰 唇 唇				

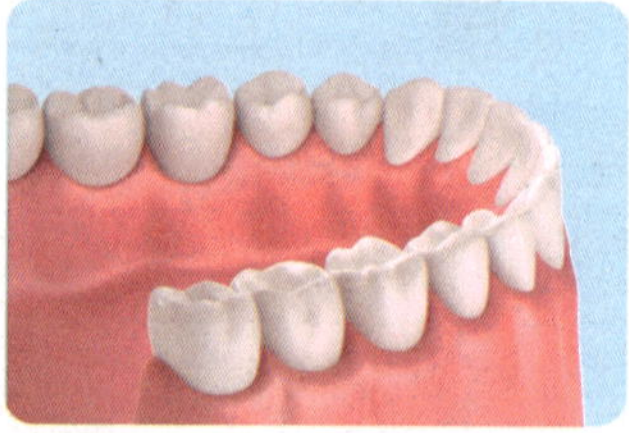

chǐ

齿

部首	齿	笔画	8	组词	牙齿
造句	她的牙齿整齐又洁白，很健康。				
笔顺	丨 卜 止 止 步 齿 齿 齿				

shēn

身

部首	身	笔画	7	组词	身体
造句	有时我会去健身房学习健美操。				
笔顺	丿 丨 门 月 自 身 身				

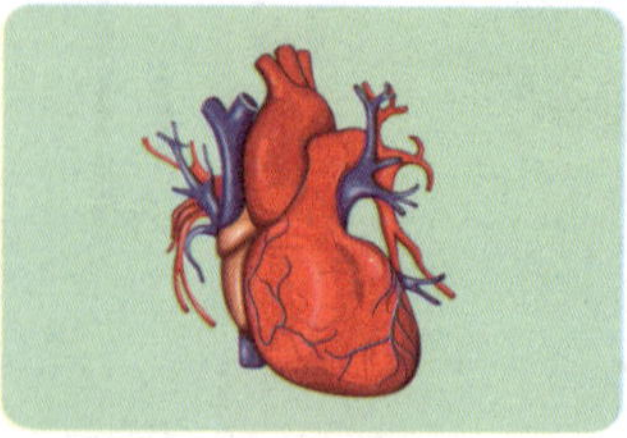

xīn

心

部首	心	笔画	4	组词	心脏
造句	心脏衰弱的人不能做剧烈运动。				
笔顺	丶 心 心 心				

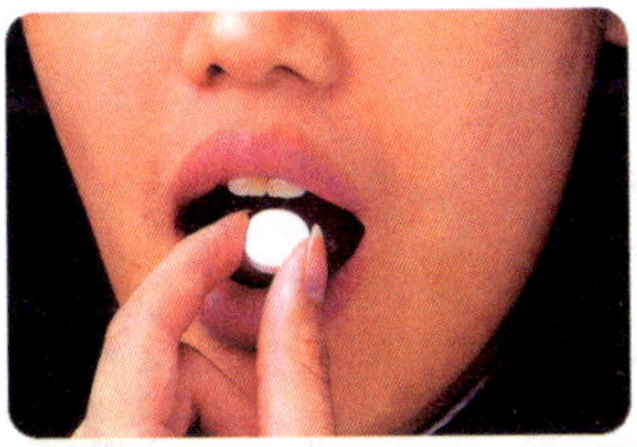

tūn
吞

部首 口 笔画 7 组词 吞服

造句 她吞服了一粒药丸。

笔顺 一 二 チ 天 夭 吞 吞

tǔ
吐

部首 口 笔画 6 组词 吐出

造句 她吐出舌头朝妈妈扮了个鬼脸。

笔顺 丨 口 口 口一 叶 吐

hǎo
好

部首 女 笔画 6 组词 好处

造句 灯泡坏了，他只好买了一个新的。

笔顺 ㄑ 女 女 女' 好 好

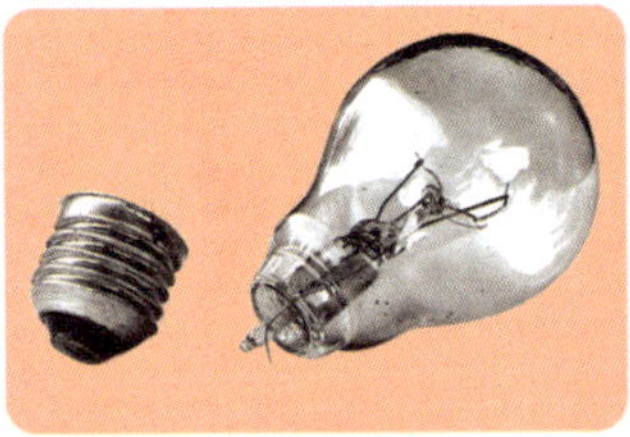

huài
坏

部首 土 笔画 7 组词 损坏

造句 昨天，他损坏了一个灯泡。

笔顺 一 十 土 圠 圽 坏 坏

shēng
生

部首 丿 笔画 5 组词 生日

造句 她生日那天，小朋友来给她庆祝。

笔顺 丿 𠂉 𠂒 牛 生

sǐ
死

部首 歹 笔画 6 组词 死亡

造句 海滩上有一条死鱼。

笔顺 一 厂 歹 歹 歹' 死

zhǐ
止

部首 止 笔画 4 组词 停止

造句 室内很吵闹，他做了个停止的手势。

笔顺 丨 卜 𣥂 止

bù
步

部首 止 笔画 7 组词 散步

造句 清晨，一家人到海边散步去了。

笔顺 丨 卜 𣥂 止 𣥄 𣥄 步

zhù

铸

部首 钅 笔画 12 组词 铸造

造句 这个青铜器铸造得非常好。

笔顺 ノ ㄏ ㄏ ㄏ 钅 钅 钅 钅 铁 铁 铸 铸

pī

霹

部首 雨 笔画 21 组词 霹雳舞

造句 他在舞台上表演霹雳舞。

笔顺 一 ㄏ 冖 币 雨 雨 雨 雨 雨 雨 雨 雨 雨 雨 雨 雨 雨 雨 霹 霹 霹

lì

雳

部首 雨 笔画 12 组词 霹雳

造句 天空中响起阵阵霹雳声。

笔顺 一 ㄏ 冖 币 雨 雨 雨 雨 雨 雳 雳 雳

è

噩

部首 王 笔画 16 组词 噩耗

造句 他刚得知爷爷去世的噩耗。

笔顺 一 丁 丁 可 可 可 可 可 可 可 可 可 可 噩 噩 噩

è

厄

部首 厂 笔画 4 组词 厄运

造句 五年前，他家遭遇了厄运。

笔顺 一 厂 厅 厄

yí

仪

部首 亻 笔画 5 组词 仪容

造句 她仪容整洁，穿戴整齐。

笔顺 ノ 亻 亻 仪 仪

jīng

京

部首 亠 笔画 8 组词 京剧

造句 京剧是中国的国粹。

笔顺 丶 亠 亠 亣 古 亨 京 京

jīn

津

部首 氵 笔画 9 组词 天津

造句 天津市的夜景很漂亮。

笔顺 丶 冫 氵 氵 氵 氵 氵 津 津

hù

沪

部首 氵 笔画 7 组词 沪剧

造句 京沪高速直达列车开通了。

笔顺 丶 冫 氵 氵 氵 沪 沪

yú

渝

部首 氵 笔画 12 组词 巴渝

造句 渝是重庆市的简称。

笔顺 丶 冫 氵 氵 氵 沦 沦 渝 渝 渝 渝 渝

jì

冀

部首 匕 笔画 16 组词 冀望

造句 她冀望孩子早日出生。

笔顺 丨 ㅓ ㅓ 北 北 北 背 背 背 背 背 背 背 冀 冀 冀

yù

豫

部首 豕 笔画 15 组词 豫剧

造句 她在河南豫剧院表演节目。

笔顺 乛 乛 予 予 予 予 予 予 豫 豫 豫 豫 豫 豫 豫

liáo

辽

部首	辶	笔画	5	组词	辽阔

造句 这里地域辽阔，风景秀美。

笔顺 ㇇ 了 了 辽 辽

xiāng

湘

部首	氵	笔画	12	组词	湘菜

造句 她做的开屏湘妃鱼很好吃。

笔顺 丶 丶 氵 氵 汁 汁 汴 沭 湘 湘 湘 湘

wǎn

皖

部首	白	笔画	12	组词	皖山

造句 皖是安徽省的简称。

笔顺 ′ ㇀ 白 白 白 白 的 皖 皖 皖 皖 皖

lǔ

鲁

部首	鱼	笔画	12	组词	鲁菜

造句 鲁菜的味道不是那么辣。

笔顺 ′ ⺈ 𠂊 仵 角 角 鱼 鱼 鱼 鲁 鲁 鲁

zhè

浙

部首	氵	笔画	10	组词	浙江

造句 他就读于浙江大学。

笔顺 丶 丶 氵 氵 汁 汁 沂 浙 浙 浙

gàn

赣

部首	贝	笔画	21	组词	赣江

造句 赣江是长江主要支流之一。

笔顺 丶 亠 亠 亣 立 产 音 音 音 章 章 章 章 章 章 章 章 章 赣 赣 赣

è

鄂

部首 阝 笔画 11 组词 鄂州

造句 鄂是湖北省的简称。

笔顺 丨 ㄇ 口 口 吅 吅 吅 罒 咢 咢 鄂

gān

甘

部首 甘 笔画 5 组词 甘草

造句 甘草是一种补益中草药。

笔顺 一 十 廿 甘 甘

jìn

晋

部首 日 笔画 10 组词 晋剧

造句 山西是晋剧的发祥地之一。

笔顺 一 丅 丌 丌 亚 亚 亚 晋 晋 晋

méng

蒙

部首 艹 笔画 13 组词 蒙古

造句 她这几天住在蒙古包里。

笔顺 一 十 艹 艹 芦 芦 苎 苎 苎 蒙 蒙 蒙 蒙

shǎn

陕

部首 阝 笔画 8 组词 陕西

造句 他在陕西师范学院读书。

笔顺 了 阝 阝 阝 阝 阽 陕 陕

sū

苏

部首 艹 笔画 7 组词 苏州

造句 苏绣是中国四大名绣之一。

笔顺 一 十 艹 节 苏 苏 苏

mǐn

闽

部首 门 笔画 9 组词 闽菜

造句 佛跳墙是一道有名的闽菜。

笔顺 丶 丨 门 门 问 问 闸 闽 闽

guì

贵

部首 贝 笔画 9 组词 贵重

造句 她有一条贵重的宝石项链。

笔顺 丶 冖 冖 中 中 冉 冉 贵 贵

yuè

粤

部首 米 笔画 12 组词 粤剧

造句 佛山是中国粤剧的发源地。

笔顺 ′ 丫 白 白 向 向 甪 甪 甪 囱 奥 粤

zàng

藏

部首 艹 笔画 17 组词 西藏

造句 她在西藏买了一套藏服。

笔顺 一 十 艹 艹 产 产 产 产 产 产 产 产 产 葳 藏 藏 藏

níng

宁

部首 宀 笔画 5 组词 宁静

造句 清晨的湖边特别宁静。

笔顺 丶 丶 宀 宀 宁

qióng

琼

部首 王 笔画 12 组词 琼浆

造句 这酒简直就是琼浆玉液。

笔顺 一 二 干 王 王 玗 玗 珀 珀 琼 琼 琼

wēng

翁

部首 羽 笔画 10 组词 老翁

造句 老翁披着斗笠坐在竹筏上。

笔顺 丿 八 公 公 公 翁 翁 翁 翁 翁

zòu

奏

部首 大 笔画 9 组词 演奏

造句 她演奏了一首动听的曲子。

笔顺 一 二 三 丰 夫 夫 叐 奏 奏

zòng

纵

部首 纟 笔画 7 组词 纵火

造句 强盗纵火焚烧了房子。

笔顺 ㄥ 乡 纟 纠 纵 纵 纵

zhì

滞

部首 氵 笔画 12 组词 滞留

造句 他在那里滞留了一夜。

笔顺 丶 丶 氵 氵 汁 洴 洴 洴 洴 滞 滞 滞

zhì

秩

部首 禾 笔画 10 组词 秩序

造句 军队有秩序地并排走着。

笔顺 丿 二 千 禾 禾 禾 秆 秆 秩 秩

què

确

部首 石 笔画 12 组词 准确

造句 这个闹钟时间很准确。

笔顺 一 丆 不 石 石 石 矿 矿 硝 硝 硝 确

zhí

执

部首 扌 笔画 6 组词 执行

造句 他正在外面执行任务。

笔顺 一 ｊ 扌 扌 执 执

zhǐ

址

部首 土 笔画 7 组词 遗址

造句 他今天去了圆明园遗址。

笔顺 一 十 土 圵 圵 圵 址

zhí

职

部首 耳 笔画 11 组词 职业

造句 他们的职业是建筑师。

笔顺 一 厂 丌 ［ 耳 耳 耳 耳 耶 职

zhì

痣

部首 疒 笔画 12 组词 黑痣

造句 她眉角处有颗黑痣。

笔顺 丶 亠 广 广 疒 疒 疔 疰 疰 痣 痣 痣

zhì

挚

部首 手 笔画 10 组词 挚友

造句 她们是相交多年的挚友。

笔顺 一 十 扌 扌 执 执 执 垫 垫 挚

pī

批

部首 扌 笔画 7 组词 批量

造句 工厂生产了一批车。

笔顺 一 十 扌 扌 扌 扌 批

pǔ

谱

部首 讠 笔画 14 组词 乐谱

造句 她今天正在练习新的谱子。

笔顺 丶 讠 讠 讠 讠 讠 讠 讠 讠 谱 谱 谱 谱 谱

jù

剧

部首 刂 笔画 10 组词 剧院

造句 她正在布置剧院。

笔顺 ㇇ コ 尸 尸 尸 尸 居 居 居 剧

jù

聚

部首 耳 笔画 14 组词 聚会

造句 她出去和朋友聚会去了。

笔顺 一 丆 丌 丌 丌 耳 耳 取 取 聚 聚 聚 聚 聚

qiāo

跷

部首 𧾷 笔画 13 组词 跷跷板

造句 公园里安装了新的跷跷板。

笔顺 丨 ㄇ 口 口 𠯑 𠯑 𧾷 𧾷 跃 跷 跷 跷 跷

biāo

标

部首 木 笔画 9 组词 标志

造句 纸杯上印有环保标志。

笔顺 一 十 才 木 木 木 杆 标 标

zǐ

仔

部首 亻 笔画 5 组词 仔细

造句 她很仔细地在看书。

笔顺 丿 亻 亻 仔 仔

bā

芭

部首	艹	笔画	7	组词	芭蕉

造句 奶奶种的芭蕉树长高了。

笔顺 一 十 艹 艹 节 节 芭

yú

榆

部首	木	笔画	13	组词	榆树

造句 那棵榆树长得真茂盛。

笔顺 一 十 才 木 朳 朴 朴 朴 柃 柃 榆 榆 榆

níng

柠

部首	木	笔画	9	组词	柠檬

造句 今年的柠檬长得很好。

笔顺 一 十 才 木 木' 木' 柠 柠 柠

méng

檬

部首	木	笔画	17	组词	柠檬

造句 小思买了几个青柠檬。

笔顺 一 十 才 木 朩 朩 朩 朩 椣 椣 椣 椣 檬 檬 檬 檬 檬

huà

桦

部首	木	笔画	10	组词	桦树

造句 那里有一片桦树林。

笔顺 一 十 才 木 朩 朩 朩 朩 桦 桦

àn

黯

部首	黑	笔画	21	组词	黯黑

造句 天色渐渐变得黯黑了。

笔顺 丨 冂 冂 冂 囗 甲 甲 里 里 里 黑 黑 黑 黑 黑 黯 黯 黯 黯 黯 黯

róng 榕

部首	木	笔画	14	组词	榕树

造句 我家门前的榕树枝繁叶茂。

笔顺 一 十 才 木 木 木 杧 杧 柠 柠 柼 柼 榕 榕

lú 芦

部首	艹	笔画	7	组词	芦荟

造句 芦荟有美容养颜的功效。

笔顺 一 十 艹 艹 芐 芐 芦

wěi 苇

部首	艹	笔画	7	组词	芦苇

造句 芦苇在风中摇荡。

笔顺 一 十 艹 艹 苎 苎 苇

tái 苔

部首	艹	笔画	8	组词	苔藓

造句 岩石上长满了绿色的苔藓。

笔顺 一 十 艹 艹 芒 芒 苔 苔

gǒu 枸

部首	木	笔画	9	组词	枸杞

造句 她摘了一些新鲜的枸杞。

笔顺 一 十 才 木 木 杓 杓 枸 枸

qǐ 杞

部首	木	笔画	7	组词	枸杞

造句 枸杞有保健的作用。

笔顺 一 十 才 木 杧 杧 杞

kā

咖

部首 口 笔画 8 组词 咖啡

造句 他们一边喝咖啡一边聊天。

笔顺 丨 ㄇ 口 叨 叻 叻 咖 咖

fēi

啡

部首 口 笔画 11 组词 咖啡

造句 咖啡有提神的作用。

笔顺 丨 ㄇ 口 叫 叫 叫 叫 啡 啡 啡 啡

yì

益

部首 皿 笔画 10 组词 益处

造句 燕子是益鸟，不能伤害它们。

笔顺 丶 丷 丷 䒑 关 关 益 益 益 益

zā

匝

部首 匚 笔画 5 组词 匝道

造句 车进入匝道上了高速公路。

笔顺 一 丆 丂 帀 匝

zhá

札

部首 木 笔画 5 组词 手札

造句 他都记在手札上面了。

笔顺 一 十 才 木 札

chè

澈

部首 氵 笔画 15 组词 清澈

造句 他家泳池的水清澈见底。

笔顺 丶 丶 氵 氵 氵 氵 氵 氵 清 清 清 澈 澈 澈 澈

jiǔ

久

部首 丿 笔画 3 组词 久远

造句 这件青铜器的年代很久远。

笔顺 丿 ⺈ 久

chū

初

部首 衤 笔画 7 组词 初秋

造句 现在已经是初秋时节了。

笔顺 丶 ㇇ 礻 礻 衤 初 初

wěi

伪

部首 亻 笔画 6 组词 伪装

造句 她卸下了自己的伪装。

笔顺 丿 亻 亻 伪 伪 伪

wěi

委

部首 女 笔画 8 组词 委屈

造句 不被人理解，她觉得很委屈。

笔顺 ㇒ 二 千 千 禾 禾 委 委

wéi

唯

部首 口 笔画 11 组词 唯一

造句 这是她唯一的一支铅笔了。

笔顺 丨 ㄇ 口 口 叫 叫 吖 吖 咿 啡 唯

fù

赴

部首 走 笔画 9 组词 赴宴

造句 他今天要去赴宴。

笔顺 一 十 土 丰 丰 走 走 赴 赴

diāo

刁

部首 乛 笔画 2 组词 刁滑

造句 狐狸是种很刁滑的动物。

笔顺 乛 刁

diāo

凋

部首 冫 笔画 10 组词 凋谢

造句 池塘里的荷花渐渐凋谢了。

笔顺 丶 冫 冫 冂 冃 冃 凋 凋 凋 凋 凋

diào

钓

部首 钅 笔画 8 组词 钓鱼

造句 他在野外钓鱼。

笔顺 丿 𠂉 𠂉 乍 钅 钓 钓 钓

qiáo

瞧

部首 目 笔画 17 组词 瞧见

造句 她瞧见了地图上标记的地方。

笔顺 丨 冂 冃 目 目 盯 盯 盯 盯 盯 盯 瞧 瞧 瞧 瞧 瞧 瞧

qiào

翘

部首 羽 笔画 12 组词 翘课

造句 今天，学生竟然集体翘课。

笔顺 一 七 七 圭 尧 尧 尧 尧 翘 翘 翘 翘

chǎng

敞

部首 攵 笔画 12 组词 宽敞

造句 他今天买了一辆敞篷跑车。

笔顺 丨 丨 丨 丨 肀 肀 尚 尚 尚 敞 敞 敞

mèng
孟

部首	子	笔画	8	组词	孟春

造句 孟春是春季的第一个月。

笔顺 乛 了 子 孑 孟 孟 孟 孟

mèng
梦

部首	夕	笔画	11	组词	梦乡

造句 她很快就进入了梦乡。

笔顺 一 十 才 木 木 村 材 林 林 梦 梦

méng
萌

部首	艹	笔画	11	组词	萌芽

造句 农民播下的种子正在萌芽。

笔顺 一 十 艹 艹 芇 苜 苜 萌 萌 萌 萌

měng
懵

部首	忄	笔画	18	组词	懵懂

造句 他还是懵懂无知的年纪。

笔顺 丶 丷 忄 忄 忄 忄 忄 忄 忄 忄 忄 忄 忄 懵 懵 懵 懵 懵

méng
朦

部首	月	笔画	17	组词	朦胧

造句 朦胧的晨雾笼罩在山上。

笔顺 丿 刀 月 月 月 朦 朦 朦 朦 朦 朦 朦 朦 朦 朦 朦 朦

lóng
胧

部首	月	笔画	9	组词	朦胧

造句 我的眼前一片朦胧。

笔顺 丿 刀 月 月 月 肚 胧 胧 胧

xué

穴

部首 穴 笔画 5 组词 洞穴

造句 洞穴外是连绵起伏的山峰。

笔顺 丶 丶' 宀 穴 穴

cháo

巢

部首 巛 笔画 11 组词 鸟巢

造句 树枝上有一个鸟巢。

笔顺 ㄑ ㄑㄑ 巛 巛 巛 巛 巛 巢 巢 巢 巢

cí

慈

部首 心 笔画 13 组词 慈祥

造句 他的爷爷是个很慈祥的人。

笔顺 丶 丷 䒑 兹 兹 兹 兹 兹 兹 兹 慈 慈 慈

cí

祠

部首 礻 笔画 9 组词 祠堂

造句 她今天到祠堂去了。

笔顺 丶 ㇇ 礻 礻 礻 礻 祠 祠 祠

wāng

汪

部首 氵 笔画 7 组词 汪洋

造句 放眼望去是一片汪洋。

笔顺 丶 丶 氵 氵 汗 汪 汪

jiá

颊

部首 页 笔画 12 组词 脸颊

造句 她在脸颊上涂了点腮红。

笔顺 一 𠂉 ⺌ 亠 夹 夹 夹 夹 夹 颊 颊 颊

xiá

瑕

部首 王 笔画 13 组词 瑕疵

造句 那块玉上有一点小瑕疵。

笔顺 一 二 干 王 王 王 玎 玎 玎 玎 玎 瑕 瑕

cí

磁

部首 石 笔画 14 组词 磁铁

造句 老师让我们准备一块磁铁。

笔顺 一 丆 不 石 石 石 石 石 石 石 石 磁 磁 磁

zī

滋

部首 氵 笔画 12 组词 滋补

造句 银耳莲子汤是滋补良品。

笔顺 丶 丶 氵 氵 氵 氵 氵 氵 氵 氵 滋 滋

cí

雌

部首 隹 笔画 14 组词 雌性

造句 雌性的鸡会下蛋。

笔顺 丨 卜 ⺊ 止 止 此 此 此 此 此 此 此 雌 雌

xióng

雄

部首 隹 笔画 12 组词 雄性

造句 凌晨四点雄鸡就在报晓。

笔顺 一 ナ 厷 厷 厷 厷 厷 厷 厷 雄 雄 雄

lěi

垒

部首 土 笔画 9 组词 垒球

造句 他们打垒球去了。

笔顺 ㄥ 厶 厶 厶 厽 厽 厽 垒 垒

qǐ

企

部首 人　笔画 6　组词 企鹅

造句 那只企鹅走到冰面上了。

笔顺 丿 人 个 个 企 企

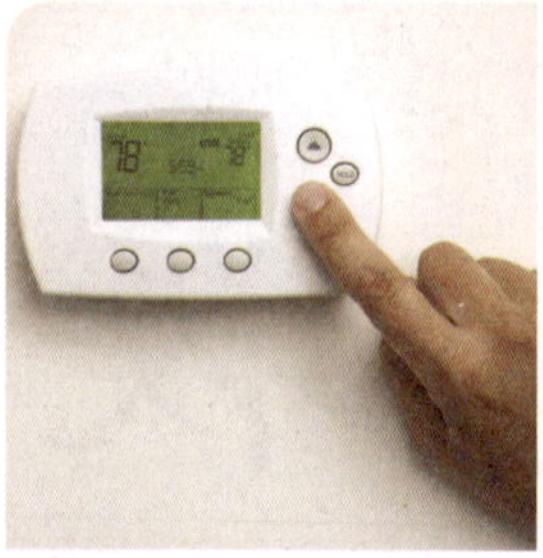

chù

触

部首 角　笔画 13　组词 触碰

造句 他用手指触碰了一下按钮。

笔顺 丿 ⺈ 𠂊 角 角 角 角 角 角 角 触 触 触

chú

橱

部首 木　笔画 16　组词 橱柜

造句 她把碗放在厨房的橱柜里。

笔顺 一 十 才 木 木 杧 杧 杧 杧 柜 柜 柜 柜 柜 橱 橱

qǐ

启

部首 口　笔画 7　组词 启航

造句 他乘坐的游艇已经启航了。

笔顺 丶 ⺈ ⺈ 户 户 启 启

dài

待

部首 彳　笔画 9　组词 等待

造句 他们在外面等待面试。

笔顺 丿 彡 彳 彳 彳 往 往 待 待

kē

科

部首 禾　笔画 9　组词 科学

造句 他正在进行科学研究。

笔顺 丿 二 千 千 禾 禾 禾 私 科

gé

格

部首	木	笔画	10	组词	格子

造句　他穿了一件格子衬衫。

笔顺　一 十 才 木 朩 杉 柊 柊 格 格

wén

纹

部首	纟	笔画	7	组词	纹理

造句　树桩上有一圈圈的纹理。

笔顺　𠃋 纟 纟 纟 纟 纹 纹

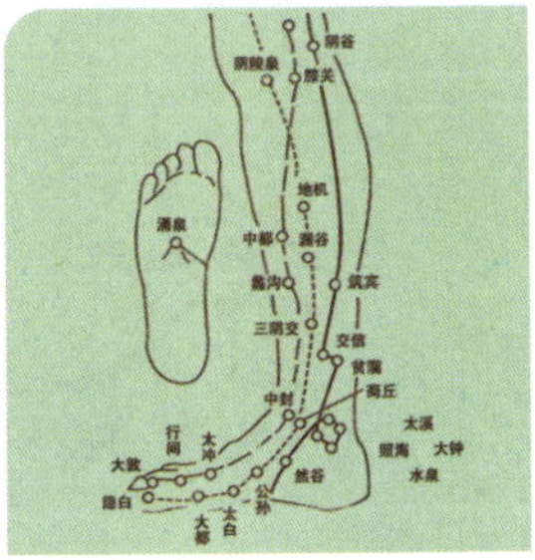

luò

络

部首	纟	笔画	9	组词	经络

造句　按摩有助于舒展经络。

笔顺　𠃋 纟 纟 纟 纟 纹 终 络 络

bāo

煲

部首	火	笔画	13	组词	煲汤

造句　她煲了一碗鸡汤给奶奶喝。

笔顺　丿 亻 亻 亻 亻 亻 仔 保 保 保 保 煲 煲

dùn

炖

部首	火	笔画	8	组词	炖肉

造句　他吃掉了一碗美味的炖肉。

笔顺　丶 丷 少 火 火 灲 炉 炖

rán

燃

部首	火	笔画	16	组词	燃烧

造句　火堆还在燃烧着。

笔顺　丶 丷 少 火 火 灼 灼 灼 灼 灼 炊 炊 燃 燃 燃 燃

jié

竭

部首 立 笔画 14 组词 枯竭

造句 这里的水源已经快枯竭了。

笔顺 丶 亠 亠 亣 立 立' 立ㄱ 竘 竘 竘 竭 竭 竭 竭

jiè

芥

部首 艹 笔画 7 组词 芥菜

造句 她买了一些芥菜回来。

笔顺 一 十 艹 艹 艾 芥 芥

shā

刹

部首 刂 笔画 8 组词 刹车

造句 她买的新车刹车功能很好。

笔顺 丿 乂 乄 杀 杀 杀 杀 刹

shà

煞

部首 灬 笔画 13 组词 凶煞

造句 老虎目光凶煞地望着人们。

笔顺 丿 ク 刍 刍 刍 刍' 刍⺧ 刍攵 敎 敎 煞 煞 煞

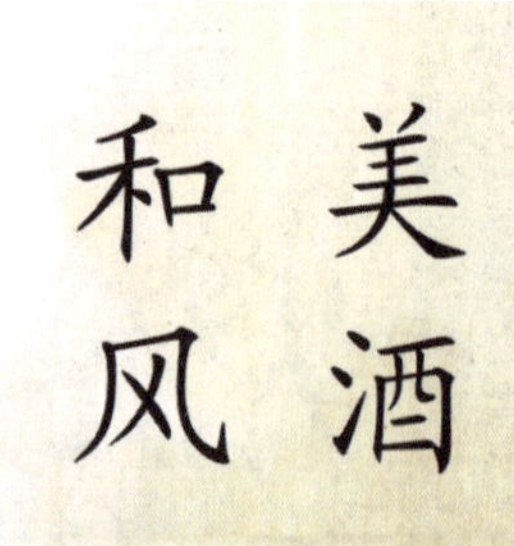

kǎi

楷

部首 木 笔画 13 组词 楷书

造句 他的楷书既工整又漂亮。

笔顺 一 十 才 木 木 朩 杙 枇 枇 桦 楷 楷 楷

lèi

擂

部首 扌 笔画 16 组词 擂台

造句 这个擂台是用来打拳击的。

笔顺 一 十 扌 扌 扌 扌 扌 扌 扌 扌 扌 扌 擂 擂 擂 擂

hàn

汉

部首 氵 笔画 5 组词 汉服

造句 他用汉白玉雕刻了个狮子。

笔顺 丶 冫 氵 汈 汉

huì

汇

部首 氵 笔画 5 组词 汇聚

造句 河流汇聚一起成了海洋。

笔顺 丶 冫 氵 汇 汇

chén

沉

部首 氵 笔画 7 组词 沉重

造句 她抱着一堆沉重的书。

笔顺 丶 冫 氵 氵 氵 沉 沉

qìn

沁

部首 氵 笔画 7 组词 沁人心脾

造句 小菊花的芳香沁人心脾。

笔顺 丶 冫 氵 氵 沁 沁 沁

rùn

润

部首 氵 笔画 10 组词 润滑

造句 这个肠粉的口感很润滑。

笔顺 丶 冫 氵 氵 氵 润 润 润 润 润

yá

涯

部首 氵 笔画 11 组词 天涯

造句 我会陪你一起走天涯。

笔顺 丶 冫 氵 氵 氵 氵 涯 涯 涯 涯 涯

yùn

熨

部首	火	笔画	15	组词	熨斗

造句 她买了一个新的电熨斗。

笔顺 ㇇ コ 尸 尸 尸 尸 尸 尸 尸 尉 尉 尉 尉 尉 熨

dié

叠

部首	又	笔画	13	组词	堆叠

造句 她把那些书堆叠起来了。

笔顺 ㇇ 又 叉 叒 叒 叒 叒 叒 叒 叠 叠 叠 叠

xiá

匣

部首	匚	笔画	7	组词	匣子

造句 她有一个漂亮的木头匣子。

笔顺 一 ㄏ 㔾 㔾 㔾 匣 匣

wēi

巍

部首	山	笔画	20	组词	巍然

造句 大楼巍然挺立在那里。

笔顺 丨 山 山 山 山 岁 岁 岁 岁 岁 岁 岁 岁 岁 岁 岁 岁 巍 巍 巍

é

峨

部首	山	笔画	10	组词	巍峨

造句 这里的山巍峨雄壮。

笔顺 丨 山 山 山 山 屽 峄 峨 峨 峨

wèi

蔚

部首	艹	笔画	14	组词	蔚蓝

造句 蔚蓝的大海一望无际。

笔顺 一 十 艹 艹 艹 芦 芦 芦 芦 芦 芦 芦 蔚 蔚

zhān

沾

部首	氵	笔画	8	组词	沾染

造句 她的手臂沾染上了颜料。

笔顺 丶 丶 氵 氵丨 氵⺊ 氵占 沾 沾

zhǎn

斩

部首	斤	笔画	8	组词	斩断

造句 他用斧头把木头斩断了。

笔顺 一 𠂇 车 车 车' 斩 斩 斩

zhǎn

盏

部首	皿	笔画	10	组词	一盏

造句 她倒了一盏茶在那儿。

笔顺 一 二 戋 戋 戋 戋 盏 盏 盏 盏

zhān

毡

部首	毛	笔画	9	组词	毡帽

造句 他有一顶毡帽。

笔顺 ノ 二 三 毛 毛 毡 毡 毡 毡

zhàn

绽

部首	纟	笔画	11	组词	绽放

造句 菊花在秋季绽放。

笔顺 ㄥ 纟 纟 纟 纟 纩 纩 绽 绽 绽 绽

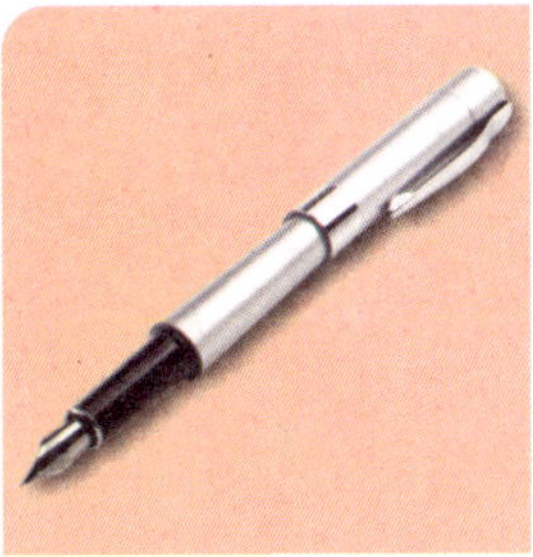

zhǎn

崭

部首	山	笔画	11	组词	崭新

造句 他有一支崭新的钢笔。

笔顺 丨 山 山 岀 岂 崭 崭 崭 崭 崭 崭

hú

狐

部首	犭	笔画	8	组词	狐狸

造句 这只小狐狸很可爱。

笔顺 ノ 丿 犭 犭 犭 狐 狐 狐

lí

狸

部首	犭	笔画	10	组词	狸猫

造句 这里趴着一只狸猫。

笔顺 ノ 丿 犭 犭 犭 犭 犭 犭 狸 狸

láng

狼

部首	犭	笔画	10	组词	野狼

造句 那只野狼正在追赶山羊。

笔顺 ノ 丿 犭 犭 犭 犭 犭 狼 狼 狼

fàn

犯

部首	犭	笔画	5	组词	犯法

造句 盗窃国家机密是犯法的。

笔顺 ノ 丿 犭 犭 犯

fèi

狒

部首	犭	笔画	8	组词	狒狒

造句 这只狒狒爬到树上去了。

笔顺 ノ 丿 犭 犭 犭 犭 犭 狒

páo

狍

部首	犭	笔画	8	组词	狍子

造句 那只狍子在草地上。

笔顺 ノ 丿 犭 犭 犭 狍 狍 狍

měng

猛

部首 犭 笔画 11 组词 凶猛

造句 鳄鱼是种性情凶猛的动物。

笔顺 丿 犭 犭 犭 犭 犭 犭 犭 犭 猛 猛

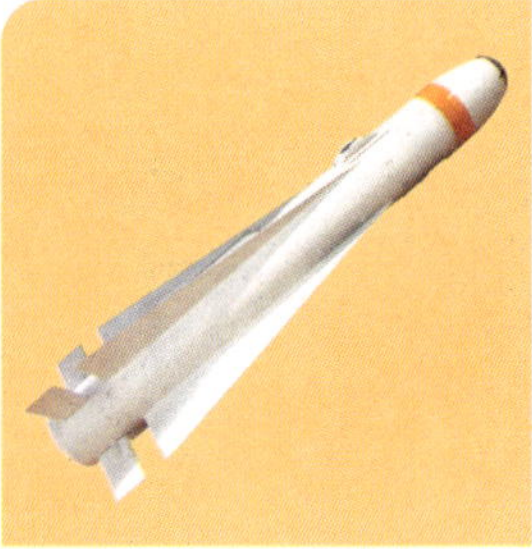

dǎo

导

部首 寸 笔画 6 组词 导弹

造句 导弹的研制需要技术。

笔顺 ㇇ ㇕ 巳 巳 导 导

zhì

致

部首 至 笔画 10 组词 致辞

造句 他在会议上做了致辞。

笔顺 一 𠫔 𠫔 至 至 至 到 到 致 致

jiè

戒

部首 戈 笔画 7 组词 戒指

造句 她有一枚绿宝石戒指。

笔顺 一 二 于 开 戒 戒 戒

hún

浑

部首 氵 笔画 9 组词 浑浊

造句 黄河的水很浑浊。

笔顺 丶 丶 氵 氵 氵 氵 浑 浑 浑

kuī

盔

部首 皿 笔画 11 组词 头盔

造句 他把头盔放在那儿了。

笔顺 一 ナ 大 大 灰 灰 灰 灰 灰 盔 盔

yáng

羊

部首	羊	笔画	6	组词	绵羊

造句 一望无际的草原上有一群绵羊。

笔顺 丶 丷 䒑 ⺷ 兰 羊

mǎ

马

部首	马	笔画	3	组词	俊马

造句 那匹俊马在草原上驰骋着。

笔顺 𠃌 马 马

yú

鱼

部首	鱼	笔画	8	组词	鲫鱼

造句 鲫鱼在水里自由地游着。

笔顺 丿 ⺈ ⺈ 各 各 角 鱼 鱼

tù

兔

部首	⺈	笔画	8	组词	兔子

造句 兔子欢快地在草地上蹦跳。

笔顺 丿 ⺈ ⺈ 各 各 争 免 兔

niú

牛

部首	牛	笔画	4	组词	奶牛

造句 奶牛身上白一块黑一块的。

笔顺 丿 𠂉 二 牛

xiàng

象

部首	豕	笔画	11	组词	大象

造句 大象身体笨重，鼻子却很灵活。

笔顺 丿 ⺈ ⺈ 各 各 争 争 务 务 象 象

jī

鸡

部首	鸟	笔画	7	组词	公鸡

造句 那只公鸡已经长大了。

笔顺 フ 又 又' 对 对 鸡 鸡

yā

鸭

部首	鸟	笔画	10	组词	鸭子

造句 一群鸭子摇摆着向河边走去。

笔顺 丨 冂 日 日 甲 甲' 甲' 鸭 鸭 鸭

dì
帝

部首：巾　笔画：9　组词：皇帝

造句：康熙是一位伟大的皇帝。

笔顺：丶 亠 亠 立 产 产 产 帝 帝

wáng
王

部首：王　笔画：4　组词：王冠

造句：王冠上镶嵌着闪闪发亮的宝石。

笔顺：一 二 干 王

jūn
君

部首：口　笔画：7　组词：君王

造句：祭祀是古代君王的重要活动之一。

笔顺：フ ヨ ヨ 尹 君 君 君

chén
臣

部首：臣　笔画：6　组词：臣子

造句：精忠报国，乃臣子之责。

笔顺：一 丅 五 五 五 臣

guān
官

部首：宀　笔画：8　组词：官府

造句：官府门上挂着“明察清廉”的牌匾。

笔顺：丶 丶 宀 宀 宁 宁 官 官

mín
民

部首：乛　笔画：5　组词：农民

造句：农民伯伯正在田里收割。

笔顺：乛 コ 尸 尸 民

huáng
皇

部首：白　笔画：9　组词：皇后

造句：她穿着皇后华服坐在那里。

笔顺：丿 亻 白 白 白 自 皇 皇 皇

gōng
宫

部首：宀　笔画：9　组词：故宫

造句：她今天去游览故宫。

笔顺：丶 丶 宀 宀 宀 宫 宫 宫 宫

xūn

熏

部首 灬 笔画 14 组词 熏陶

造句 这件熏香炉做工很精美。

笔顺 ㇒ 二 千 千 壬 丢 舌 重 重 重 重 熏 熏 熏

dài

怠

部首 心 笔画 9 组词 怠惰

造句 他这几天上班都很怠惰。

笔顺 ㇜ 厶 厶 台 台 台 怠 怠 怠

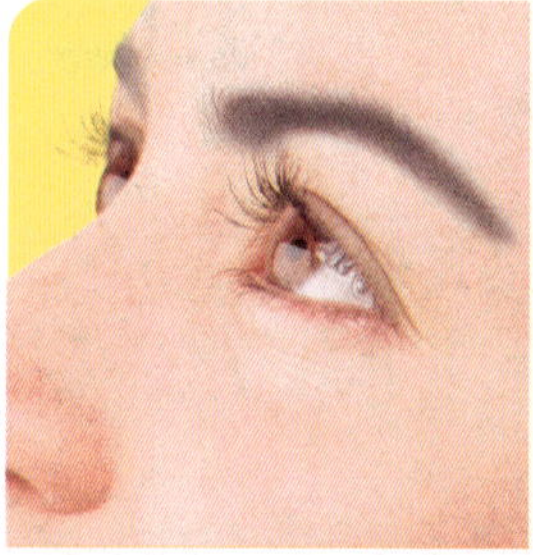

dài

黛

部首 黑 笔画 17 组词 粉黛

造句 她不施粉黛的样子真美。

笔顺 ㇒ 亻 亻 代 代 代 代 代 代 黛 黛 黛 黛 黛 黛 黛 黛

zèng

赠

部首 贝 笔画 16 组词 赠送

造句 他赠送给我一个礼物。

笔顺 丨 冂 贝 贝 贝 贝 贝 贝 贝 贝 贝 赠 赠 赠 赠 赠

bīn

宾

部首 宀 笔画 10 组词 宾馆

造句 这家宾馆装修得很漂亮。

笔顺 丶 丶 宀 宀 宀 宀 宀 宀 宾 宾

bīn

彬

部首 彡 笔画 11 组词 彬彬有礼

造句 她是一个彬彬有礼的女孩。

笔顺 一 十 才 木 木 杉 林 林 林 彬 彬

xié

携

部首	扌	笔画	13	组词	携手

造句 小路上一对情侣携手同行。

笔顺 一 十 扌 扌 扌 扌 扌 扌 扌 扌 推 携 携

gùn

棍

部首	木	笔画	12	组词	棍棒

造句 双节棍是短兵器的一种。

笔顺 一 十 才 木 木 和 和 和 和 棍 棍 棍

bàng

棒

部首	木	笔画	12	组词	冰棒

造句 夏天吃冰棒，真是爽极了。

笔顺 一 十 才 木 木 木 木 栏 栋 栋 椿 棒

bǐng

柄

部首	木	笔画	9	组词	勺柄

造句 这把勺柄上有花纹。

笔顺 一 十 才 木 木 木 杤 柄 柄

pàn

畔

部首	田	笔画	10	组词	河畔

造句 行人们在河畔散步。

笔顺 丨 冂 日 田 田 田 田 田 田 畔

pò

珀

部首	王	笔画	9	组词	琥珀

造句 那块琥珀色泽很好。

笔顺 一 二 千 王 王 王 珀 珀 珀

hōng

烘

部首	火	笔画	10	组词	烘烤

造句 她把面包放在旁边烘烤。

笔顺 丶 丷 少 火 火一 灶 炉 烘 烘 烘

bèi

焙

部首	火	笔画	12	组词	烘焙

造句 她把糕点放进烘焙箱了。

笔顺 丶 丷 少 火 火丶 火亠 炉 炉 炷 焙 焙 焙

kǎn

坎

部首	土	笔画	7	组词	田坎

造句 山下是一大片田坎。

笔顺 一 十 土 圵 圽 坎 坎

kě

坷

部首	土	笔画	8	组词	坎坷

造句 道路坎坷不平，十分难走。

笔顺 一 十 土 圵 圷 坷 坷 坷

tàng

烫

部首	火	笔画	10	组词	滚烫

造句 那壶水烧开了，小心烫手。

笔顺 丶 丶 氵 汅 汤 汤 汤 汤 烫 烫

fēng

封

部首	寸	笔画	9	组词	封存

造句 她把草莓罐头封存了起来。

笔顺 一 十 土 圭 圭 圭 圭一 封 封

xùn

驯

部首	马	笔画	6	组词	驯养

造句 他正在驯养小海豚。

笔顺 ㇇ 马 马 马 驯 驯

luò

骆

部首	马	笔画	9	组词	骆驼

造句 骆驼是种能长途跋涉的动物。

笔顺 ㇇ 马 马 马 马 马 骆 骆 骆

tuó

驮

部首	马	笔画	6	组词	驮运

造句 那匹马驮运着货物。

笔顺 ㇇ 马 马 马 驮 驮

shǐ

驶

部首	马	笔画	8	组词	行驶

造句 火车在轨道上行驶。

笔顺 ㇇ 马 马 马 马 马 驶 驶

zhù

驻

部首	马	笔画	8	组词	驻足

造句 他驻足在窗口那儿。

笔顺 ㇇ 马 马 马 马 马 驻 驻

shān

珊

部首	王	笔画	9	组词	珊瑚

造句 海底的珊瑚礁很美。

笔顺 一 二 干 王 玎 玑 玔 珊 珊

jiě

解

部首 角 笔画 13 组词 解答

造句 老师在为大家解答题目。

笔顺 丿 ⺈ ⺈ 角 角 角 角 角' 角' 角' 角' 解 解

wù

物

部首 牛 笔画 8 组词 文物

造句 这个陶罐是个文物。

笔顺 丿 𠂉 牛 牛 牜 牞 物 物

piào

票

部首 示 笔画 11 组词 门票

造句 她有两张世界杯门票。

笔顺 一 ㄧ 襾 覀 覀 覀 覀 覀 覀 票 票

pàn

盼

部首 目 笔画 9 组词 盼望

造句 母亲盼望着儿子早点回来。

笔顺 丨 冂 冃 目 目 盼 盼 盼 盼

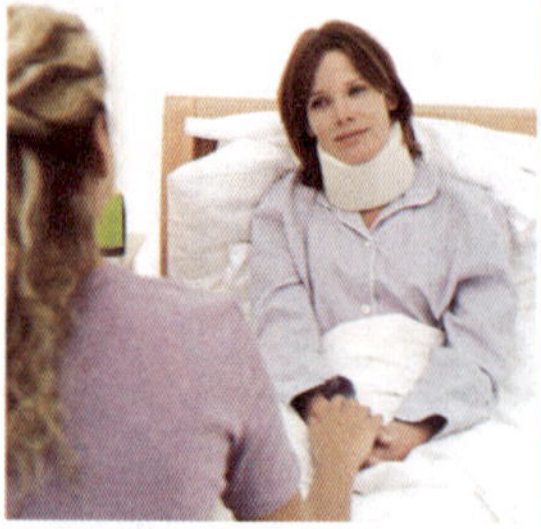

wàng

望

部首 王 笔画 11 组词 探望

造句 她朋友到医院来探望她。

笔顺 丶 亠 亡 亡 亡 亡 亡 望 望 望 望

yuè

跃

部首 ⻊ 笔画 11 组词 跳跃

造句 小海豚跳跃到海面上了。

笔顺 丨 口 口 ⻊ ⻊ ⻊ ⻊ ⻊ ⻊ 跃 跃

xiōng

兄

部首：儿　笔画：5　组词：兄弟

造句：他们是双胞胎兄弟。

笔顺：丨 ㄇ 口 尸 兄

men

们

部首：亻　笔画：5　组词：他们

造句：他们在野外烧烤。

笔顺：丿 亻 亻 们 们

zú

族

部首：方　笔画：11　组词：民族

造句：泼水节是傣族最隆重的节日。

笔顺：丶 亠 亠 方 方 方 方 方 方 族 族

shěn

审

部首：宀　笔画：8　组词：审判

造句：他正在法院接受审判。

笔顺：丶 丶 宀 宀 宀 宙 宙 审

yuè

阅

部首：门　笔画：10　组词：阅读

造句：他正在阅读书籍。

笔顺：丶 丨 门 门 门 门 阅 阅 阅 阅

yuè

悦

部首：忄　笔画：10　组词：愉悦

造句：她听着音乐，心情很愉悦。

笔顺：丶 丶 忄 忄 忄 忄 悦 悦 悦 悦

xìng

性

部首 忄 笔画 8 组词 性格

造句 她的性格比较活泼好动。

笔顺 丶 丷 忄 … 性

yì

忆

部首 忄 笔画 4 组词 记忆

造句 我的大学记忆是美好的。

笔顺 丶 丷 忄 忆

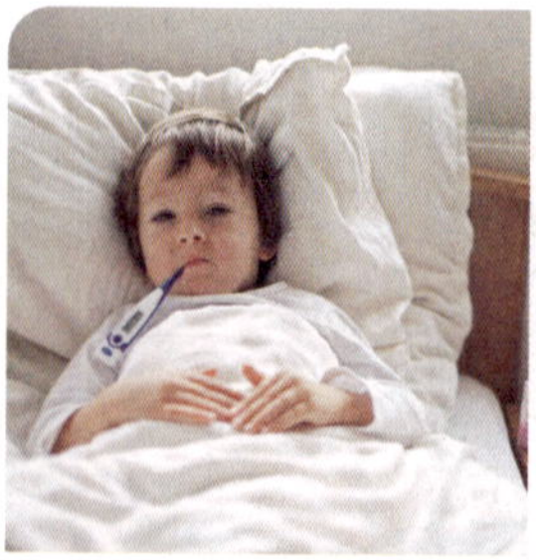

lián

怜

部首 忄 笔画 8 组词 可怜

造句 小辉生病了，真可怜。

笔顺 丶 丷 忄 … 怜

qiè

怯

部首 忄 笔画 8 组词 胆怯

造句 他有些胆怯，不敢下去。

笔顺 丶 丷 忄 … 怯

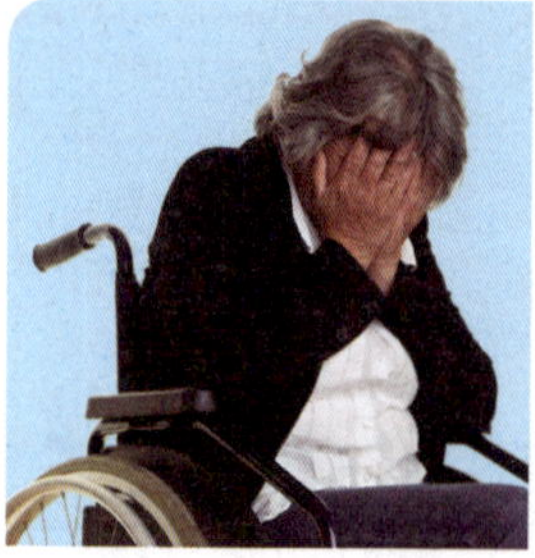

hèn

恨

部首 忄 笔画 9 组词 悔恨

造句 回首往事时，她悔恨不已。

笔顺 丶 丷 忄 … 恨

nǎo

恼

部首 忄 笔画 9 组词 烦恼

造句 她有道题不会做，很烦恼。

笔顺 丶 丷 忄 … 恼

shùn

顺

部首	页	笔画	9	组词	顺风

造句　帆船顺风航行，毫不费力。

笔顺　丿 丿丨 川 川一 川丆 川丆 川丆 顺 顺

nì

逆

部首	辶	笔画	9	组词	逆光

造句　逆光下的树影多美啊！

笔顺　丶 丷 䒑 兰 屰 屰 屰 逆 逆

shèng

胜

部首	月	笔画	9	组词	胜利

造句　她比赛获得了胜利。

笔顺　丿 刀 月 月 月丿 月一 月二 月牛 胜

bài

败

部首	贝	笔画	8	组词	失败

造句　比赛失败了，她很沮丧。

笔顺　丨 冂 贝 贝 贝丿 贝𠂉 贝攵 败

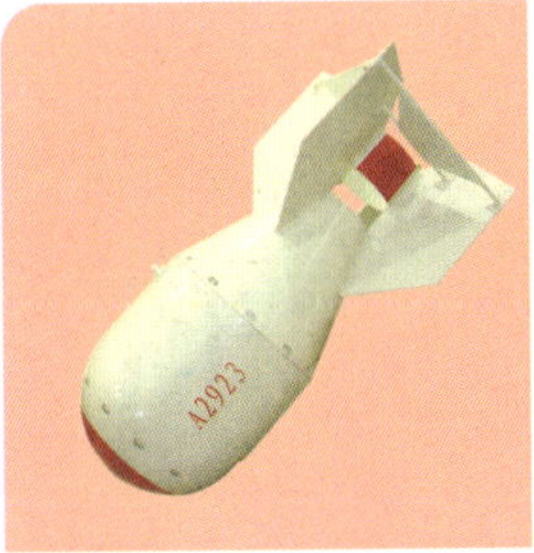

wēi

威

部首	戈	笔画	9	组词	威力

造句　原子弹的威力很强大。

笔顺　一 厂 厂 厂 厂 厂 威 威 威

wǔ

武

部首	止	笔画	8	组词	武术

造句　他正在练习武术。

笔顺　一 二 千 千 示 正 武 武

biān

编

部首	纟	笔画	12	组词	编织

造句 她正在编织围巾。

笔顺 ㄥ 纟 纟 纟 纩 纩 纩 纩 纩 编 编 编

biǎn

匾

部首	匚	笔画	11	组词	匾额

造句 匾额上刻了“普救寺”。

笔顺 一 ㇖ 𠃍 彐 戸 戸 扁 扁 扁 扁 匾

táo

淘

部首	氵	笔画	11	组词	淘米

造句 她到厨房淘米做饭去了。

笔顺 丶 冫 氵 氵 汋 汋 汋 洵 洵 淘 淘

tāo

掏

部首	扌	笔画	11	组词	掏钱

造句 今天的饭钱我来掏腰包。

笔顺 一 十 扌 扌 扚 扚 扚 拘 拘 掏 掏

tāo

滔

部首	氵	笔画	13	组词	滔滔

造句 海水波浪滔滔，壮观极了。

笔顺 丶 冫 氵 氵 氵 氵 氵 氵 氵 氵 滔 滔 滔

xiāo

箫

部首	竹	笔画	14	组词	排箫

造句 她的排箫吹奏得很好听。

笔顺 丿 𠂉 𥫗 𥫗 竺 竺 笋 笋 笋 笋 笋 箫 箫 箫

sū

酥

部首 酉 笔画 12 组词 酥软

造句 这个糕点很酥软，很好吃。

笔顺 一 丆 丙 丙 两 西 酉 酉 酉 酐 酐 酥

sù

肃

部首 肀 笔画 8 组词 肃静

造句 教室里很肃静。

笔顺 ㇇ ⺕ 彐 肀 肀 肃 肃 肃

sù

速

部首 辶 笔画 10 组词 速度

造句 他滑雪的速度很快。

笔顺 一 ㇀ 𠃌 亘 申 声 束 涑 谏 速

sù

塑

部首 土 笔画 13 组词 塑料

造句 她买了一卷塑料袋。

笔顺 丶 丷 丷 兰 兰 屰 朔 朔 朔 朔 朔 塑 塑

zhǔn

准

部首 冫 笔画 10 组词 准备

造句 她正在为考试做准备。

笔顺 丶 冫 冫 冫 冫 冫 冫 冫 准 准

bèi

备

部首 夂 笔画 8 组词 备份

造句 她准备了一个备忘录。

笔顺 丿 ク 夂 夂 各 各 备 备

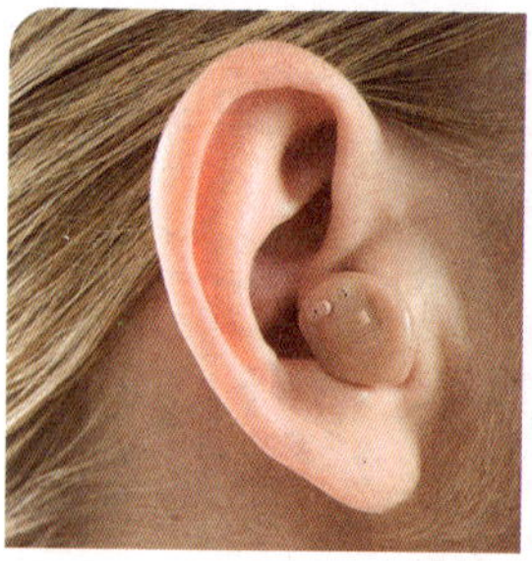

lóng

聋

部首 耳 笔画 11 组词 耳聋

造句 她有些耳聋，戴了助听器。

笔顺 一 ナ 九 龙 龙 龙 龙 龙 聋 聋 聋

luǒ

裸

部首 衤 笔画 13 组词 裸麦

造句 裸麦面包的营养价值很高。

笔顺 丶 ㇇ 礻 礻 衤 衤 衵 衵 袒 裸 裸 裸 裸

lián

联

部首 耳 笔画 12 组词 联网

造句 路由器是一种联网设备。

笔顺 一 丆 丌 丌 耳 耳 耳 耳 耶 耶 联 联

lián

廉

部首 广 笔画 13 组词 廉洁

造句 包公是个廉洁公正的好官。

笔顺 丶 亠 广 广 广 产 产 产 庐 庐 庐 廉 廉

shì

侍

部首 亻 笔画 8 组词 侍者

造句 侍者给他端来了食物。

笔顺 丿 亻 亻 仁 仕 仕 侍 侍

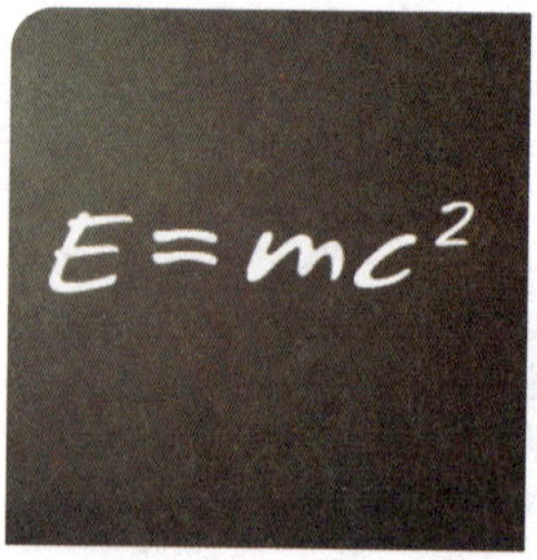

shì

式

部首 弋 笔画 6 组词 公式

造句 他在黑板上写了一个公式。

笔顺 一 二 亍 工 式 式

lián

涟

部首	氵	笔画	10	组词	涟漪

造句：水珠落下荡起了涟漪。

笔顺：丶 冫 氵 氵一 汁 汢 涟 涟 涟 涟

yī

漪

部首	氵	笔画	14	组词	涟漪

造句：海面上泛起阵阵涟漪。

笔顺：丶 冫 氵 氵 氵 汀 泞 浐 浐 浐 浐 漪 漪 漪

rǔ

辱

部首	辰	笔画	10	组词	辱骂

造句：她竟当街辱骂别人。

笔顺：一 厂 厂 戶 尼 辰 辰 辰 辱 辱

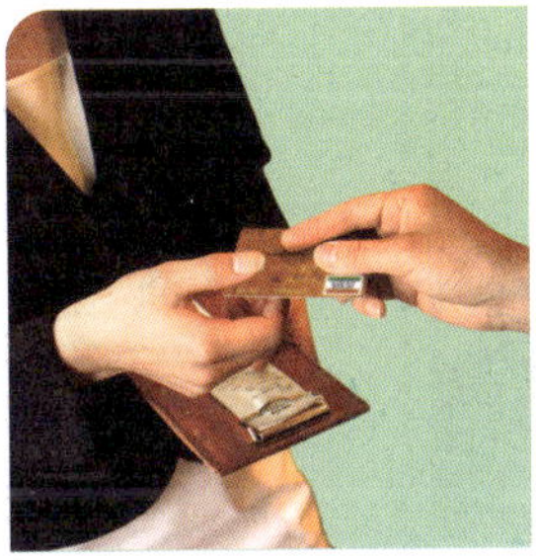

fù

付

部首	亻	笔画	5	组词	支付

造句：他正在支付饭钱。

笔顺：丿 亻 仁 付 付

fù

附

部首	阝	笔画	7	组词	附着

造句：水珠附着在叶子上。

笔顺：㇋ 阝 阝 阝 阝 附 附

nài

耐

部首	而	笔画	9	组词	耐心

造句：她耐心地教学生写作业。

笔顺：一 ㇇ 丆 丙 而 而 而 耐 耐

gāng

冈

部首	冂	笔画	4	组词	山冈

造句 山冈上面都是些岩石。

笔顺 丨 冂 冈 冈

nèi

内

部首	冂	笔画	4	组词	内部

造句 她房间内布置的很好看。

笔顺 丨 冂 内 内

zài

再

部首	冂	笔画	6	组词	再会

造句 我们下次再会！

笔顺 一 厂 万 币 再 再

tún

囤

部首	囗	笔画	7	组词	囤积

造句 仓库囤积了很多货物。

笔顺 丨 冂 冂 冋 冋 囤 囤

hú

瑚

部首	王	笔画	13	组词	珊瑚

造句 她买了一个红珊瑚手串。

笔顺 一 二 千 王 王 玗 玗 玷 玷 珛 瑚 瑚 瑚

hǔ

琥

部首	王	笔画	12	组词	琥珀

造句 那块琥珀里有一只蝎子。

笔顺 一 二 千 王 王 王 玎 玗 珁 琥 琥 琥

dèng

瞪

部首	目	笔画	17	组词	瞪眼
造句	他的眼睛都瞪圆了。				

笔顺 丨 冂 月 月 目 目' 目' 目' 目' 目 目 目 目 目 目 目 瞪

cǎi

睬

部首	目	笔画	13	组词	理睬
造句	他们吵架了，互不理睬。				

笔顺 丨 冂 月 月 目 目' 目' 目' 目' 目 目 目 睬

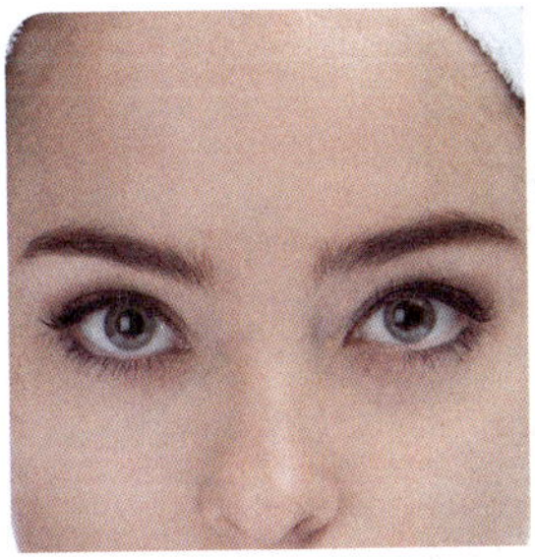

jīng

睛

部首	目	笔画	13	组词	眼睛
造句	她的眼睛很漂亮。				

笔顺 丨 冂 月 月 目 目 目 目 目 目 睛 睛 睛

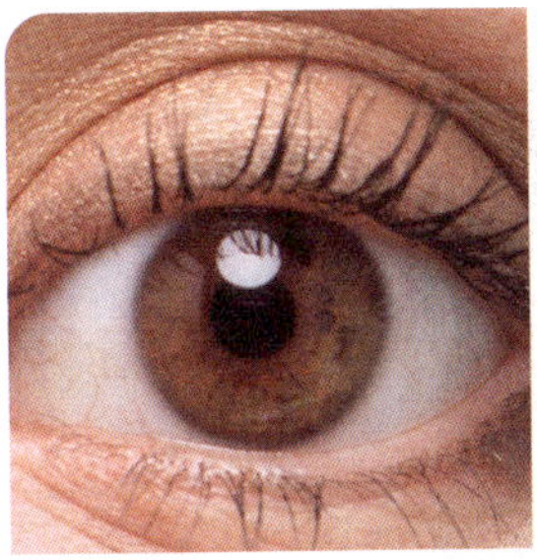

tóng

瞳

部首	目	笔画	17	组词	瞳孔
造句	他的瞳孔是棕色的。				

笔顺 丨 冂 月 月 目 目 目 目 目 目 目 暗 暗 暗 瞳 瞳 瞳

móu

眸

部首	目	笔画	11	组词	眸子
造句	她的一对眸子深邃透亮。				

笔顺 丨 冂 月 月 目 目 目 目 目 目 眸

tiào

眺

部首	目	笔画	11	组词	眺望
造句	他正在眺望远处的风景。				

笔顺 丨 冂 月 月 目 目 目 目 目 眺 眺

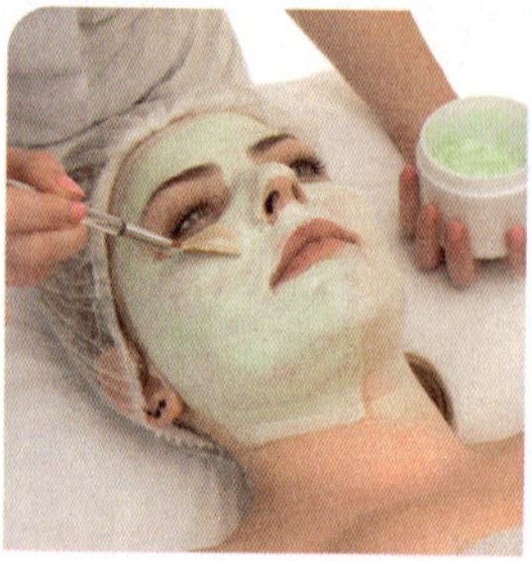

fū

敷

部首 攵 笔画 15 组词 敷脸

造句 她正在敷脸。

笔顺 一 厂 戸 百 亩 亩 甫 甫 甫 専 尃 尃 尃 尃 敷

fǔ

辅

部首 车 笔画 11 组词 辅导

造句 妈妈在辅导她完成作业。

笔顺 一 ㄊ 车 车 车 轩 轩 轲 辅 辅 辅

fú

芙

部首 艹 笔画 7 组词 芙蓉

造句 那朵芙蓉花开得真漂亮。

笔顺 一 十 艹 艹 兰 芋 芙

róng

蓉

部首 艹 笔画 13 组词 芙蓉

造句 学校的芙蓉花都盛开了。

笔顺 一 十 艹 艹 芒 苎 茓 茓 茓 茓 茓 蓉 蓉

chóu

筹

部首 竹 笔画 13 组词 筹备

造句 他正在筹备晚宴。

笔顺 ノ ト ⺮ ⺮ ⺮ ⺮ 竺 竺 竺 竽 筌 筹 筹

qiān

签

部首 竹 笔画 13 组词 签字

造句 他正在合同上签字。

笔顺 ノ ト ⺮ ⺮ ⺮ ⺮ 笋 笶 笶 笭 笭 签 签

fù

复

部首 夂 笔画 9 组词 复习

造句 要考试了，他在复习功课。

笔顺 丿 𠂉 𠂉 𠂤 𠂤 百 复 复 复

zá

杂

部首 木 笔画 6 组词 杂粮

造句 吃五谷杂粮对身体有好处。

笔顺 丿 九 九 杂 杂 杂

fù

覆

部首 覀 笔画 18 组词 覆盖

造句 地面上覆盖了一层冰雪。

笔顺 一 ㇀ 覀 覀 覀 覀 覀 覀 覀 覀 覀 覀 覀 覀 覆 覆 覆 覆

fū

孵

部首 爫 笔画 14 组词 孵育

造句 母鸡正在孵育小鸡。

笔顺 ノ 𠃌 ⺊ 卵 卵 卵 卵 卵 卵 卵 卵 卵 孵 孵

biān

蝙

部首 虫 笔画 15 组词 蝙蝠

造句 蝙蝠在空中飞行。

笔顺 丨 口 口 中 虫 虫 虫 虫 虫 虫 虫 蝙 蝙 蝙 蝙

fú

蝠

部首 虫 笔画 15 组词 蝙蝠

造句 那只蝙蝠倒挂在树枝上。

笔顺 丨 口 口 中 虫 虫 虫 虫 虫 虫 虫 蝠 蝠 蝠 蝠

zhé

哲

部首 口 笔画 10 组词 哲学

造句 孔子是我国伟大的哲学家。

笔顺 一 十 扌 扌 扩 扩 折 折 哲 哲

zhē

遮

部首 辶 笔画 14 组词 遮阳

造句 他在躺椅旁放了遮阳伞。

笔顺 丶 亠 广 广 庐 庐 庐 庐 庶 庶 庶 庶 遮 遮

zhě

褶

部首 衤 笔画 16 组词 褶皱

造句 那张纸被揉得都是褶皱。

笔顺 丶 ⺈ 礻 衤 衤 衤 衤 衤 衤 衤 衤 衤 褶 褶 褶 褶

mào

貌

部首 豸 笔画 14 组词 容貌

造句 这个小女孩的容貌很秀丽。

笔顺 丿 ⺈ ⺈ ⺈ 豸 豸 豸 豸 豸 豹 豹 豹 豹 貌

mào

贸

部首 贝 笔画 9 组词 贸易

造句 我国对外贸易的形势良好。

笔顺 ′ ㄣ ㄣ 卬 卯 卯 贸 贸 贸

děng

等

部首 竹 笔画 12 组词 等待

造句 她站在一旁静静地等待。

笔顺 丿 ㇐ ⺮ ⺮ ⺮ ⺮ 笙 笙 笙 笙 等 等

jiǎn

简

部首	竹	笔画	13	组词	简陋

造句 那间简陋的草屋就是他家。

笔顺 丿 𠂉 𥫗 𥫗 𥫗 竹 简 简 简 简 简 简 简

jiàn

键

部首	钅	笔画	13	组词	键盘

造句 他买了一个新键盘。

笔顺 丿 𠂉 𠂉 𠂉 钅 钉 钌 钌 钌 锂 键 键 键

jiān

兼

部首	丷	笔画	10	组词	兼职

造句 他业余时间在餐厅做兼职。

笔顺 丶 丷 䒑 兰 兰 兰 兼 兼 兼 兼

jiān

监

部首	皿	笔画	10	组词	监控

造句 他们小区装了监控。

笔顺 丨 刂 ‖ 𠂇 𠂇 𠂇 监 监 监 监

dū

督

部首	目	笔画	13	组词	督促

造句 妈妈在督促她写作业。

笔顺 丨 卜 上 卡 卡 未 叔 叔 叔 督 督 督 督

jiān

歼

部首	歹	笔画	7	组词	歼灭

造句 歼击机在天空中翱翔。

笔顺 一 厂 歹 歹 歼 歼 歼

bā

叭

部首	口	笔画	5	组词	喇叭

造句 她拿着喇叭在讲话。

笔顺 丨 𠃍 口 口丿 叭

diāo

叼

部首	口	笔画	5	组词	叼着

造句 小狗嘴里叼着一朵菊花。

笔顺 丨 𠃍 口 叼 叼

wěn

吻

部首	口	笔画	7	组词	亲吻

造句 妈妈亲吻了宝宝的脸颊。

笔顺 丨 𠃍 口 口丿 吻 吻 吻

wū

呜

部首	口	笔画	7	组词	呜咽

造句 这个可怜的姑娘呜咽着。

笔顺 丨 𠃍 口 口丿 呜 呜 呜

kēng

吭

部首	口	笔画	7	组词	吭声

造句 小丽到现在都没吭声。

笔顺 丨 𠃍 口 口丶 吭 吭 吭

fú

符

部首	竹	笔画	11	组词	音符

造句 美妙的音符在空中飘荡。

笔顺 丿 𠂉 𥫗 𥫗 𥫗 竹 符 符 符 符 符

jǐn

紧

部首	糸	笔画	10	组词	紧密

造句 那些葡萄紧密地长在一起。

笔顺 丨 〢 刂ㄱ 収 収 坚 坚 竪 紧 紧

jīn

襟

部首	衤	笔画	18	组词	衣襟

造句 她的衣襟上别了一枚胸针。

笔顺 丶 ㇇ 礻 衤 衤 衤 衤 衤 衤 衤 衤 衤 衤 衤 袢 襟 襟 襟

jìn

烬

部首	火	笔画	10	组词	灰烬

造句 它最后烧成了灰烬。

笔顺 丶 丷 火 火 灯 炉 炉 炉 烬 烬

jǐn

槿

部首	木	笔画	15	组词	木槿

造句 木槿花开得多灿烂啊！

笔顺 一 十 才 木 朩 朩 朩 朩 朩 朩 朩 朩 朩 槿 槿

fán

繁

部首	糸	笔画	17	组词	繁华

造句 上海的街道非常繁华。

笔顺 ノ 𠂉 仁 句 句 每 每 每 每 敏 敏 敏 敏 繁 繁 繁 繁

pín

频

部首	页	笔画	13	组词	频道

造句 他正在看少儿频道的节目。

笔顺 丨 卜 止 止 井 步 步 步 步 步 频 频 频

téng

腾

部首 月 笔画 13 组词 腾空

造句 小海豹腾空跃起。

笔顺 丿 月 月 月 月' 月'' 月' 月' 胖 胖 胖 腾 腾

yǐn

瘾

部首 疒 笔画 16 组词 上瘾

造句 他最近吃龙虾都上瘾了。

笔顺 丶 亠 广 广 疒 疒 疒 疒 疒 疒 疒 瘾 瘾 瘾 瘾 瘾

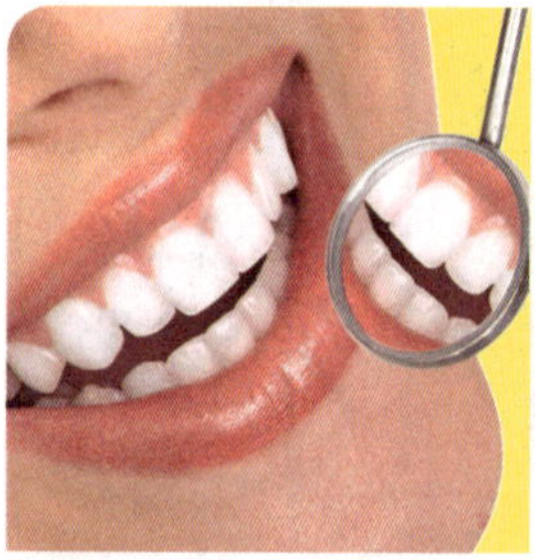

yín

龈

部首 齿 笔画 14 组词 牙龈

造句 她的牙龈非常健康。

笔顺 丨 卜 止 止 屮 步 齿 齿 齿 齿 齿 龈 龈 龈

liè

烈

部首 灬 笔画 10 组词 猛烈

造句 火烧得越来越猛烈了。

笔顺 一 丆 歹 歹 列 列 列 烈 烈 烈

méng

盟

部首 皿 笔画 13 组词 联盟

造句 他们两家公司联盟了。

笔顺 丨 冂 日 日 明 明 明 明 明 明 明 盟 盟

nuò

糯

部首 米 笔画 20 组词 糯米

造句 她今天准备煮糯米吃。

笔顺 丶 丷 丷 半 米 米 米 米 米 粳 粳 粳 粳 粳 粳 粳 粳 糯 糯 糯

dé

德

部首 彳 笔画 15 组词 品德

造句 她高尚的品德值得学习。

笔顺 ノ ㇒ 彳 彳 彳 彳 彳 彳 彳 彳 德 德 德 德 德

zhì

智

部首 日 笔画 12 组词 智力

造句 魔方是种益智游戏。

笔顺 ノ 𠂉 ⺧ 矢 矢 矢 知 知 知 智 智 智

tǐ

体

部首 亻 笔画 7 组词 体操

造句 她正在做体操。

笔顺 ノ 亻 仁 什 什 休 体

yù

育

部首 月 笔画 8 组词 孕育

造句 她肚子里孕育着一个宝宝。

笔顺 丶 亠 亠 云 产 育 育 育

duàn

锻

部首 钅 笔画 14 组词 锻炼

造句 他们在健身房锻炼身体。

笔顺 ノ 𠂉 𠂉 钅 钅 钅 钅 钅 钅 钅 钅 钅 锻 锻

liàn

炼

部首 火 笔画 9 组词 炼铁

造句 工厂里正在炼铁。

笔顺 丶 丷 火 火 灬 炏 炼 炼 炼

jì 纪

部首 纟 笔画 6 组词 纪念

造句 他们拍下照片留作纪念。

笔顺 ㄥ 纟 纟 纟 纪 纪

wéi 维

部首 纟 笔画 11 组词 维修

造句 他正在维修家里的水管。

笔顺 ㄥ 纟 纟 纟 纟 纟 纟 纟 纟 维 维

wěi 纬

部首 纟 笔画 7 组词 纬度

造句 今天老师讲纬度的知识。

笔顺 ㄥ 纟 纟 纟 纟 纟 纬

róng 绒

部首 纟 笔画 9 组词 绒毛

造句 那个绒毛毯摸起来很舒服。

笔顺 ㄥ 纟 纟 纟 纟 纟 纟 绒 绒

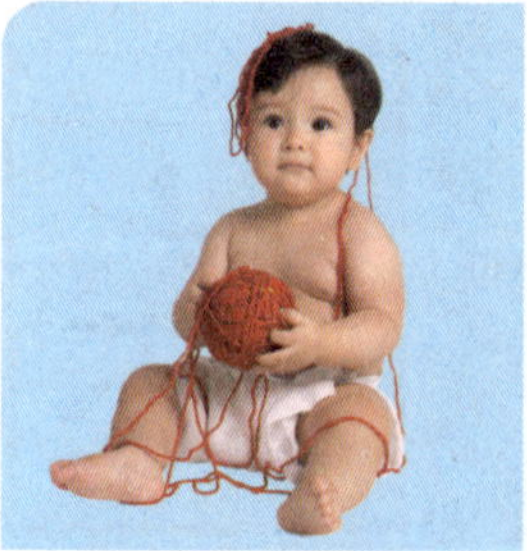

rào 绕

部首 纟 笔画 9 组词 缠绕

造句 毛线缠绕在宝宝身上了。

笔顺 ㄥ 纟 纟 纟 纟 纟 纟 纟 绕

nuó 挪

部首 扌 笔画 9 组词 挪动

造句 他把桌子向前挪动了一下。

笔顺 一 十 扌 扌 扌 扌 扌 挪 挪

sī

思

部首 心 笔画 9 组词 思考

造句 她正在思考问题。

笔顺 丨 冂 冃 田 田 田 思 思 思

niàn

念

部首 心 笔画 8 组词 怀念

造句 童年的时光让我十分怀念。

笔顺 丿 人 人 今 今 念 念 念

zhàng

障

部首 阝 笔画 13 组词 故障

造句 汽车出现了故障。

笔顺 阝 阝 阝 阝 阝 阝 阝 阝 阝 阝 阝 阝 障

ài

碍

部首 石 笔画 13 组词 阻碍

造句 他在路途中遇到了阻碍。

笔顺 一 ア ス 石 石 石 砌 砌 砌 砌 碍 碍 碍

piāo

飘

部首 风 笔画 15 组词 飘扬

造句 五星红旗在空中迎风飘扬。

笔顺 一 丆 丙 丙 西 西 西 覀 票 票 票 票 飘 飘 飘

chún

纯

部首 纟 笔画 7 组词 纯真

造句 小女孩非常纯真可爱。

笔顺 ㄥ 纟 纟 纟 纟 纟 纯

部首	亻	réng 仍
笔画	4	
组词	仍然 仍旧	

造句 他明知这是错的仍然要做。

笔顺 丿 亻 仍 仍

部首	亻	jǐn 仅
笔画	4	
组词	不仅 仅限	

造句 这是仅见的一个病例。

笔顺 丿 亻 仅 仅

部首	亻	dài 代
笔画	5	
组词	后代 代表	

造句 班长要代表全班上台领奖。

笔顺 丿 亻 仁 代 代

部首	王	pá 琶
笔画	12	
组词	琵琶 琶音	

造句 她弹琵琶很好听。

笔顺 一 二 于 王 王 王 玨 玨 琹 琹 琶 琶

部首	讠	zhū 诛
笔画	8	
组词	诛戮 口诛笔伐	

造句 他遭人陷害受到诛戮。

笔顺 丶 讠 讠 讠 讠 诈 诛 诛

部首	心	zhì 志
笔画	7	
组词	意志 志气	

造句 别看他人小，志气却很大。

笔顺 一 十 士 志 志 志 志

轧 yà

部首：车

笔画：5

组词：轧场　轧道机

造句：轧道机正在努力地工作。

笔顺：一 𠫓 车 车 轧

窍 qiào

部首：穴

笔画：10

组词：窍门　诀窍

造句：转魔方是有诀窍的。

笔顺：丶 丶 宀 宀 宂 穵 穵 空 空 窍

枉 wǎng

部首：木

笔画：8

组词：枉费　枉然

造句：计划再好不采用也是枉然。

笔顺：一 十 才 木 木 木 杆 枉

嘉 jiā

部首：士

笔画：14

组词：嘉奖　嘉宾

造句：嘉宾们都准时到达了会场。

笔顺：一 十 士 吉 吉 吉 吉 吉 壴 喜 嘉 嘉 嘉 嘉

赐 cì

部首：贝

笔画：12

组词：赏赐　赐教

造句：希望大家不吝赐教！

笔顺：丨 冂 贝 贝 贝 贝 贝 贝 贝 赐 赐 赐

辞 cí

部首：辛

笔画：13

组词：推辞　辞别

造句：出门前他与亲友一一辞别。

笔顺：丿 二 千 千 舌 舌 舌 舌 舌 舌 辞 辞 辞

部首 疒
笔画 11
组词 瑕疵 疵点
cī 疵
造句 她买到了瑕疵品，很生气。
笔顺 丶 亠 广 广 疒 疒 疒 疒 疒 疟 疵

部首 月
笔画 6
组词 肋骨 两肋
lèi 肋
造句 他的肋骨被打断了两根。
笔顺 丿 几 月 月 肋 肋

部首 鬼
笔画 13
组词 魁星 魁梧
kuí 魁
造句 这个士兵身材魁梧。
笔顺 ′ ｛ 白 白 白 甶 鬼 鬼 鬼 鬼 鬼 鬼 魁

部首 力
笔画 11
组词 勒住 勒紧
lēi 勒
造句 你可以把腰带勒紧一点。
笔顺 一 十 廿 廿 廿 苎 苎 莒 革 勒 勒

部首 风
笔画 9
组词 飒飒 飒爽
sà 飒
造句 女兵们英姿飒爽。
笔顺 丶 亠 亠 亠 立 立 飒 飒 飒

部首 穴
笔画 13
组词 窥探 窥视
kuī 窥
造句 他探出头来向门外窥视。
笔顺 丶 丶 宀 宀 宀 穴 空 穻 窔 窥 窥 窥 窥

溃 kuì

部首：氵
笔画：12
组词：溃烂 崩溃
造句：他腿上的伤口开始溃烂了。
笔顺：丶 冫 氵 氵 沪 沪 浊 浊 浊 浊 溃 溃

匮 kuì

部首：匚
笔画：11
组词：匮乏 匮竭
造句：目前这种药品十分匮乏。
笔顺：一 丅 丅 戸 戸 吂 吂 吂 贵 贵 匮

傀 kuǐ

部首：亻
笔画：11
组词：傀儡 傀儡戏
造句：他只是一个傀儡而已。
笔顺：丿 亻 亻' 亻' 伯 伯 伯 伸 傀 傀 傀

儡 lěi

部首：亻
笔画：17
组词：傀儡 傀儡戏
造句：这个傀儡木偶做得很逼真。
笔顺：丿 亻 亻 伬 伬 俚 俚 俚 偶 偶 偶 偶 偶 儡 儡 儡 儡

籁 lài

部首：竹
笔画：19
组词：天籁 万籁俱寂
造句：她的歌声犹如天籁。
笔顺：丿 𠃌 𥫗 𥫗 𥫗 竺 竺 竺 竺 竺 笋 笋 笋 笋 笋 笋 籁 籁 籁

搔 sāo

部首：扌
笔画：12
组词：搔到痒处 搔首弄姿
造句：她搔首弄姿的样子真难看。
笔顺：一 十 扌 扌 扨 扨 扨 搔 搔 搔 搔 搔

斌 bīn

部首：文
笔画：12
组词：文质斌斌
造句：他是一个文质斌斌的人。
笔顺：丶 亠 亣 文 文 文 㫃 斌 斌 斌 斌 斌

届 jiè

部首：尸
笔画：8
组词：应届 届时
造句：军队招了很多应届毕业生。
笔顺：㇆ コ 尸 尸 局 局 届 届

皆 jiē

部首：白
笔画：9
组词：皆大欢喜 比比皆是
造句：这样的结局皆大欢喜。
笔顺：一 ㇗ 比 比 比 毕 皆 皆 皆

懈 xiè

部首：忄
笔画：16
组词：松懈 懈怠
造句：学习要持之以恒不能松懈。
笔顺：丶 丶 忄 忄 忄 忄 忄 忄 忄 忄 忄 忄 忄 忄 懈 懈

馈 kuì

部首：饣
笔画：12
组词：馈赠 馈送
造句：这是别人馈赠给我的礼物。
笔顺：丿 ㇒ 饣 饣 饣 饣 饣 饣 馈 馈 馈 馈

惭 cán

部首：忄
笔画：11
组词：惭愧 惭色
造句：他做错了事情感到很惭愧。
笔顺：丶 丶 忄 忄 忄 忄 忄 忄 忄 惭 惭

部首 忄
笔画 12
组词 愧疚 愧怍
kuì 愧
造句 她顶撞了妈妈，现在很愧疚。
笔顺 丶 丷 忄 忄' 忄' 忄' 忄' 忄' 忄' 愧 愧 愧

部首 马
笔画 7
组词 驳回 驳斥
bó 驳
造句 法院驳回了他的上诉。
笔顺 ㇆ 马 马 马' 马' 马' 驳

部首 讠
笔画 9
组词 告诫 训诫
jiè 诫
造句 老师经常训诫我们。
笔顺 丶 讠 讠 讠 讠 讠 诫 诫 诫

部首 山
笔画 8
组词 岳母 五岳
yuè 岳
造句 他和妻子去岳母家拜年了。
笔顺 ㇒ 𠂆 丘 丘 丘 乒 岳 岳

部首 釆
笔画 12
组词 解释 注释
shì 释
造句 经过他的解释，他们和好了。
笔顺 ㇒ ㇒ ㇒ 平 平 平 釆 釆 释 释 释 释

部首 辶
笔画 10
组词 逝世 消逝
shì 逝
造句 他爷爷不幸因病逝世。
笔顺 一 十 扌 扌 扩 折 折 折 浙 逝

部首	力	shì
笔画	8	势
组词	优势 形势	

造句 他以绝对优势战胜了对手。

笔顺 一 十 扌 扎 执 执 势 势

部首	言	shì
笔画	14	誓
组词	誓言 发誓	

造句 他发誓一定要好好学习。

笔顺 一 十 扌 扌 扩 扩 折 折 折 哲 誓 誓 誓 誓

部首	车	jí
笔画	13	辑
组词	辑录 辑要	

造句 这本书由很多作品辑录而成。

笔顺 一 𠂇 车 车 车 轫 轫 轫 轫 辑 辑 辑 辑

部首	口	yǎ
笔画	9	哑
组词	哑巴 沙哑	

造句 老师的嗓子都已经沙哑了。

笔顺 丨 口 口 口 叮 叮 叮 哑 哑

部首	攵	liǎn
笔画	11	敛
组词	收敛 敛财	

造句 现在他的脾气才有所收敛。

笔顺 丿 人 𠆢 今 佥 佥 佥 敛 敛 敛 敛

部首	口	líng
笔画	8	囹
组词	囹圄	

造句 他遭受迫害，身陷囹圄。

笔顺 丨 冂 冂 冂 冂 囹 囹 囹

幼小衔接学前常用字

幼儿学前

识字大王2280字

廉东星 编著

入门篇

成都地图出版社

目录

yī

一

部首 一 笔画 1 组词 一个

造句 我有一个玩具小车。

笔顺 一

èr

二

部首 一 笔画 2 组词 二姐

造句 二姐有两只玩具小兔。

笔顺 一 二

sān

三

部首 一 笔画 3 组词 三颗

造句 桌上放着三颗橡皮糖。

笔顺 一 二 三

sì

四

部首 口 笔画 5 组词 四只

造句 我有四只红色的小鸡玩具。

笔顺 丨 冂 冂 四 四

wǔ

五

部首 一 笔画 4 组词 五个

造句 这儿有五个崭新的网球。

笔顺 一 丆 五 五

liù

六

部首 八 笔画 4 组词 六个

造句 今天我学会了六个字母。

笔顺 丶 亠 亣 六

qī

七

部首	一	笔画	2	组词	七颗

造句：弟弟有七颗玻璃弹珠。

笔顺：一 七

bā

八

部首	八	笔画	2	组词	八个

造句：这儿有八个玩具小狗。

笔顺：丿 八

jiǔ

九

部首	丿	笔画	2	组词	九朵

造句：老师奖励了我九朵红花。

笔顺：丿 九

shí

十

部首	十	笔画	2	组词	十支

造句：妈妈给我买了十支铅笔。

笔顺：一 十

bǎi

百

部首	白	笔画	6	组词	一百

造句：小君考试得了一百分。

笔顺：一 丆 丆 百 百 百

qiān

千

部首	十	笔画	3	组词	一千

造句：十个一百是一千。

笔顺：丿 𠂉 千

wàn

万

部首	一	笔画	3	组词	一万

造句：十个一千是一万。

笔顺：一 丁 万

yì

亿

部首	亻	笔画	3	组词	亿万

造句：这个国家有亿万民众。

笔顺：丿 亻 亿

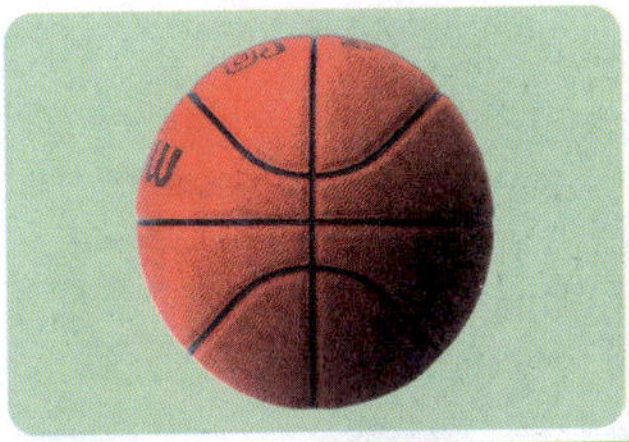

dà
大

部首：大　笔画：3　组词：巨大

造句：篮球比乒乓球大很多。

笔顺：一 ナ 大

xiǎo
小

部首：小　笔画：3　组词：小巧

造句：高尔夫球小巧玲珑。

笔顺：亅 小 小

duō
多

部首：夕　笔画：6　组词：许多

造句：我有许多糖果。

笔顺：丿 ク 夕 夕 多 多

shǎo
少

部首：小　笔画：4　组词：少量

造句：她只有少量的几颗糖果。

笔顺：丨 ⺌ 小 少

shàng
上

部首：一　笔画：3　组词：上面

造句：他马上要登上顶峰了。

笔顺：丨 ⺊ 上

xià
下

部首：一　笔画：3　组词：跃下

造句：他们从山顶一跃而下。

笔顺：一 丅 下

zuǒ
左

部首：工　笔画：5　组词：左边

造句：乐乐用左手抱着球。

笔顺：一 ナ 𠂇 左 左

yòu
右

部首：口　笔画：5　组词：右手

造句：明明用右手抱着球。

笔顺：一 ナ 才 右 右

dōng
东

部首	一	笔画	5	组词	东方

造句：东方古建筑有很高的欣赏价值。

笔顺：一 𠂇 车 东 东

xī
西

部首	覀	笔画	6	组词	西方

造句：西方传统建筑以砖石结构为主。

笔顺：一 丆 丙 丙 西 西

nán
南

部首	十	笔画	9	组词	南极

造句：企鹅生活在南极。

笔顺：一 十 𠂇 内 内 内 南 南 南

běi
北

部首	匕	笔画	5	组词	北极

造句：北极熊真可爱。

笔顺：丨 ⺊ 丬 丬 北

zhōng
中

部首	丨	笔画	4	组词	中国

造句：中国是个美丽的国家。

笔顺：丨 冂 口 中

jiān
间

部首	门	笔画	7	组词	房间

造句：我的房间是粉色的。

笔顺：丶 丨 门 门 间 间 间

qián
前

部首	丷	笔画	9	组词	前面

造句：这是布娃娃的前面。

笔顺：丶 丷 䒑 䒑 前 前 前 前 前

hòu
后

部首	口	笔画	6	组词	后面

造句：这是布娃娃的后面。

笔顺：一 厂 斤 斤 后 后

chū

出

部首 凵 笔画 5 组词 出来

造句 她从公交车的前门走出来。

笔顺 𠃊 凵 屮 出 出

rù

入

部首 入 笔画 2 组词 进入

造句 他终于进入了公交车。

笔顺 丿 入

lái

来

部首 一 笔画 7 组词 回来

造句 他们跑完步就回来了。

笔顺 一 𠂇 𠂉 立 平 来 来

qù

去

部首 厶 笔画 5 组词 出去

造句 小红和小白一起出去跑步了。

笔顺 一 十 土 去 去

líng

零

部首 雨 笔画 13 组词 零钱

造句 她从钱包里翻出了一些零钱。

笔顺 一 𠂇 ⺈ 帀 帀 雨 雨 雨 雨 雨 雰 雰 零 零

jiǎo

角

部首 角 笔画 7 组词 五角

造句 这支铅笔只卖五角钱。

笔顺 丿 ⺈ 𠂊 角 角 角 角

fēn

分

部首 刀 笔画 4 组词 分数

造句 面值为两分的硬币很少见了。

笔顺 丿 八 分 分

yuán

元

部首 一 笔画 4 组词 元老

造句 一元钱可以买两支铅笔。

笔顺 一 二 于 元

shuǐ

水

部首	水	笔画	4	组词	湖水

造句 湖水很清澈。

笔顺 亅 刁 水 水

huǒ

火

部首	火	笔画	4	组词	火苗

造句 红色的火苗越烧越旺。

笔顺 丶 丷 火 火

gān

干

部首	干	笔画	3	组词	干涸

造句 这条小河干涸了。

笔顺 一 二 干

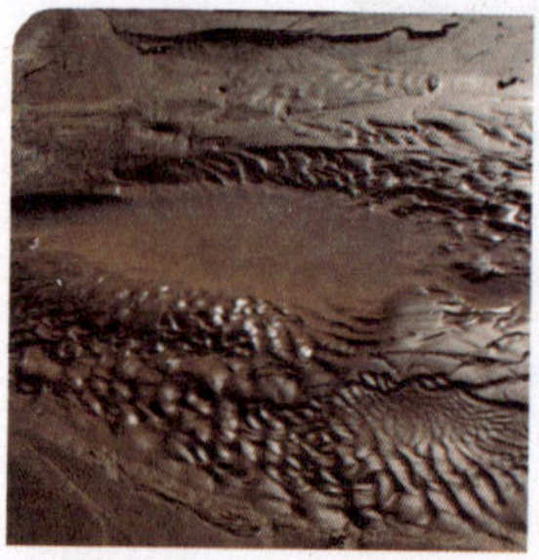

shī

湿

部首	氵	笔画	12	组词	打湿

造句 雨水打湿了干涸的土地。

笔顺 丶 冫 氵 氵 氵 泪 泪 泪 湿 湿 湿 湿

cháng

长

部首	长	笔画	4	组词	长度

造句 这个昆虫玩具的身体很长。

笔顺 丿 ㇀ 长 长

duǎn

短

部首	矢	笔画	12	组词	短小

造句 昆虫玩具的身体变短小了。

笔顺 丿 𠂉 午 矢 矢 矢 矢 知 知 短 短 短

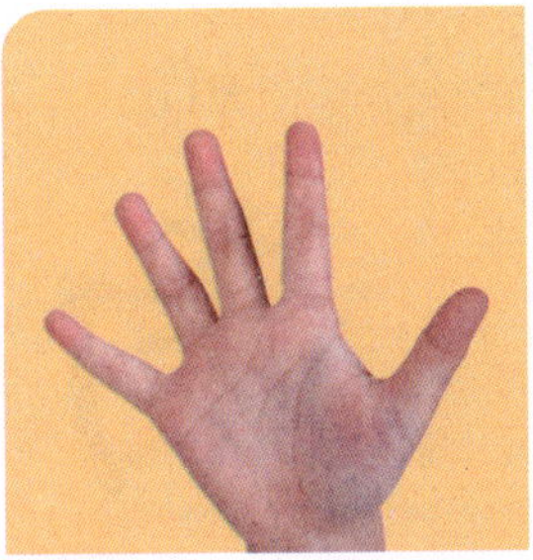

shǒu

手

部首 手 笔画 4 组词 手掌

造句 妹妹的手掌小巧可爱。

笔顺 一 二 三 手

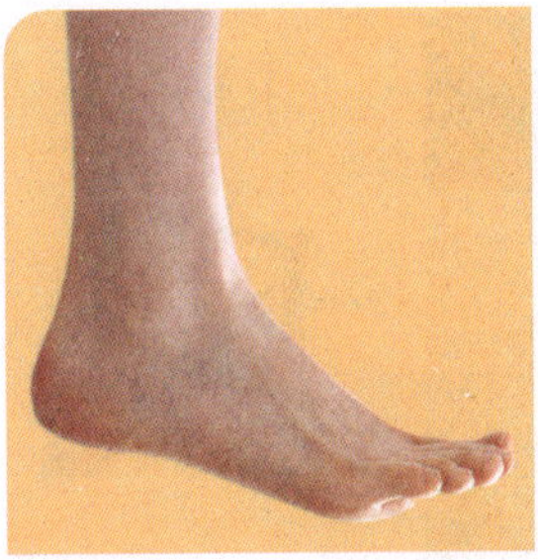

zú

足

部首 足 笔画 7 组词 足迹

造句 她的足迹遍布这片土地。

笔顺 丨 𠃍 口 ⻊ 早 𧾷 足

liǎn

脸

部首 月 笔画 11 组词 脸蛋儿

造句 她的脸蛋儿红扑扑的。

笔顺 丿 月 月 月 肞 肣 肣 脍 脍 脸 脸

nǎo

脑

部首 月 笔画 10 组词 电脑

造句 他正在用电脑剪辑视频。

笔顺 丿 月 月 月 肀 肀 肀 脑 脑 脑

xìn

信

部首 亻 笔画 9 组词 信件

造句 他收到了几封信件。

笔顺 丿 亻 亻 仁 仁 信 信 信 信

tǒng

筒

部首 竹 笔画 12 组词 笔筒

造句 叔叔送给我一个笔筒。

笔顺 丿 𠂉 𥫗 𥫗 𥫗 竹 竹 筒 筒 筒 筒 筒

fēng

风

部首 风 笔画 4 组词 大风

造句 明天是大风天气。

笔顺 丿 几 风 风

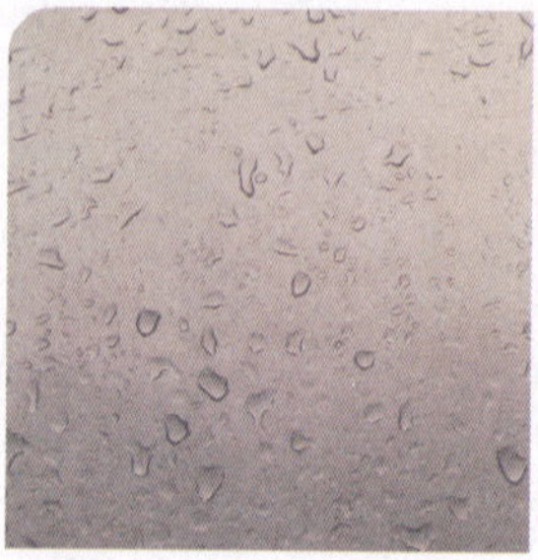

yǔ

雨

部首 雨 笔画 8 组词 下雨

造句 小萍最喜欢下雨天了。

笔顺 一 丆 冂 帀 帀 雨 雨 雨

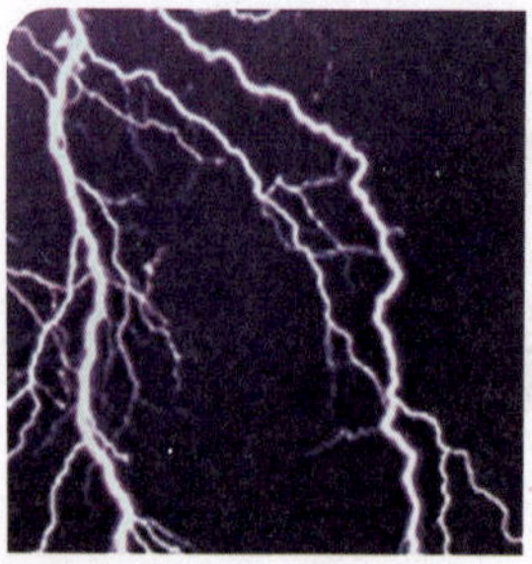

léi

雷

部首 雨 笔画 13 组词 雷电

造句 雷电击中了一棵树。

笔顺 一 丆 冖 帀 帀 帀 帀 帀 雫 雫 雷 雷 雷

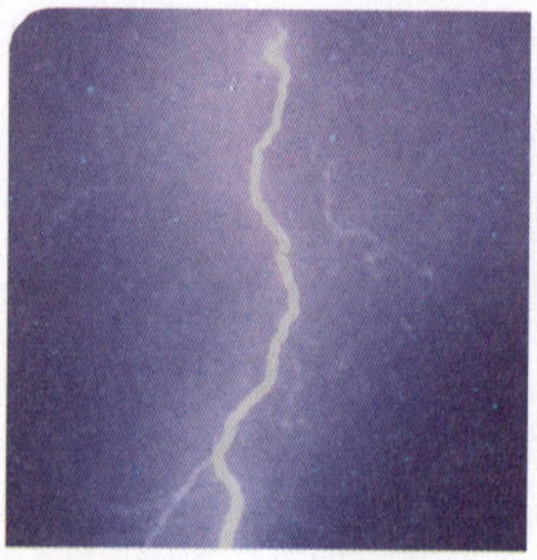

diàn

电

部首 丨 笔画 5 组词 闪电

造句 天空中划过一道闪电。

笔顺 丨 口 曰 曰 电

xuě

雪

部首 雨 笔画 11 组词 雪人

造句 大地积满了白白的雪。

笔顺 一 丆 冖 帀 帀 帀 帀 帀 雪 雪 雪

wù

雾

部首 雨 笔画 13 组词 雾气

造句 山间有雾气弥漫。

笔顺 一 丆 冖 帀 帀 帀 帀 帀 雾 雾 雾 雾 雾

dāo

刀

部首	刀	笔画	2	组词	小刀

造句 这把小刀锋利无比。

笔顺 ㇆ 刀

chā

叉

部首	又	笔画	3	组词	叉子

造句 吃西餐时要用叉子。

笔顺 ㇇ 又 叉

sháo

勺

部首	勹	笔画	3	组词	勺子

造句 我吃饭的勺子是木质的。

笔顺 丿 勹 勺

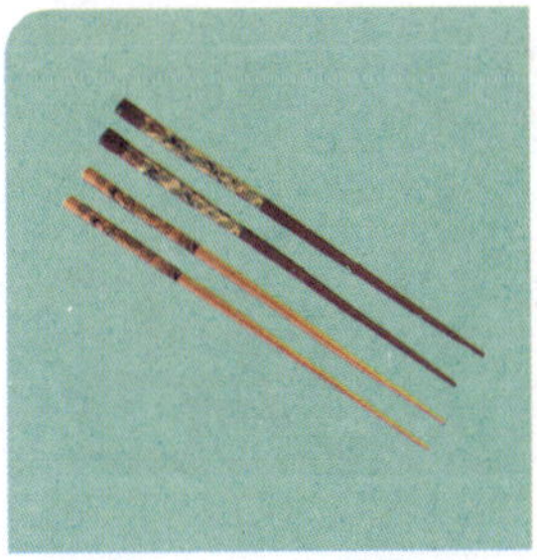

kuài

筷

部首	竹	笔画	13	组词	筷子

造句 这些筷子做工很精致。

笔顺 丿 𠂉 𠂉 𠂉 𥫗 𥫗 𥫗 𥫗 𥫗 𥫗 笁 筷 筷

wǎn

碗

部首	石	笔画	13	组词	饭碗

造句 这是妈妈的饭碗。

笔顺 一 丆 不 石 石 石 石 矿 矿 矿 矿 碗 碗

pán

盘

部首	皿	笔画	11	组词	盘子

造句 这个盘子上印有四朵花。

笔顺 丿 ㇓ 勺 舟 舟 舟 舟 舟 舟 盘 盘

zuò
坐

部首	土	笔画	7	组词	坐垫

造句 这个坐垫真软。

笔顺 丿 人 从 从 丛 坐 坐

lì
立

部首	立	笔画	5	组词	站立

造句 她端正地站立在原地。

笔顺 丶 亠 亠 亠 立

zhàn
站

部首	立	笔画	10	组词	罚站

造句 小明被老师罚站一小时。

笔顺 丶 亠 亠 亠 立 立 立 站 站 站

zǒu
走

部首	走	笔画	7	组词	走动

造句 朋友之间要经常走动。

笔顺 一 十 土 丰 丰 走 走

pǎo
跑

部首	足	笔画	12	组词	长跑

造句 他练习长跑已经很久了。

笔顺 丨 口 口 口 早 早 足 足 趵 趵 趵 跑

zhuī
追

部首	辶	笔画	9	组词	追赶

造句 他没有追赶上火车。

笔顺 丿 亻 户 户 白 自 自 追 追

rén

人

部首	人	笔画	2	组词	家人

造句 她们是相亲相爱的一家人。

笔顺 丿 人

nǐ

你

部首	亻	笔画	7	组词	你们

造句 同学们，你们是祖国的花朵。

笔顺 丿 亻 亻 伫 价 你 你

wǒ

我

部首	戈	笔画	7	组词	我家

造句 我家养了两只小鸡。

笔顺 ノ 二 于 手 手 我 我

tā

他

部首	亻	笔画	5	组词	他们

造句 他是一个外国小男孩。

笔顺 丿 亻 仁 仲 他

tā

她

部首	女	笔画	6	组词	她的

造句 她的裙子很漂亮。

笔顺 ㄑ 女 女 如 她 她

tā

它

部首	宀	笔画	5	组词	它们

造句 这只猫饿了，喂喂它吧。

笔顺 丶 丶 宀 宀 它

nán

男

部首	田	笔画	7	组词	男孩

造句：这个男孩很聪明。

笔顺：丨 冂 日 田 田 男 男

nǚ

女

部首	女	笔画	3	组词	女孩

造句：这个女孩的眼睛很漂亮。

笔顺：く 女 女

lǎo

老

部首	耂	笔画	6	组词	老人

造句：这位老人说话很幽默。

笔顺：一 十 土 耂 老 老

yòu

幼

部首	幺	笔画	5	组词	幼儿园

造句：她今年刚上幼儿园。

笔顺：𠃋 幺 幺 幻 幼

bà

爸

部首	父	笔画	8	组词	爸爸

造句：爸爸上班去了。

笔顺：丿 八 父 父 爷 爷 爸 爸

mā

妈

部首	女	笔画	6	组词	妈妈

造句：我的妈妈做饭很好吃。

笔顺：く 女 女 妈 妈 妈

fù

父

部首	父	笔画	4	组词	父亲

造句 小明的父亲是一名教师。

笔顺 丿 八 ⺈ 父

mǔ

母

部首	母	笔画	5	组词	母亲

造句 我的母亲很漂亮。

笔顺 𠃋 𠃋 母 母 母

gē

哥

部首	口	笔画	10	组词	表哥

造句 表哥很喜欢听音乐。

笔顺 一 丆 丆 可 可 可 哥 哥 哥 哥

dì

弟

部首	丷	笔画	7	组词	弟弟

造句 我的弟弟很可爱。

笔顺 丶 丷 当 当 肖 弟 弟

jiě

姐

部首	女	笔画	8	组词	姐姐

造句 我的姐姐很聪明。

笔顺 𡿨 女 女 如 如 姐 姐 姐

mèi

妹

部首	女	笔画	8	组词	表妹

造句 小表妹长得特别可爱。

笔顺 𡿨 女 女 女 妒 奸 妹 妹

yé

爷

部首 父 笔画 6 组词 爷爷

造句 爷爷很会讲故事。

笔顺 ノ 八 グ 父 爷 爷

nǎi

奶

部首 女 笔画 5 组词 奶奶

造句 奶奶很慈祥。

笔顺 ㄑ 女 女 奶 奶

ér

儿

部首 儿 笔画 2 组词 婴儿

造句 照片上的他还是个婴儿。

笔顺 丿 儿

sūn

孙

部首 子 笔画 6 组词 孙子

造句 奶奶很疼爱自己的孙子。

笔顺 乛 了 子 孑 孙 孙

hái

孩

部首 子 笔画 9 组词 小孩

造句 小孩们在一起玩得很快乐。

笔顺 乛 了 子 孑 孑 孑 孩 孩 孩

niáng

娘

部首 女 笔画 10 组词 姑娘

造句 小姑娘头上带着花环。

笔顺 ㄑ 女 女 女 女 女 女 娘 娘 娘

bó

伯

部首 亻 笔画 7 组词 伯伯

造句 伯伯是个音乐家。

笔顺 丿 亻 亻' 亻𠂆 伯 伯 伯

shū

叔

部首 又 笔画 8 组词 叔叔

造句 我非常喜欢我的叔叔。

笔顺 丨 卜 上 丰 未 未 叔 叔

shěn

婶

部首 女 笔画 11 组词 婶婶

造句 我的婶婶是个很温柔的人。

笔顺 ㄑ 女 女 女' 女' 女宀 女宀 婶 婶 婶 婶

yí

姨

部首 女 笔画 9 组词 小姨

造句 小姨的头发很漂亮。

笔顺 ㄑ 女 女 女一 女コ 女弓 姨 姨 姨

jiù

舅

部首 臼 笔画 13 组词 舅舅

造句 舅舅每天都有很多应酬。

笔顺 ′ ㇀ 𠂉 臼 臼 臼 臼 臼 臼 臼 臼 舅 舅

gū

姑

部首 女 笔画 8 组词 小姑

造句 小姑是个舞蹈家。

笔顺 ㄑ 女 女 女一 女十 女古 姑 姑

yuǎn

远

部首 辶 笔画 7 组词 远处

造句 远处的山顶上有一座庙宇。

笔顺 一 二 亍 元 `元 沅 远

jìn

近

部首 辶 笔画 7 组词 近旁

造句 庙宇的近旁是高高的悬崖。

笔顺 ′ 厂 斤 斤 `斤 䜣 近

kāi

开

部首 一 笔画 4 组词 开窗

造句 妈妈每天都会开窗通风。

笔顺 一 二 于 开

guān

关

部首 丷 笔画 6 组词 关闭

造句 放学后,教室的门窗要关闭。

笔顺 丶 丷 䒑 兰 关 关

kuài

快

部首 忄 笔画 7 组词 快速

造句 列车快速地掠过我眼前。

笔顺 丶 丶丶 忄 忄¬ 忄コ 快 快

màn

慢

部首 忄 笔画 14 组词 缓慢

造句 骑行队伍一开始速度缓慢。

笔顺 丶 丶丶 忄 忄丨 忄冂 忄日 忄日 忄昌 忄昌 忄昌 忄昌 忄昌 慢 慢

gāo

高

部首	高	笔画	10	组词	高楼

造句 城市里到处是高楼大厦。

笔顺 丶 亠 亠 亡 亩 亨 高 高 高 高

ǎi

矮

部首	矢	笔画	13	组词	低矮

造句 房子低矮，但很结实。

笔顺 丿 𠂉 𠂉 午 矢 矢 矢 矢 矢 矮 矮 矮 矮

pàng

胖

部首	月	笔画	9	组词	发胖

造句 吃高热量的食物容易发胖。

笔顺 丿 月 月 月 月 月 肀 肀 胖

shòu

瘦

部首	疒	笔画	14	组词	瘦小

造句 他身材瘦小，干净利落。

笔顺 丶 亠 广 广 疒 疒 疒 疒 疒 疒 疒 疒 瘦 瘦

duì

对

部首	寸	笔画	5	组词	对号

造句 他的试卷上都是对号。

笔顺 フ 又 叉 对 对

cuò

错

部首	钅	笔画	13	组词	错误

造句 犯错误后要及时反省。

笔顺 丿 𠂉 𠂉 𠂉 钅 钅 钅 钳 钳 钳 错 错 错

kōng

空

部首 穴 笔画 8 组词 落空

造句 桌上放着一只空杯子。

笔顺 丶 丶 宀 宀 穴 穴 空 空 空

mǎn

满

部首 氵 笔画 13 组词 满意

造句 他喝了满满一杯啤酒。

笔顺 丶 丶 氵 氵 汁 汁 洪 洪 洪 满 满 满 满

zhēn

真

部首 十 笔画 10 组词 真实

造句 这是一辆真实的跑车。

笔顺 一 十 广 古 古 吉 直 直 真 真

jiǎ

假

部首 亻 笔画 11 组词 假冒

造句 这辆车假冒名牌跑车。

笔顺 丿 亻 亻 亻 作 作 作 作 作 假 假

yíng

盈

部首 皿 笔画 9 组词 盈缺

造句 月亮有盈有缺。

笔顺 乃 乃 乃 乃 乃 盈 盈 盈 盈

kuī

亏

部首 一 笔画 3 组词 亏蚀

造句 以礼待人不会吃亏。

笔顺 一 二 亏

guā

瓜

部首	瓜	笔画	5	组词	西瓜

造句 这个西瓜又大又甜。

笔顺 一 厂 𠂆 瓜 瓜

guǒ

果

部首	木	笔画	8	组词	苹果

造句 吃苹果有益健康。

笔顺 丨 冂 日 日 旦 甲 果 果

dòu

豆

部首	豆	笔画	7	组词	红豆

造句 我今天的早餐是红豆粥。

笔顺 一 𠃍 口 口 日 豆 豆

mài

麦

部首	麦	笔画	7	组词	麦子

造句 地里的麦子快熟了。

笔顺 一 二 十 圭 丰 麦 麦

dào

稻

部首	禾	笔画	15	组词	稻田

造句 我的家乡有金灿灿的稻田。

笔顺 一 二 千 禾 禾 禾 禾 禾 禾 禾 禾 稻 稻 稻 稻

hé

禾

部首	禾	笔画	5	组词	禾苗

造句 春天，稻田里种满了禾苗。

笔顺 一 二 千 禾 禾

chūn

春

部首 日 笔画 9 组词 初春

造句 初春季节仍有寒意。

笔顺 一 二 三 声 夫 表 春 春 春

xià

夏

部首 夂 笔画 10 组词 华夏

造句 夏天，荷塘里的荷花都开了。

笔顺 一 丆 丆 百 百 百 百 頁 夏 夏

qiū

秋

部首 禾 笔画 9 组词 秋天

造句 秋天到了，枫叶黄了。

笔顺 丿 二 千 禾 禾 禾 禾 秒 秋

dōng

冬

部首 夂 笔画 5 组词 冬天

造句 冬天的雪景真美啊！

笔顺 丿 夕 夂 冬 冬

zǎo

早

部首 日 笔画 6 组词 早晨

造句 早晨，太阳从东方升起。

笔顺 丨 冂 日 日 旦 早

wǎn

晚

部首 日 笔画 11 组词 夜晚

造句 夜晚的天空美极了！

笔顺 丨 冂 月 日 日 日 日 日 晗 晚 晚

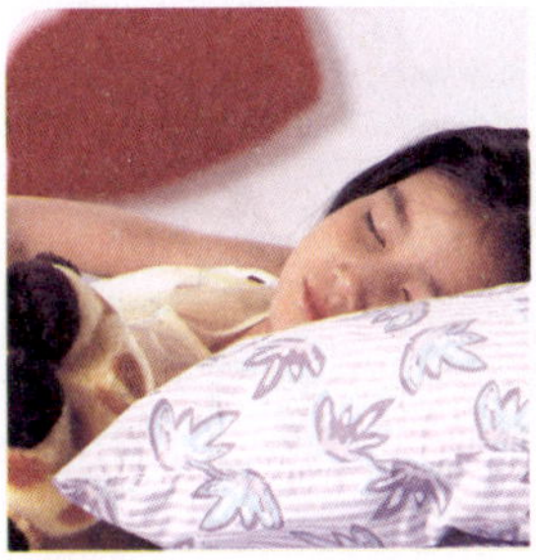

wǔ

午

部首 十 笔画 4 组词 午休

造句 她每天都要午休半小时。

笔顺 丿 𠂉 𠂇 午

yè

夜

部首 夕 笔画 8 组词 夜晚

造句 城市的夜晚格外美丽。

笔顺 丶 亠 亠 亣 产 夜 夜 夜

zhāo

朝

部首 月 笔画 12 组词 朝阳

造句 朝阳映红了东方的天空。

笔顺 一 十 𠂇 古 古 古 直 卓 卓 朝 朝 朝

xī

夕

部首 夕 笔画 3 组词 夕阳

造句 夕阳渐渐西沉。

笔顺 丿 ク 夕

chén

晨

部首 日 笔画 11 组词 早晨

造句 早晨的空气很清新。

笔顺 丨 冂 日 日 旦 尸 尸 尸 尸 尸 晨

hūn

昏

部首 日 笔画 8 组词 黄昏

造句 黄昏时天空映满彩霞。

笔顺 一 厂 F 氏 氏 昏 昏 昏

gè

个

部首	人	笔画	3	组词	一个

造句　我晚餐就吃了一个西红柿。

笔顺　丿 人 个

tiáo

条

部首	夂	笔画	7	组词	一条

造句　鱼缸里只剩一条小鱼了。

笔顺　丿 ク 夂 夂 夂 条 条

zhī

只

部首	口	笔画	5	组词	一只

造句　屋顶上停着一只鸽子。

笔顺　丨 冂 口 只 只

bǎ

把

部首	扌	笔画	7	组词	扫把

造句　妈妈自己制作了一把扫帚。

笔顺　一 亅 扌 扌 扌 扌 把

jiàn

件

部首	亻	笔画	6	组词	一件

造句　我有一件漂亮的衣服。

笔顺　丿 亻 亻 仁 仁 件

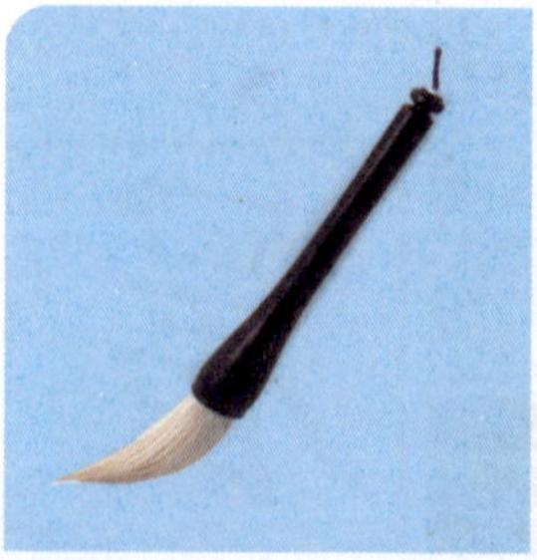

zhī

支

部首	支	笔画	4	组词	一支

造句　我有一支毛笔。

笔顺　一 十 支 支

zhū

猪

部首 犭 笔画 11 组词 猪圈

造句 一头猪从猪圈里跑出来了。

笔顺 丿 ㇓ 犭 犭 犭 犭 犭 犭 犭 猪 猪 猪

gǒu

狗

部首 犭 笔画 8 组词 小狗

造句 我养了一只可爱的小狗。

笔顺 丿 ㇓ 犭 犭 犭 犭 狗 狗

māo

猫

部首 犭 笔画 11 组词 小猫

造句 我家的小猫很黏人。

笔顺 丿 ㇓ 犭 犭 犭 犭 犭 犭 猫 猫 猫

shǔ

鼠

部首 鼠 笔画 13 组词 老鼠

造句 小白鼠常被用来做医药研究。

笔顺 丿 ㇀ 𠂤 臼 臼 臼 臼 臼 臼 臼 臼 臼 鼠

é

鹅

部首 鸟 笔画 12 组词 天鹅

造句 天鹅既美丽又高贵。

笔顺 丿 二 手 手 我 我 我 我 我 我 鹅 鹅

lù

鹿

部首 广 笔画 11 组词 长颈鹿

造句 长颈鹿在草原上欢快地奔跑。

笔顺 丶 亠 广 户 户 户 户 户 户 户 鹿

hǔ

虎

部首	虍	笔画	8	组词	老虎

造句 老虎的吼声让人心惊胆战。

笔顺 丨 ⺊ 𠂆 广 卢 虍 虎 虎

xióng

熊

部首	灬	笔画	14	组词	狗熊

造句 狗熊的耳朵圆圆的。

笔顺 ㇀ 厶 ⺈ 台 台 育 育 能 能 能 熊 熊 熊 熊

shī

狮

部首	犭	笔画	9	组词	狮子

造句 狮子是草原上的王者。

笔顺 丿 犭 犭 犭 犭 狮 狮 狮 狮

bào

豹

部首	豸	笔画	10	组词	豹子

造句 豹子奔跑的速度非常快。

笔顺 ㇒ ㇒ ㇒ 豸 豸 豸 豸 豹 豹 豹

liè

列

部首	刂	笔画	6	组词	列车

造句 列车缓缓向前滑动。

笔顺 一 厂 歹 歹 歹 列

pái

排

部首	扌	笔画	11	组词	排列

造句 酒杯在桌上整齐地排列着。

笔顺 一 十 扌 扌 扌 扌 扌 排 排 排 排

qīng

轻

部首 车 笔画 9 组词 轻飘飘

造句 气球轻飘飘地升上了天空。

笔顺 一 𠫓 𠂉 车 轩 轻 轻 轻 轻

zhòng

重

部首 里 笔画 9 组词 举重

造句 他赢得了举重比赛的冠军。

笔顺 一 二 千 千 台 育 盲 重 重

ruǎn

软

部首 车 笔画 8 组词 软绵绵

造句 布娃娃捏起来软绵绵的。

笔顺 一 𠫓 𠂉 车 车 软 软 软

yìng

硬

部首 石 笔画 12 组词 坚硬

造句 塑料玩具的外壳很坚硬。

笔顺 一 丆 不 石 石 石 矿 矿 砸 砸 砸 硬

hòu

厚

部首 厂 笔画 9 组词 厚重

造句 我有一本很厚的字典。

笔顺 一 厂 厂 戸 戸 戸 厚 厚 厚

báo

薄

部首 艹 笔画 16 组词 薄片

造句 这本书很薄。

笔顺 一 十 艹 艹 艹 艹 芦 芦 芦 芦 芦 蒲 蒲 蒲 薄 薄

cū

粗

部首	米	笔画	11	组词	粗壮

造句　园子里的苦瓜长得很粗壮。

笔顺　丶 丷 䒑 半 米 米 籵 粈 粈 粈 粗

xì

细

部首	纟	笔画	8	组词	细长

造句　这根苦瓜相对比较细长。

笔顺　𠃋 纟 纟 纟 纫 细 细 细

shēn

深

部首	氵	笔画	11	组词	深度

造句　这杯牛奶装得比较深。

笔顺　丶 丶 氵 氵 氵 泙 泙 泙 浮 深 深

qiǎn

浅

部首	氵	笔画	8	组词	浅滩

造句　这杯牛奶看起来浅一些。

笔顺　丶 丶 氵 汇 沪 浅 浅 浅

kuān

宽

部首	宀	笔画	10	组词	宽阔

造句　宽阔的瀑布飞流而下。

笔顺　丶 丶 宀 宀 宀 宀 宀 宽 宽 宽

zhǎi

窄

部首	穴	笔画	10	组词	狭窄

造句　水从狭窄的山谷流淌下来。

笔顺　丶 丶 宀 宀 穴 穴 空 窄 窄 窄

bǎo

饱

部首	饣	笔画	8	组词	饱满

造句 田里的稻谷颗颗饱满。

笔顺 丿 ⺈ 饣 饣 饣 饣 饣 饱

è

饿

部首	饣	笔画	10	组词	饥饿

造句 她吃了一盘青菜后依然饥饿。

笔顺 丿 ⺈ 饣 饣 饣 饣 饣 饿 饿 饿

lěng

冷

部首	冫	笔画	7	组词	寒冷

造句 黑龙江的冬天特别寒冷。

笔顺 丶 冫 冫 冫 冫 冷 冷

nuǎn

暖

部首	日	笔画	13	组词	暖和

造句 戴上手套后手就暖和了。

笔顺 丨 冂 日 日 日 日 日 日 日 日 日 日 暖

xiāng

香

部首	香	笔画	9	组词	香瓜

造句 香瓜色泽鲜美，香脆可口。

笔顺 ㇒ 二 千 禾 禾 禾 香 香 香

chòu

臭

部首	自	笔画	10	组词	臭豆腐

造句 臭豆腐是我们这里的特产。

笔顺 丿 亻 白 白 自 自 自 臭 臭 臭

shēng

升

部首	丿	笔画	4	组词	上升

造句 一架飞机上升到空中。

笔顺 丿 二 千 升

jiàng

降

部首	阝	笔画	8	组词	降落

造句 降落伞准确地降落在地面。

笔顺 乛 阝 阝' 阝夂 阝夂 阝夅 阝夅 降

qǐ

起

部首	走	笔画	10	组词	起程

造句 我们在黎明起程，直奔纽约。

笔顺 一 十 土 丰 丰 走 走 走 起 起

luò

落

部首	艹	笔画	12	组词	落后

造句 加把劲，我们已经落后了。

笔顺 一 十 艹 艹 艹 艹 艹 莎 莎 落 落 落

míng

明

部首	日	笔画	8	组词	聪明

造句 我的弟弟非常聪明。

笔顺 丨 冂 日 日 町 明 明 明

àn

暗

部首	日	笔画	13	组词	昏暗

造句 酒吧里的灯光很昏暗。

笔顺 丨 冂 日 日 日` 日亠 日亠 日立 日立 暗 暗 暗 暗

xīn

新

部首	斤	笔画	13	组词	新闻

造句 爸爸每天都会看新闻联播。

笔顺 丶 亠 亠 亣 立 立 辛 辛 亲 亲 新 新 新

jiù

旧

部首	日	笔画	5	组词	陈旧

造句 这个球看起来很陈旧。

笔顺 丨 丨丨 丨冂 丨⺆ 旧

fāng

方

部首	方	笔画	4	组词	方向

造句 这个方向才是回家的路。

笔顺 丶 亠 亍 方

yuán

圆

部首	囗	笔画	10	组词	圆圈

造句 同学们围成了一个圆圈。

笔顺 丨 冂 冂 冋 冋 冋 冐 圎 圎 圆

pín

贫

部首	贝	笔画	8	组词	贫穷

造句 贫穷的山区变得富裕起来。

笔顺 丿 八 分 分 岔 贫 贫 贫

fù

富

部首	宀	笔画	12	组词	富裕

造句 沿海地区相对比较富裕。

笔顺 丶 丶 宀 宀 宀 宀 宀 宀 宫 富 富 富

hǎi

海

部首 氵 笔画 10 组词 大海

造句 蔚蓝的大海一望无际。

笔顺 丶 丶 氵 氵 氵 汇 泃 海 海 海

yáng

洋

部首 氵 笔画 9 组词 太平洋

造句 太平洋上有许多岛屿。

笔顺 丶 丶 氵 氵 氵 氵 泮 洋 洋

jiāng

江

部首 氵 笔画 6 组词 江水

造句 江水奔流不息，汇聚大海。

笔顺 丶 丶 氵 汀 江 江

hé

河

部首 氵 笔画 8 组词 河水

造句 河水很清澈。

笔顺 丶 丶 氵 汀 汀 河 河 河

hú

湖

部首 氵 笔画 12 组词 湖面

造句 平静的湖面像一面镜子。

笔顺 丶 丶 氵 氵 汁 汁 沽 沽 湖 湖 湖 湖

pō

泊

部首 氵 笔画 8 组词 湖泊

造句 这个湖泊面积很大。

笔顺 丶 丶 氵 氵 氵 泊 泊 泊

jǐng

井

部首	一	笔画	4	组词	井水

造句 这井水特别甜。

笔顺 一 二 于 井

quán

泉

部首	水	笔画	9	组词	泉水

造句 泉水咕嘟咕嘟地往外冒。

笔顺 丿 亻 白 白 白 皃 皃 皃 泉

xī

溪

部首	氵	笔画	13	组词	溪水

造句 溪水从山涧缓缓流下。

笔顺 丶 丶 氵 氵 氵 氵 氵 氵 氵 氵 溪 溪 溪

gōu

沟

部首	氵	笔画	7	组词	山沟

造句 这是一条山沟。

笔顺 丶 丶 氵 氵 沟 沟 沟

chí

池

部首	氵	笔画	6	组词	泳池

造句 他家的房子带有泳池。

笔顺 丶 丶 氵 汀 沖 池

táng

塘

部首	土	笔画	13	组词	鱼塘

造句 这个鱼塘不太深。

笔顺 一 十 土 圹 圹 圹 圹 垆 垆 塘 塘 塘 塘

ní

泥

部首 氵 笔画 8 组词 泥土

造句 空气中弥漫着泥土的芬芳。

笔顺 丶 冫 氵 氵 汀 沪 沪 泥

shā

沙

部首 氵 笔画 7 组词 沙滩

造句 沙滩的景色美极了。

笔顺 丶 冫 氵 氵 沙 沙 沙

làng

浪

部首 氵 笔画 10 组词 巨浪

造句 大海掀起了巨浪。

笔顺 丶 冫 氵 氵 氵 氵 氵 浪 浪 浪

bō

波

部首 氵 笔画 8 组词 波纹

造句 水面泛起层层波纹。

笔顺 丶 冫 氵 氵 汀 沪 波 波

kēng

坑

部首 土 笔画 7 组词 泥坑

造句 路面有许多泥坑，很难走。

笔顺 一 十 土 圹 圹 坑 坑

wā

洼

部首 氵 笔画 9 组词 洼地

造句 丘陵地区有很多洼地。

笔顺 丶 冫 氵 氵 汁 汁 洼 洼 洼

suān

酸

部首	酉	笔画	14	组词	酸软

造句 他走了一天路，四肢酸软。

笔顺 一 丆 冂 丙 两 西 西 酉 酉 酉 酉 酉 酸 酸

tián

甜

部首	舌	笔画	11	组词	甜品

造句 娟娟很爱吃甜品。

笔顺 丿 二 千 千 舌 舌 舌 甜 甜 甜 甜

kǔ

苦

部首	艹	笔画	8	组词	苦口

造句 这种咖啡的味道很苦。

笔顺 一 十 艹 艹 芏 芏 苦 苦

là

辣

部首	辛	笔画	14	组词	辣椒

造句 四川和湖南都盛产辣椒。

笔顺 丶 亠 亠 立 立 立 辛 辛 辛 辛 辛 辨 辣 辣

xián

咸

部首	口	笔画	9	组词	咸味

造句 巧巧很喜欢吃咸鸭蛋。

笔顺 一 厂 厂 斤 后 后 咸 咸 咸

sè

涩

部首	氵	笔画	10	组词	酸涩

造句 青苹果吃起来很酸涩。

笔顺 丶 丶 氵 汈 汈 汈 汈 涩 涩 涩

gōng

工

部首 工 笔画 3 组词 工作

造句 叔叔工作很认真。

笔顺 一 丅 工

nóng

农

部首 冖 笔画 6 组词 农民

造句 农民伯伯在田里辛勤劳作。

笔顺 丶 冖 ⺈ 农 农 农

yī

医

部首 匚 笔画 7 组词 医生

造句 生病了要看医生。

笔顺 一 丆 医 医 医 医 医

jūn

军

部首 冖 笔画 6 组词 军人

造句 我的叔叔是一名军人。

笔顺 丶 冖 冖 军 军 军

shāng

商

部首 亠 笔画 11 组词 商业

造句 这家公司有许多商业精英。

笔顺 丶 亠 亠 产 产 产 产 商 商 商 商

shī

师

部首 丨 笔画 6 组词 教师

造句 我们都很喜欢这位教师。

笔顺 丨 刂 师 师 师 师

tīng

听

部首 口 笔画 7 组词 动听

造句 妈妈的歌声很动听。

笔顺 丨 口 口 口' 叮 吖 听

shuō

说

部首 讠 笔画 9 组词 说话

造句 他们在说悄悄话。

笔顺 丶 讠 讠 讠' 讠' 讠' 讠' 讠' 说

dú

读

部首 讠 笔画 10 组词 读书

造句 读书可以让我们长见识。

笔顺 丶 讠 讠 讠 讠 讠 讠 读 读 读

xiě

写

部首 冖 笔画 5 组词 抄写

造句 我在认真地抄写生字。

笔顺 丶 冖 冖 写 写

huà

画

部首 田 笔画 8 组词 画家

造句 明明的理想是当一名画家。

笔顺 一 𠃌 𠂇 丙 丙 画 画 画

chàng

唱

部首 口 笔画 11 组词 唱歌

造句 她的特长是唱歌。

笔顺 丨 口 口 口 口 口 口 口 口 唱 唱

chī

吃

部首 口　笔画 6　组词 吃惊

造句 真真喜欢吃水果。

笔顺 丨 冂 口 口′ 口𠂉 吃

hē

喝

部首 口　笔画 12　组词 喝水

造句 夏天要多喝水。

笔顺 丨 冂 口 口丨 口冂 口曰 口曰 口旦 口冃 喝 喝 喝

dīng

叮

部首 口　笔画 5　组词 叮当

造句 早晨七点，闹钟叮当响。

笔顺 丨 冂 口 口一 叮

yǎo

咬

部首 口　笔画 9　组词 咬住

造句 这个苹果被我咬了一口。

笔顺 丨 冂 口 口丶 口亠 口亠 口六 口ナ 咬

yè

咽

部首 口　笔画 9　组词 哽咽

造句 他想起伤心往事时哽咽了。

笔顺 丨 冂 口 口丨 叩 叩 咽 咽 咽

xī

吸

部首 口　笔画 6　组词 呼吸

造句 妈妈正在用吸尘器打扫。

笔顺 丨 冂 口 口ㄋ 吸 吸

wèn

问

部首	门	笔画	6	组词	问题

造句　有问题要主动问老师。

笔顺　丶 丨 门 门 问 问

dá

答

部首	竹	笔画	12	组词	回答

造句　小米回答问题很积极。

笔顺　丿 𠂉 𠂉 𠂉 𥫗 𥫗 笒 笒 笒
笒 答 答

qǐng

请

部首	讠	笔画	10	组词	邀请

造句　小君邀请我去他家里玩。

笔顺　丶 讠 讠 讠 讠 讠 讠 请 请
请

xiè

谢

部首	讠	笔画	12	组词	感谢

造句　我很感谢他的热情帮助。

笔顺　丶 讠 讠 讠 讠 讠 讠 讠 讠
讠 谢 谢

lǐ

礼

部首	礻	笔画	5	组词	礼物

造句　我给母亲买了份生日礼物。

笔顺　丶 ㇇ 礻 礻 礼

ràng

让

部首	讠	笔画	5	组词	谦让

造句　童童是个懂得谦让的孩子。

笔顺　丶 讠 讠 计 让

chú

厨

部首 厂 笔画 12 组词 厨师

造句 厨师都戴一顶高高的帽子。

笔顺 一 厂 厂 厂 厂 厂 厂 厂 厂 厂 厨 厨

yóu

邮

部首 阝 笔画 7 组词 邮票

造句 爷爷喜欢收集邮票。

笔顺 丨 冂 日 由 由 由阝 邮

jǐng

警

部首 言 笔画 19 组词 警察

造句 我的梦想是当一名好警察。

笔顺 一 十 艹 艹 芍 芍 苟 苟 苟 苟 苟 敬 敬 警 警 警 警 警 警

sī

司

部首 口 笔画 5 组词 司机

造句 她的姐姐是出租车司机。

笔顺 ㇆ 司 司 司 司

bīng

兵

部首 八 笔画 7 组词 兵力

造句 我们国家兵力雄厚。

笔顺 ㇒ 𠂆 F 斤 丘 乒 兵

shì

士

部首 士 笔画 3 组词 士兵

造句 士兵们正在搞军事演习。

笔顺 一 十 士

qīn

亲

部首 立　笔画 9　组词 亲近

造句 小杉和奶奶最亲近。

笔顺 丶 亠 亠 亠 立 立 辛 辛 亲

péng

朋

部首 月　笔画 8　组词 朋友

造句 小狗是人类忠实的朋友。

笔顺 丿 刀 月 月 月 朋 朋 朋

yǒu

友

部首 又　笔画 4　组词 友好

造句 她态度友好，很受人欢迎。

笔顺 一 ナ 方 友

lín

邻

部首 阝　笔画 7　组词 邻居

造句 小红和小蓝是邻居。

笔顺 丿 人 𠆢 今 令 邻 邻

zhǔ

主

部首 丶　笔画 5　组词 主人

造句 小狗总是跟在主人身后。

笔顺 丶 亠 亠 主 主

kè

客

部首 宀　笔画 9　组词 客人

造句 今天我家有重要的客人。

笔顺 丶 丶 宀 宀 安 安 客 客 客

lù

路

部首	𧾷	笔画	13	组词	路线

造句 这条路线是最近的。

笔顺 …… 路路

jìng

径

部首	彳	笔画	8	组词	小径

造句 公园中间有一条石板小径。

笔顺 丿 彳 …… 径

yá

崖

部首	山	笔画	11	组词	山崖

造句 一棵松树长在了山崖上。

笔顺 丨 山 …… 崖

pō

坡

部首	土	笔画	8	组词	山坡

造句 学校后面有一个小山坡。

笔顺 一 十 土 …… 坡

dī

堤

部首	土	笔画	12	组词	河堤

造句 筑河堤是为了防止水灾。

笔顺 一 十 土 …… 堤

àn

岸

部首	山	笔画	8	组词	海岸

造句 海岸边岩石特别多。

笔顺 丨 山 …… 岸

chuān

川

部首	丿	笔画	3	组词	山川

造句 我国有许多壮丽的山川。

笔顺 丿 川 川

fēng

峰

部首	山	笔画	10	组词	峰顶

造句 登山队到达了珠峰峰顶。

笔顺 丨 山 山 山' 山ク 山夂 峂 峰 峰 峰

lǐng

岭

部首	山	笔画	8	组词	山岭

造句 山岭蜿蜒起伏，多么壮观！

笔顺 丨 山 山 山丿 山人 岭 岭 岭

gǎng

岗

部首	山	笔画	7	组词	山岗

造句 绿树点缀了山岗。

笔顺 丨 山 山 岗 岗 岗 岗

dòng

洞

部首	氵	笔画	9	组词	山洞

造句 山洞里格外凉爽。

笔顺 丶 丶 氵 氵 汌 泂 泂 洞 洞

qiáo

桥

部首	木	笔画	10	组词	小桥

造句 小玲家附近有一座小桥。

笔顺 一 十 才 木 木' 朩 栎 桥 桥 桥

jiā

家

部首 宀 笔画 10 组词 家庭

造句 她为这个家庭付出了很多。

笔顺 丶 丶 宀 宀 宁 宁 宇 穿 家 家

yuàn

院

部首 阝 笔画 9 组词 庭院

造句 我们在庭院里种了很多花。

笔顺 ㇌ 阝 阝 阝 阝 阝 陀 陀 院

hù

户

部首 户 笔画 4 组词 住户

造句 这个村子的住户很稀少。

笔顺 丶 ㇇ ㇇ 户

yuán

园

部首 囗 笔画 7 组词 公园

造句 春天，公园里鲜花盛开。

笔顺 丨 冂 冂 冃 冋 园 园

tīng

厅

部首 厂 笔画 4 组词 大厅

造句 大厅布置得很华丽。

笔顺 一 厂 厂 厅

táng

堂

部首 土 笔画 11 组词 教堂

造句 这座教堂设计得很漂亮。

笔顺 丨 丨 丨 丨 ⺌ ⺌ 尚 尚 尚 尚 堂

tíng
亭

部首 亠 笔画 9 组词 凉亭

造句 湖中心有一个凉亭。

笔顺 丶 亠 亡 亩 亩 声 亭 亭 亭

tái
台

部首 口 笔画 5 组词 台球

造句 小松很喜欢打台球。

笔顺 𠃋 厶 台 台 台

sì
寺

部首 寸 笔画 6 组词 寺庙

造句 这座寺庙的香火很旺。

笔顺 一 十 土 寺 寺 寺

miào
庙

部首 广 笔画 8 组词 庙会

造句 奶奶正赶着参加庙会呢。

笔顺 丶 亠 广 广 庐 庐 庙 庙

lóu
楼

部首 木 笔画 13 组词 城楼

造句 古城楼吸引了很多游客。

笔顺 一 十 才 木 木 杧 杧 柈 柈 楼 楼 楼 楼

gé
阁

部首 门 笔画 9 组词 楼阁

造句 站在楼阁上可以登高望远。

笔顺 丶 丨 门 门 闩 闪 阁 阁 阁

shù

树

部首	木	笔画	9	组词	大树

造句 爷爷喜欢在大树下乘凉。

笔顺 一 十 才 木 朩 权 权 树 树

zhī

枝

部首	木	笔画	8	组词	枝头

造句 小鸟站在枝头唱歌。

笔顺 一 十 才 木 朩 枯 枝 枝

lín

林

部首	木	笔画	8	组词	树林

造句 小路一直延伸到了树林里。

笔顺 一 十 才 木 朩 村 材 林

gēn

根

部首	木	笔画	10	组词	树根

造句 这棵树的树根很粗。

笔顺 一 十 才 木 朩 杩 杩 相 根 根

mù

木

部首	木	笔画	4	组词	木头

造句 我的书桌是用木头做的。

笔顺 一 十 才 木

chái

柴

部首	木	笔画	10	组词	柴火

造句 木头可以用来做柴火。

笔顺 丨 卜 止 止 止 此 些 柴 柴 柴

gǔ

谷

部首 谷　笔画 7　组词 稻谷

造句 这稻谷是农民用汗水换来的。

笔顺 丿 八 𠆢 夊 谷 谷 谷

liáng

粱

部首 米　笔画 13　组词 高粱

造句 高粱的籽实可以酿酒。

笔顺 丶 丶 氵 汈 汈 汈 沕 沕 沕 粱 粱 粱 粱

sōng

松

部首 木　笔画 8　组词 松树

造句 松树是一种常青树。

笔顺 一 十 才 木 木 朩 松 松

fēng

枫

部首 木　笔画 8　组词 枫叶

造句 秋天，枫叶都变红了。

笔顺 一 十 才 木 机 机 枫 枫

zhú

竹

部首 竹　笔画 6　组词 竹子

造句 竹子可以制成很多工具。

笔顺 丿 𠂉 𠂉 竹 竹 竹

liǔ

柳

部首 木　笔画 9　组词 垂柳

造句 江南处处可见成片的垂柳。

笔顺 一 十 才 木 木 木 析 柳 柳

mián

棉

部首 木 笔画 12 组词 棉花

造句 棉花可以用来纺纱。

笔顺 一 十 才 木 木' 术 朩 杓 桕 桕 棉 棉

xiàn

线

部首 纟 笔画 8 组词 丝线

造句 缝纫机旁有许多丝线。

笔顺 ㄥ 纟 纟 纟 纟 线 线 线

qún

裙

部首 衤 笔画 12 组词 裙子

造句 她今天穿的裙子很漂亮。

笔顺 丶 ㇇ 衤 衤 衤 衤 衤 衤 裙 裙 裙 裙

kù

裤

部首 衤 笔画 12 组词 短裤

造句 这条粉色的裤子是妹妹的。

笔顺 丶 ㇇ 衤 衤 衤 衤 衤 衤 衤 裤 裤 裤

yùn

孕

部首 子 笔画 5 组词 孕妇

造句 他把座位让给了孕妇。

笔顺 ㇋ 乃 乃 孕 孕

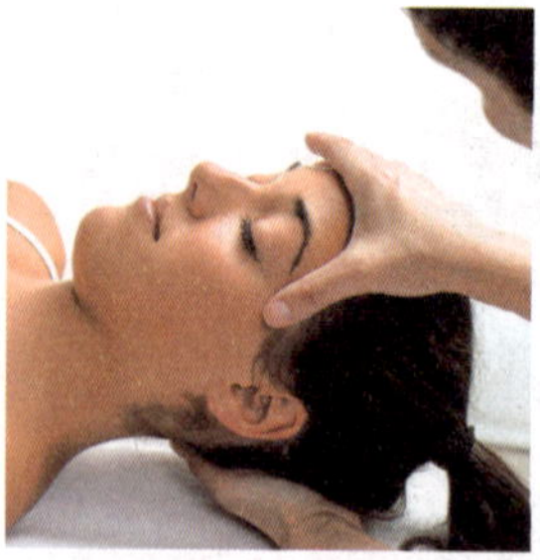

é

额

部首 页 笔画 15 组词 额头

造句 她的额头上有几道皱纹。

笔顺 丶 丶 宀 ⺀ ⺀ ⺀ 客 客 客 客 客 額 额 额 额

lán

兰

部首 丷 笔画 5 组词 兰花

造句 兰花的观赏价值极高。

笔顺 丶 丷 䒑 兰 兰

méi

梅

部首 木 笔画 11 组词 梅花

造句 梅花在冬天开放。

笔顺 一 十 才 木 朩 朩 杧 梅 梅 梅 梅

jú

菊

部首 艹 笔画 11 组词 菊花

造句 菊花被誉为“花中隐士”。

笔顺 一 十 艹 艹 芍 芍 芍 芍 萄 菊 菊

xìng

杏

部首 木 笔画 7 组词 杏子

造句 小玲最喜欢的水果是杏子。

笔顺 一 十 才 木 木 杏 杏

táo

桃

部首 木 笔画 10 组词 桃子

造句 我喜欢吃桃子罐头。

笔顺 一 十 才 木 杊 杊 杊 桃 桃 桃

lǐ

李

部首 木 笔画 7 组词 李子

造句 这棵李树上结了好多李子。

笔顺 一 十 才 木 本 李 李

lí

梨

部首	木	笔画	11	组词	梨子

造句：梨树上结满了梨子。

笔顺：丿 二 千 禾 禾 和 利 利 犁 梨 梨

zǎo

枣

部首	一	笔画	8	组词	红枣

造句：我家的红枣获得了大丰收。

笔顺：一 厂 冂 市 朿 朿 枣 枣

píng

苹

部首	艹	笔画	8	组词	苹果

造句：这个苹果又大又红！

笔顺：一 十 艹 艹 艹 芏 苎 苹

jú

桔

部首	木	笔画	10	组词	桔子

造句：小君很喜欢吃桔子。

笔顺：一 十 才 木 木 杜 杜 桔 桔 桔

chéng

橙

部首	木	笔画	16	组词	橙子

造句：我的家乡盛产橙子。

笔顺：一 十 才 木 朾 朾 杪 朳 杙 杙 杙 橙 橙 橙 橙 橙

máng

芒

部首	艹	笔画	6	组词	芒果

造句：芒果的味道很特别。

笔顺：一 十 艹 艹 芒 芒

tóu

头

部首 大 笔画 5 组词 头顶

造句 他用手摸了摸头顶。

笔顺 丶 ⺀ 三 斗 头

fà

发

部首 又 笔画 5 组词 头发

造句 小君的头发又黑又亮。

笔顺 𠂉 ⺈ 岁 发 发

méi

眉

部首 目 笔画 9 组词 眉毛

造句 她的眉毛看起来十分清秀。

笔顺 乛 ㇆ コ 尸 尸 吊 眉 眉 眉

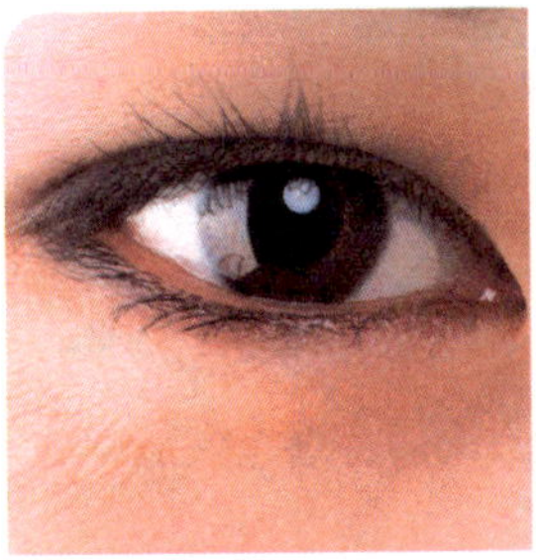

yǎn

眼

部首 目 笔画 11 组词 眼神

造句 她的眼神里充满悲伤。

笔顺 丨 冂 冃 月 目 目ㄱ 目ㄱ 目ㅋ 眼 眼 眼

jiān

肩

部首 月 笔画 8 组词 肩膀

造句 他的肩膀上有几片树叶。

笔顺 丶 ㇇ 户 户 户 肩 肩 肩

bì

臂

部首 月 笔画 17 组词 臂膀

造句 爸爸的臂膀很宽厚。

笔顺 乛 コ 尸 尸 尸 吕 吕 吕 吕 吕 辟 辟 辟 辟 臂 臂 臂

lā

拉

部首 扌 笔画 8 组词 拉勾

造句 她的爱好是拉小提琴。

笔顺 一 十 扌 扌 扩 扩 拉 拉

tán

弹

部首 弓 笔画 11 组词 弹琴

造句 我每天都要练习弹琴。

笔顺 ㇆ ㇆ 弓 弓 弓 弓 弓 弓 弓 弓 弹

bàn

扮

部首 扌 笔画 7 组词 扮演

造句 她在剧中扮演一位新娘。

笔顺 一 十 扌 扌 扒 扮 扮

yǎn

演

部首 氵 笔画 14 组词 表演

造句 她们正在表演民族舞蹈。

笔顺 丶 丶 氵 氵 氵 氵 氵 氵 氵 氵 氵 氵 演 演

kàn

看

部首 目 笔画 9 组词 看书

造句 妹妹看书很认真。

笔顺 一 二 三 手 手 看 看 看 看

xiǎng

想

部首 心 笔画 13 组词 梦想

造句 她的梦想是环游世界。

笔顺 一 十 才 木 木 相 相 相 相 相 想 想 想

xǐ

喜

部首 士 笔画 12 组词 喜欢

造句 我喜欢唱歌。

笔顺 一 十 士 𡈼 吉 吉 吉 吉 壴 喜 喜 喜

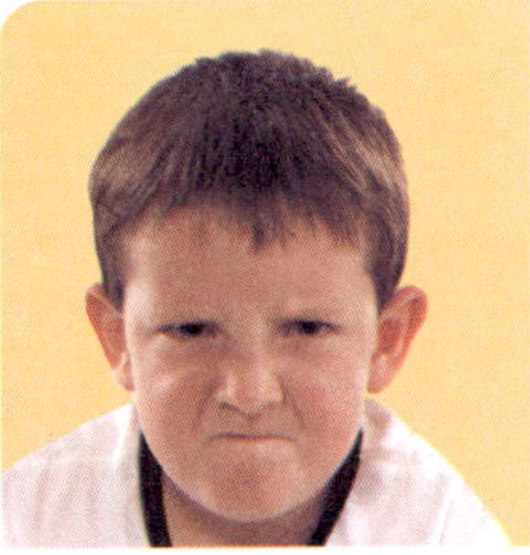

nù

怒

部首 心 笔画 9 组词 愤怒

造句 他愤怒地抿紧了双唇。

笔顺 ㄑ 女 女 如 奴 奴 怒 怒 怒

jīng

惊

部首 忄 笔画 11 组词 吃惊

造句 琳琳吃惊地张大了嘴巴。

笔顺 丶 丷 忄 忄 忙 忙 忙 忙 惊 惊 惊

pà

怕

部首 忄 笔画 8 组词 害怕

造句 她害怕得瞪大了眼睛。

笔顺 丶 丷 忄 忄 忄 怕 怕 怕

jù

惧

部首 忄 笔画 11 组词 恐惧

造句 电影画面让他们恐惧不安。

笔顺 丶 丷 忄 忄 忄 忄 忄 忄 惧 惧 惧

chù

怵

部首 忄 笔画 8 组词 发怵

造句 电影情节让他们心里发怵。

笔顺 丶 丷 忄 忄 忄 怵 怵 怵

chéng

城

部首 土 笔画 9 组词 城市

造句 城市里到处都是高楼大厦。

笔顺 一 十 土 圵 圹 坂 城 城 城

shì

市

部首 巾 笔画 5 组词 都市

造句 上海是一个繁华的大都市。

笔顺 丶 亠 广 冇 市

xiāng

乡

部首 乙 笔画 3 组词 家乡

造句 我热爱我的家乡。

笔顺 𠃋 乡 乡

cūn

村

部首 木 笔画 7 组词 乡村

造句 乡村的景色非常漂亮。

笔顺 一 十 才 木 村 村 村

jiē

街

部首 彳 笔画 12 组词 街道

造句 这个城市的街道很干净。

笔顺 ノ 彡 彳 彳 彳 往 往 往 往 往 往 街

dào

道

部首 辶 笔画 12 组词 跑道

造句 学校的塑胶跑道全长400米。

笔顺 丶 丷 䒑 䒑 产 肖 首 首 首 道 道 道

hé

核

部首	木	笔画	10	组词	核桃

造句 核桃益智补脑。

笔顺 一 十 才 木 木' 木ᅩ 杧 柼 核 核

shì

柿

部首	木	笔画	9	组词	柿子

造句 柿子看起来就像小红灯笼。

笔顺 一 十 才 木 木' 木ᅩ 杧 柿 柿

méi

莓

部首	艹	笔画	10	组词	草莓

造句 红红的草莓真诱人！

笔顺 一 十 艹 艹 艹 芒 苺 苺 莓 莓

jiāo

蕉

部首	艹	笔画	15	组词	香蕉

造句 香蕉像一条黄色的小船。

笔顺 一 十 艹 艹 芢 芢 芢 芢 萑 萑 萑 萑 蕉 蕉 蕉

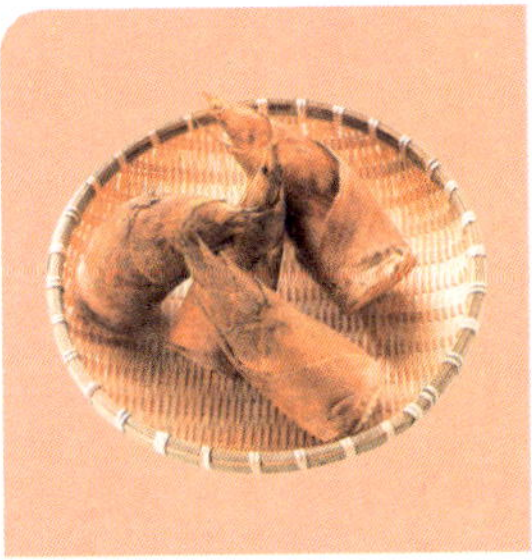

sǔn

笋

部首	竹	笔画	10	组词	竹笋

造句 春天的竹笋味道鲜美。

笔顺 丿 𠂉 𥫗 𥫗 𥫗 竺 笋 笋 笋 笋

lì

荔

部首	艹	笔画	9	组词	荔枝

造句 荔枝吃多了会上火。

笔顺 一 十 艹 艻 艻 艻 苈 荔 荔

luó

萝

部首 艹 笔画 11 组词 萝卜

造句 兔子喜欢吃胡萝卜。

笔顺 一 十 艹 艹 艹 苎 苎 苗 萝 萝 萝

qié

茄

部首 艹 笔画 8 组词 茄子

造句 豆角烧茄子很好吃。

笔顺 一 十 艹 艿 芀 苏 茄 茄

gū

菇

部首 艹 笔画 11 组词 蘑菇

造句 蘑菇像一把小伞。

笔顺 一 十 艹 艹 艾 女 女 妕 姑 菇 菇

shǔ

薯

部首 艹 笔画 16 组词 红薯

造句 红薯吃多了肚子会胀。

笔顺 一 十 艹 艹 艹 艹 艹 苗 苗 苗 菫 萝 萝 薯 薯 薯

guì

桂

部首 木 笔画 10 组词 桂圆

造句 桂圆营养非常丰富。

笔顺 一 十 オ 木 木 杜 杜 桂 桂 桂

lián

莲

部首 艹 笔画 10 组词 莲花

造句 荷塘里盛开着美丽的莲花。

笔顺 一 十 艹 艹 苎 苎 莲 莲 莲 莲

mǐ

米

部首 米 笔画 6 组词 米饭

造句 小娟喜欢吃米饭。

笔顺 丶 丷 丷 半 米 米

miàn

面

部首 面 笔画 9 组词 面包

造句 这个面包松软可口。

笔顺 一 丆 丆 丙 而 而 而 面 面

ròu

肉

部首 肉 笔画 6 组词 牛肉

造句 牛肉含有丰富的蛋白质。

笔顺 丨 冂 内 内 肉 肉

cài

菜

部首 艹 笔画 11 组词 青菜

造句 吃青菜有利于身体健康。

笔顺 一 十 艹 艹 艹 艹 艹 苎 苹 苹 菜

zhōu

粥

部首 米 笔画 12 组词 皮蛋粥

造句 妈妈熬的皮蛋粥真好喝。

笔顺 ㇆ ㇆ 弓 弓 弓 弓 弜 弜 弜 弜 弜 粥

tāng

汤

部首 氵 笔画 6 组词 鸡汤

造句 奶奶给我熬了一碗骨头汤。

笔顺 丶 冫 氵 汅 汤 汤

yóu

油

部首 氵 笔画 8 组词 油菜

造句 那是一片金灿灿的油菜花。

笔顺 丶 丶丶 氵 氵丨 汩 汩 油 油

yán

盐

部首 皿 笔画 10 组词 食盐

造句 食盐是不可缺少的调味品。

笔顺 一 十 土 圤 圵 圵 盐 盐 盐 盐

jiàng

酱

部首 酉 笔画 13 组词 酱油

造句 酱油的主要成分是黄豆。

笔顺 丶 丷 丬 丬 丬 丬 丬 丬 丬 酱 酱 酱 酱

cù

醋

部首 酉 笔画 15 组词 陈醋

造句 山西的老陈醋很有名。

笔顺 一 丆 万 丙 西 西 酉 酉 酉 酉 酐 酐 醋 醋 醋

chá

茶

部首 艹 笔画 9 组词 花茶

造句 阿西很喜欢喝花茶。

笔顺 一 十 艹 艹 艾 苂 苓 茶 茶

táng

糖

部首 米 笔画 16 组词 糖果

造句 这罐糖果看着真诱人。

笔顺 丶 丷 丷 半 米 米 米 米 粁 粁 粁 粁 糖 糖 糖 糖

jiǎo

饺

部首 饣 笔画 9 组词 饺子

造句 过年吃饺子是我们的习俗。

笔顺 丿 ⺈ 饣 饣 饣 饣 饣 饺 饺

mán

馒

部首 饣 笔画 14 组词 馒头

造句 北方人以馒头为主食。

笔顺 丿 ⺈ 饣 饣 饣 饣 饣 饣 饣 饣 饣 饣 馒 馒

bǐng

饼

部首 饣 笔画 9 组词 饼干

造句 妹妹最爱吃小熊饼干。

笔顺 丿 ⺈ 饣 饣 饣 饣 饣 饼 饼

gāo

糕

部首 米 笔画 16 组词 蛋糕

造句 我最喜欢吃奶油蛋糕。

笔顺 丶 丷 丷 半 米 米 米 米 米 米 米 米 糕 糕 糕 糕

dàn

蛋

部首 虫 笔画 11 组词 鸡蛋

造句 我会做西红柿炒鸡蛋。

笔顺 一 ㄱ ㄗ 尸 疋 疋 蛋 蛋 蛋 蛋 蛋

mì

蜜

部首 虫 笔画 14 组词 蜂蜜

造句 蜂蜜有暖胃的功效。

笔顺 丶 丶 宀 宀 宓 宓 宓 宓 宓 蜜 蜜 蜜 蜜 蜜

cōng

葱

部首：艹　笔画：12　组词：大葱

造句：适当吃大葱对身体有好处。

笔顺：一 十 艹 艹 艻 芍 芴 芴 芴 葱 葱 葱

jiāng

姜

部首：女　笔画：9　组词：生姜

造句：生姜是一种调味品。

笔顺：丶 丷 䒑 兰 羊 羊 美 美 姜

suàn

蒜

部首：艹　笔画：13　组词：蒜头

造句：掰开蒜头能看到许多蒜瓣。

笔顺：一 十 艹 艹 芏 芓 芓 苹 苹 苹 蒜 蒜 蒜

qín

芹

部首：艹　笔画：7　组词：芹菜

造句：芹菜有一种特殊的味道。

笔顺：一 十 艹 艹 芦 芹 芹

xiā

虾

部首：虫　笔画：9　组词：龙虾

造句：龙虾有两根长长的须。

笔顺：丨 口 口 中 虫 虫 虫一 虫丅 虾

xiè

蟹

部首：虫　笔画：19　组词：螃蟹

造句：螃蟹是横着走路的。

笔顺：丿 ⺈ 𠂊 角 角 角 角 角 角 角 角 解 解 解 解 解 解 解 蟹

mén

门

部首	门	笔画	3	组词	大门

造句 那栋别墅的大门紧闭着。

笔顺 丶 丨 门

chuāng

窗

部首	穴	笔画	12	组词	窗台

造句 我家的窗台上有几盆植物。

笔顺 丶 丶 宀 宂 穴 穴 穸 穷 穷 窗 窗 窗

fáng

房

部首	户	笔画	8	组词	房子

造句 这栋房子里住了好多人。

笔顺 丶 亠 ㇇ 户 户 户 房 房

chǎng

场

部首	土	笔画	6	组词	操场

造句 我们去操场走走吧。

笔顺 一 十 土 圬 场 场

bān

班

部首	王	笔画	10	组词	班车

造句 班车往返于南京和无锡。

笔顺 一 二 王 王 王 玎 玎 班 班 班

xiào

校

部首	木	笔画	10	组词	学校

造句 昆昆把书捐赠给了学校。

笔顺 一 十 才 木 木 杧 杧 柼 柼 校

tuī

推

部首 扌 笔画 11 组词 推车

造句 车熄火了，爸爸下来推车。

笔顺 一 十 扌 扌 扌 扌 扌 扌 推 推 推

wā

挖

部首 扌 笔画 9 组词 挖土

造句 挖掘机是用来挖土的。

笔顺 一 十 扌 扌 扌 扩 挖 挖 挖

chā

插

部首 扌 笔画 12 组词 插座

造句 手上有水时不要碰插座。

笔顺 一 十 扌 扌 扌 扦 扦 插 插 插 插 插

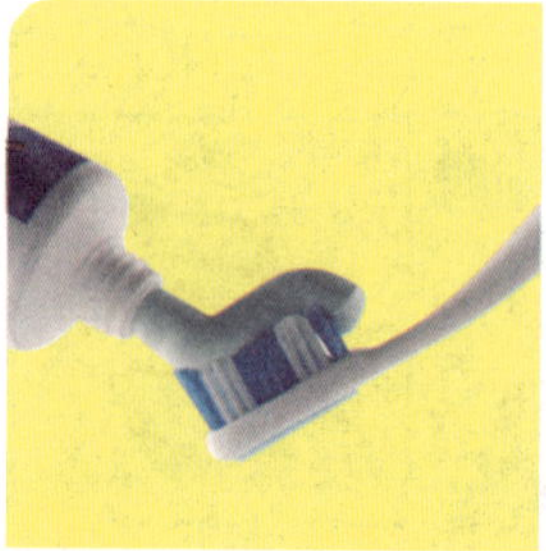

jǐ

挤

部首 扌 笔画 9 组词 挤压

造句 刷牙前先要挤牙膏。

笔顺 一 十 扌 扌 扌 扌 挤 挤 挤

zhāi

摘

部首 扌 笔画 14 组词 采摘

造句 她们正在采摘荔枝。

笔顺 一 十 扌 扌 扌 扌 扌 扌 摘 摘 摘 摘 摘 摘

jiǎn

捡

部首 扌 笔画 10 组词 捡拾

造句 他们在海边捡拾贝壳。

笔顺 一 十 扌 扌 扑 扲 捡 捡 捡 捡

zhuō

桌

部首	木	笔画	10	组词	桌子

造句　这个桌子有收缩功能。

笔顺　丨 ⺊ ⺊ 占 占 卣 卣 卓 卓 桌

yǐ

椅

部首	木	笔画	12	组词	椅子

造句　奶奶坐在椅子上择菜。

笔顺　一 十 才 木 木 木 朩 柞 柰 椅 椅 椅

dèng

凳

部首	几	笔画	14	组词	凳子

造句　我有一个绿色的小凳子。

笔顺　フ ㇇ 癶 癶 癶 癶 癶 癶 癶 癶 癶 登 凳 凳

guì

柜

部首	木	笔画	8	组词	衣柜

造句　我们家的衣柜是红色的。

笔顺　一 十 才 木 木 杠 杠 柜

chuáng

床

部首	广	笔画	7	组词	床单

造句　我今天把床单清洗了一下。

笔顺　丶 亠 广 广 庄 床 床

dēng

灯

部首	火	笔画	6	组词	台灯

造句　这是我家的台灯。

笔顺　丶 丷 火 火 灯 灯

bēi

杯

部首 木 笔画 8 组词 茶杯

造句 这是景德镇制造的茶杯。

笔顺 一 十 才 木 木 杧 杯 杯

hú

壶

部首 士 笔画 10 组词 茶壶

造句 爷爷的茶壶是个老古董。

笔顺 一 十 士 壴 壴 壴 壴 壴 壶 壶

guō

锅

部首 钅 笔画 12 组词 炖锅

造句 厨房里有一口红色的炖锅。

笔顺 丿 𠂉 𠂉 𠂉 钅 钅 钔 钔 钔 锅 锅 锅

guàn

罐

部首 缶 笔画 23 组词 罐子

造句 这个罐子有几十年历史了。

笔顺 丿 𠂉 𠂉 午 缶 缶 缶 缶 缶 缶 缶 缶 缶 缶 缶 缶 缶 缶 缶 缶 罐 罐 罐

piáo

瓢

部首 瓜 笔画 16 组词 瓢虫

造句 我捉住了一只七星瓢虫。

笔顺 一 丆 丙 西 西 覀 覀 覀 票 票 票 票 瓢 瓢 瓢 瓢

pén

盆

部首 皿 笔画 9 组词 脸盆

造句 奶奶新买了一个脸盆。

笔顺 丿 八 分 分 分 盆 盆 盆 盆

幼小衔接学前常用字

幼儿学前

识字大王

2280字

廉东星 编著

基础篇

成都地图出版社

目录

jiā

加

部首 力 笔画 5 组词 加入

造句 我加入了学校的合唱团。

笔顺 ㇆ 力 力 加 加

jiǎn

减

部首 冫 笔画 11 组词 减轻

造句 他想帮家里减轻一些负担。

笔顺 丶 冫 冫 冫 冫 冫 冫 冫 减 减 减

chéng

乘

部首 丿 笔画 10 组词 乘凉

造句 爷爷在院子里乘凉。

笔顺 ㇒ 二 千 千 千 千 乖 乖 乘 乘

chú

除

部首 阝 笔画 9 组词 除外

造句 所有人都要来，小花除外。

笔顺 ㇌ 阝 阝 阝 阾 阾 除 除 除

dì

递

部首 辶 笔画 10 组词 传递

造句 我们要将爱心传递下去。

笔顺 丶 丷 当 当 弓 弔 弟 弟 递 递

sòng

送

部首 辶 笔画 9 组词 欢送

造句 今天前来欢送的人很多。

笔顺 丶 丷 丷 兰 兰 关 关 送 送

tiān 天

部首：一　笔画：4　组词：天空

造句：天空上飘着朵朵白云。

笔顺：一 二 チ 天

dì 地

部首：土　笔画：6　组词：地方

造句：她来自一个遥远的地方。

笔顺：一 十 土 圵 圸 地

tián 田

部首：田　笔画：5　组词：田野

造句：田野上一片碧绿。

笔顺：丨 冂 冃 田 田

tǔ 土

部首：土　笔画：3　组词：土地

造句：埋在土地下的种子发芽了。

笔顺：一 十 土

rì 日

部首：日　笔画：4　组词：日常

造句：每天练字一小时是他的日常习惯。

笔顺：丨 冂 日 日

yuè 月

部首：月　笔画：4　组词：月亮

造句：十五的月亮圆又圆。

笔顺：丿 几 月 月

xīng 星

部首：日　笔画：9　组词：星空

造句：夏夜的星空真美丽。

笔顺：丨 冂 日 日 旦 早 星 星 星

yún 云

部首：一　笔画：4　组词：白云

造句：天上的白云像棉花糖。

笔顺：一 二 云 云

miáo

苗

部首	艹	笔画	8	组词	禾苗

造句 一场春雨滋润了禾苗。

笔顺 一 十 艹 艹 苎 苗 苗 苗

yè

叶

部首	口	笔画	5	组词	树叶

造句 秋天到了，树叶变黄了。

笔顺 丨 冂 口 口一 叶

huā

花

部首	艹	笔画	7	组词	花朵

造句 花园里的花朵竞相开放。

笔顺 一 十 艹 艹 艹 芢 花

cǎo

草

部首	艹	笔画	9	组词	小草

造句 小草绿油油的，好看极了！

笔顺 一 十 艹 艹 节 节 苜 荁 草

chóng

虫

部首	虫	笔画	6	组词	昆虫

造句 许多昆虫可以做珍贵的药材。

笔顺 丨 冂 口 中 虫 虫

niǎo

鸟

部首	鸟	笔画	5	组词	鸟巢

造句 奶奶家屋檐下有一个鸟巢。

笔顺 ノ 勹 勺 鸟 鸟

shí

石

部首	石	笔画	5	组词	石头

造句 一个大石头挡住了我们的去路。

笔顺 一 丆 不 石 石

shān

山

部首	山	笔画	3	组词	山水

造句 听说桂林的山水天下第一。

笔顺 丨 山 山

yǒu

有

部首 月　笔画 6　组词 占有

造句 朋友在他心中占有重要地位。

笔顺 一ナ才冇有有

wú

无

部首 一　笔画 4　组词 无数

造句 夜空中有无数颗星星。

笔顺 一 二 チ 无

lǐ

里

部首 里　笔画 7　组词 家里

造句 小红在家里看电视。

笔顺 丨 冂 冃 日 甲 甲 里

wài

外

部首 夕　笔画 5　组词 外面

造句 外面风很大，你多穿点再出门。

笔顺 ノ ク 夕 夘 外

qū

曲

部首 丨　笔画 6　组词 弯曲

造句 这条弯曲的公路上经常出车祸。

笔顺 丨 冂 冃 由 冊 曲

zhí

直

部首 十　笔画 8　组词 直接

造句 他说话很直接，不拐弯抹角。

笔顺 一 十 亣 古 肓 肓 直 直

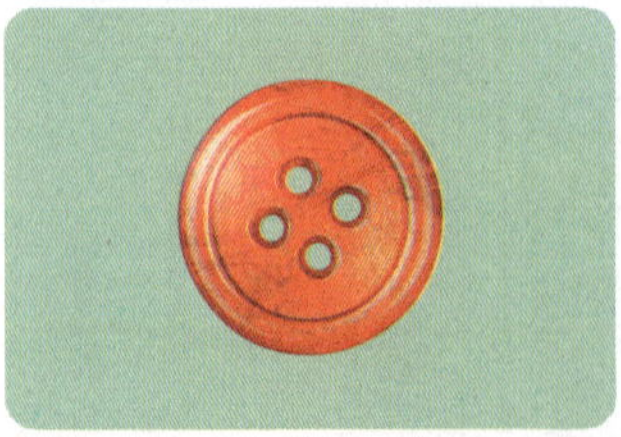

dān

单

部首 丷　笔画 8　组词 单独

造句 她常常单独一个人去夜跑。

笔顺 丶 丷 丷 肖 肖 肖 旨 单

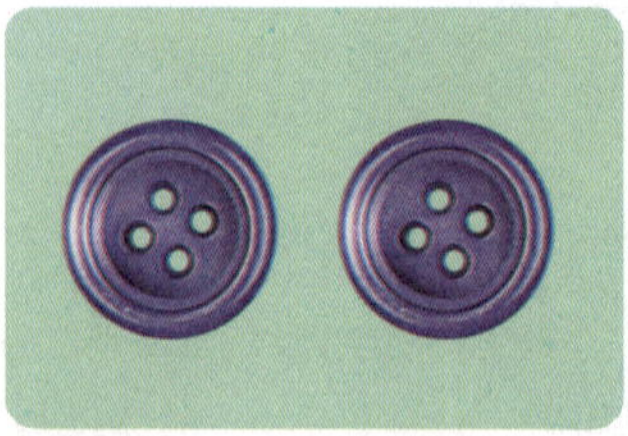

shuāng

双

部首 又　笔画 4　组词 双方

造句 他们双方互不相让。

笔顺 フ 又 刃 双

shì
是

部首 日 笔画 9 组词 是否

造句 他是否能来,还不一定。

笔顺 丨 ㄇ 日 日 旦 早 早 是 是

fēi
非

部首 非 笔画 8 组词 非常

造句 见到老朋友,他非常激动。

笔顺 丨 亅 刂 扌 非 非 非 非

yì
异

部首 巳 笔画 6 组词 异样

造句 教室里一切如常,没有丝毫异样。

笔顺 ㇆ ㇆ 巳 巳 异 异

tóng
同

部首 冂 笔画 6 组词 同意

造句 妈妈同意带我去游乐场玩。

笔顺 丨 冂 冂 同 同 同

zhèng
正

部首 止 笔画 5 组词 正当

造句 正当春耕之时,农民伯伯很忙。

笔顺 一 丅 下 正 正

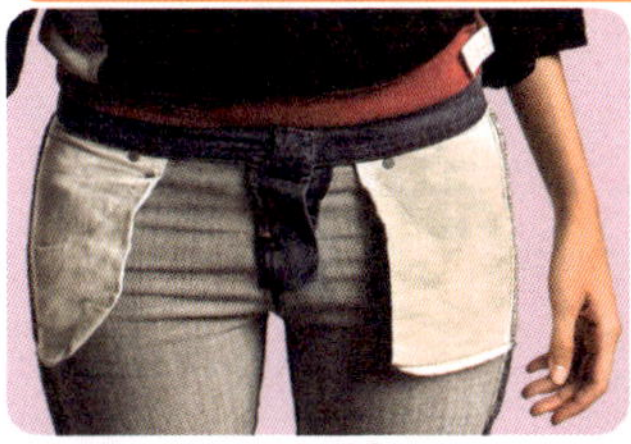

fǎn
反

部首 又 笔画 4 组词 反面

造句 他饰演的是一个反面角色。

笔顺 ㇀ 厂 反 反

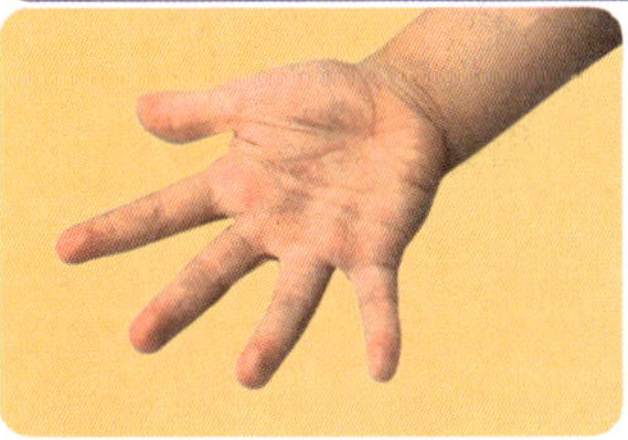

jìng
净

部首 冫 笔画 8 组词 干净

造句 吃饭前要把手洗干净。

笔顺 丶 冫 冫 冫 冫 净 净 净

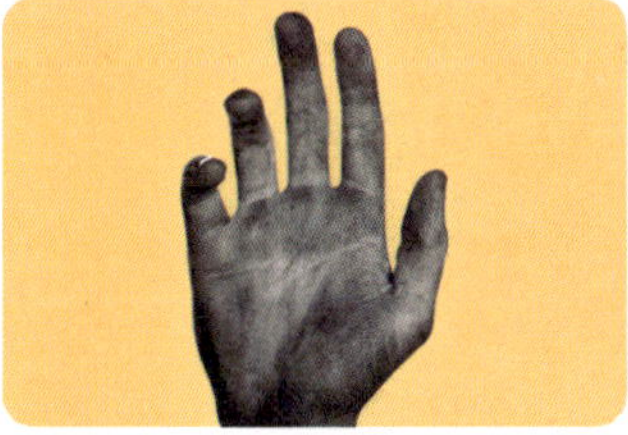

zāng
脏

部首 月 笔画 10 组词 脏话

造句 我们要讲文明,不说脏话。

笔顺 丿 月 月 月 月 月 肝 肝 脏 脏

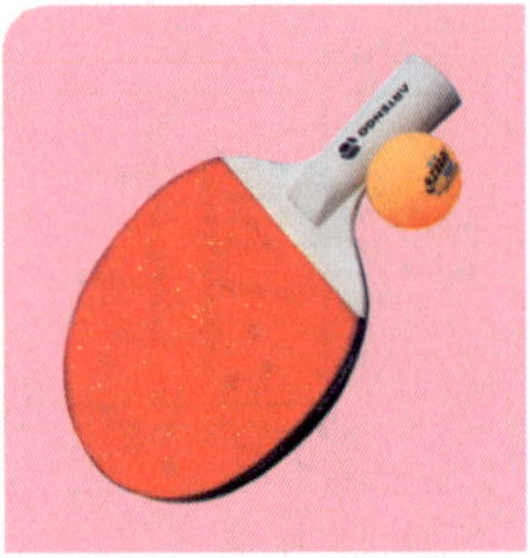

pāi

拍

部首 扌 笔画 8 组词 球拍

造句 我买了一副乒乓球拍。

笔顺 一 十 扌 扌' 扌' 拍 拍 拍

dǎ

打

部首 扌 笔画 5 组词 打架

造句 我们有话好说，不能打架。

笔顺 一 十 扌 扌 打

bān

搬

部首 扌 笔画 13 组词 搬运

造句 她正在搬运货物。

笔顺 一 十 扌 扌' 扌' 扌 扌 扌 扌 扌 扌 搬 搬

tái

抬

部首 扌 笔画 8 组词 抬头

造句 他们一起抬着一个重物。

笔顺 一 十 扌 扌 扌 抬 抬 抬

káng

扛

部首 扌 笔画 6 组词 扛活

造句 爸爸将玛丽扛在了肩上。

笔顺 一 十 扌 扌 扛 扛

wò

握

部首 扌 笔画 12 组词 握手

造句 他们一见面就握手问好。

笔顺 一 十 扌 扌 扌 护 护 握 握 握 握 握

sǎo

扫

部首	扌	笔画	6	组词	打扫

造句 清洁工人在打扫落叶。

笔顺 一 十 扌 扌 扫 扫

diū

丢

部首	厶	笔画	6	组词	丢弃

造句 请不要随地丢弃垃圾。

笔顺 一 二 千 壬 丢 丢

rēng

扔

部首	扌	笔画	5	组词	扔球

造句 他将橄榄球扔给了队员。

笔顺 一 十 扌 扔 扔

cā

擦

部首	扌	笔画	17	组词	擦洗

造句 她正在擦平板电脑的屏幕。

笔顺 一 十 扌 扌 扌 扩 扩 扩 扩 扩 扩 挓 挓 搽 搽 擦 擦

gài

盖

部首	皿	笔画	11	组词	盖子

造句 茶杯盖子被我摔碎了。

笔顺 丶 丷 䒑 䒑 兰 羊 羊 盖 盖 盖 盖

mái

埋

部首	土	笔画	10	组词	埋藏

造句 他埋伏在草丛里。

笔顺 一 十 土 土 坦 坦 坦 埋 埋 埋

tuō

脱

部首 月 笔画 11 组词 脱衣服

造句 他热得脱掉了外套。

笔顺 丿 刀 月 月 月' 月'' 月'' 胪 胪 胪 脱

chuān

穿

部首 穴 笔画 9 组词 穿戴

造句 小姑娘穿戴得很时髦。

笔顺 丶 丶 宀 宀 穴 空 空 穿 穿

zhī

织

部首 纟 笔画 8 组词 纺织

造句 她在工厂当纺织女工。

笔顺 ㄥ 纟 纟 纠 纩 织 织 织

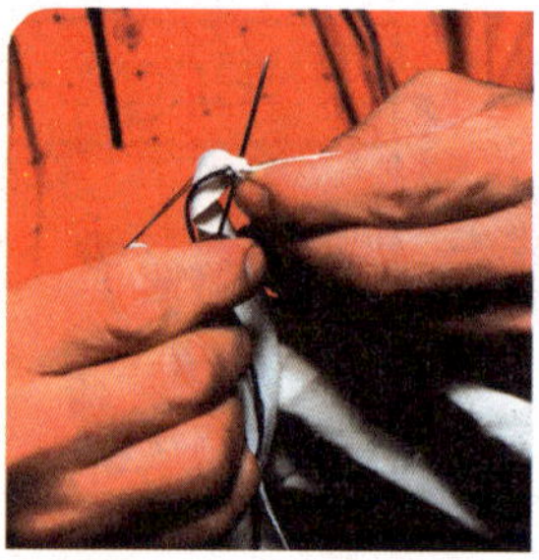

bǔ

补

部首 衤 笔画 7 组词 缝补

造句 奶奶正在缝补袜子。

笔顺 丶 ㇇ 礻 衤 衤 补 补

xǐ

洗

部首 氵 笔画 9 组词 洗菜

造句 我经常帮妈妈洗菜。

笔顺 丶 丶 氵 氵 氵' 汁 汼 洗 洗

lín

淋

部首 氵 笔画 11 组词 淋浴

造句 出了一身汗，想洗个淋浴。

笔顺 丶 丶 氵 氵 汁 汴 沐 沐 淋 淋 淋

jiāo

浇

部首 氵 笔画 9 组词 浇水

造句 我每天都给小树苗浇水。

笔顺 、 、 氵 氵 汼 浅 浇 浇 浇

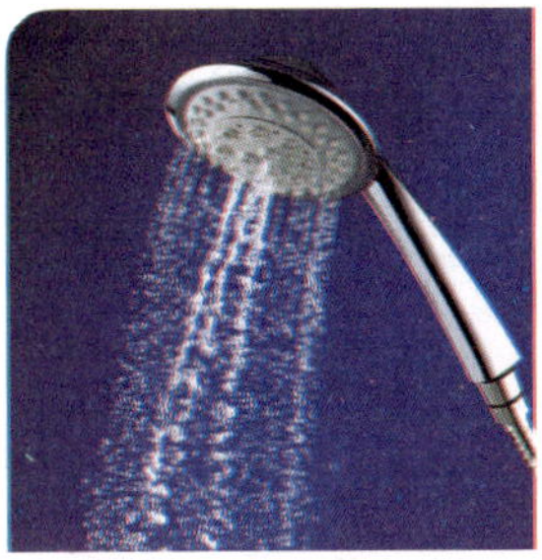

sǎ

洒

部首 氵 笔画 9 组词 喷洒

造句 水从喷头里喷洒出来。

笔顺 、 、 氵 汇 汇 沔 洒 洒 洒

guàn

灌

部首 氵 笔画 20 组词 灌溉

造句 农田终于得到了灌溉。

笔顺 、 、 氵 汇 汁 汁 汁 汁 汁 汁 汁 汁 汁 淮 淮 淮 灌 灌 灌 灌

pō

泼

部首 氵 笔画 8 组词 泼水

造句 今天是傣族的泼水节。

笔顺 、 、 氵 氵 汐 泼 泼 泼

huá

滑

部首 氵 笔画 12 组词 滑雪

造句 滑雪是一种很刺激的运动。

笔顺 、 、 氵 氵 泗 泗 泗 泗 滑 滑 滑 滑

tú

涂

部首 氵 笔画 10 组词 涂抹

造句 她正在往嘴上涂抹唇膏。

笔顺 、 、 氵 氵 汄 汵 汵 涂 涂 涂

zhuā

抓

部首	扌	笔画	7	组词	抓获

造句 凶手已经被抓获了。

笔顺 一 十 扌 扌 扌 扌 抓

tī

踢

部首	𧾷	笔画	15	组词	踢球

造句 乐乐很喜欢踢球。

笔顺 丨 口 口 早 早 足 𧾷 𧾷 𧾷 𧾷 𧾷 𧾷 踢 踢 踢

shuāi

摔

部首	扌	笔画	14	组词	摔倒

造句 洋洋在滑冰时摔倒了。

笔顺 一 十 扌 扌 扌 扌 扌 扌 扌 扌 扌 扌 扌 摔

bá

拔

部首	扌	笔画	8	组词	拔河

造句 学校正在进行拔河比赛。

笔顺 一 十 扌 扌 扌 扌 拔 拔

bō

拨

部首	扌	笔画	8	组词	拨打

造句 她在拨打订购电话。

笔顺 一 十 扌 扌 扌 扌 拨 拨

pī

披

部首	扌	笔画	8	组词	披肩

造句 妹妹的红色披肩很漂亮。

笔顺 一 十 扌 扌 扌 扌 扌 披

jiào

叫

部首	口	笔画	5	组词	叫唤

造句 小鸟在枝头上叫唤。

笔顺 丨 ㄇ 口 口𠃊 叫

hǎn

喊

部首	口	笔画	12	组词	喊声

造句 她的喊声传遍校园。

笔顺 丨 ㄇ 口 口一 吖 吖 吖 听 听 喊 喊 喊

hǒu

吼

部首	口	笔画	7	组词	吼叫

造句 老虎愤怒地吼叫起来。

笔顺 丨 ㄇ 口 口𠃌 叮 吁 吼

páo

咆

部首	口	笔画	8	组词	咆哮

造句 经理生气地咆哮起来。

笔顺 丨 ㄇ 口 口丿 叼 咆 咆 咆

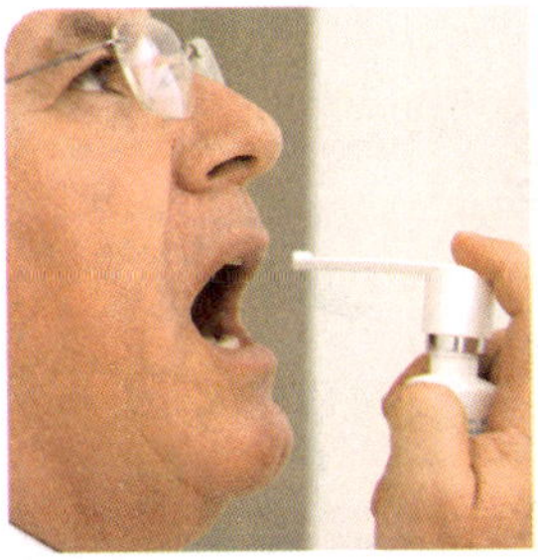

xiào

哮

部首	口	笔画	10	组词	哮喘

造句 那位先生患有哮喘病。

笔顺 丨 ㄇ 口 口一 叶 吐 哮 哮 哮 哮

ké

咳

部首	口	笔画	9	组词	咳嗽

造句 老师生病了，不停地咳嗽。

笔顺 丨 ㄇ 口 口丶 口亠 咗 咳 咳 咳

gū

孤

部首	子	笔画	8	组词	孤单

造句：小男孩孤单地坐在路口。

笔顺：㇇ 了 子 孑 孑 孓 孤 孤

dú

独

部首	犭	笔画	9	组词	独立

造句：我们要学会独立自主。

笔顺：丿 犭 犭 犭 犭 犭 独 独 独

yǒng

勇

部首	力	笔画	9	组词	勇气

造句：我们要有战胜困难的勇气。

笔顺：㇇ 龴 甬 甬 甬 甬 甬 勇 勇

gǎn

敢

部首	攵	笔画	11	组词	勇敢

造句：他勇敢地登上了山顶。

笔顺：㇇ 𠃌 子 干 耳 耳 耳 耳 耳 敢 敢

bó

搏

部首	扌	笔画	13	组词	搏斗

造句：选手们正在激烈地搏斗。

笔顺：一 十 扌 扌 扌 扌 扌 扌 扌 扌 搏 搏 搏

bó

博

部首	十	笔画	12	组词	博士

造句：他如愿拿到了博士学位。

笔顺：一 十 十 十 十 十 十 十 十 博 博 博

wán

丸

部首 丿 笔画 3 组词 丸子

造句 我喜欢吃牛肉丸子。

笔顺 丿 九 丸

xí

习

部首 乛 笔画 3 组词 学习

造句 小兰和小梅一起学习英语。

笔顺 乛 刁 习

qiū

丘

部首 丿 笔画 5 组词 丘陵

造句 黄土高原上有黄土丘陵。

笔顺 丿 亻 𠂆 斤 丘

zhàn

占

部首 口 笔画 5 组词 占用

造句 写作占用了他大部分时间。

笔顺 丨 ⺊ 𠁣 占 占

lì

力

部首 力 笔画 2 组词 力量

造句 他每天都要进行力量训练。

笔顺 フ 力

lì

厉

部首 厂 笔画 5 组词 严厉

造句 数学老师对我们很严厉。

笔顺 一 厂 𠂆 厉 厉

sī

私

部首	禾	笔画	7	组词	私塾

造句 老先生曾在私塾教书。

笔顺 ㇒ 二 千 禾 禾 私 私

zhǒng

种

部首	禾	笔画	9	组词	种子

造句 春天,农民种下希望的种子。

笔顺 ㇒ 二 千 禾 禾 禾 和 和 种

yāng

秧

部首	禾	笔画	10	组词	秧苗

造句 田里的秧苗需要雨水滋润。

笔顺 ㇒ 二 千 禾 禾 禾 和 和 秧 秧

xī

稀

部首	禾	笔画	12	组词	稀饭

造句 吃稀饭养胃。

笔顺 ㇒ 二 千 禾 禾 禾 禾 秎 秎 秎 稀 稀

shāo

稍

部首	禾	笔画	12	组词	稍微

造句 汤里稍微放点盐就好了。

笔顺 ㇒ 二 千 禾 禾 禾 禾 秒 秒 稍 稍 稍

gǎn

秆

部首	禾	笔画	8	组词	秆子

造句 向日葵的秆儿很直。

笔顺 ㇒ 二 千 禾 禾 禾 秆 秆

yǔ

语

部首	讠	笔画	9	组词	语文

造句 语文课本的封面是长城。

笔顺 丶 讠 讠 订 语 语 语 语 语

shù

数

部首	攵	笔画	13	组词	数学

造句 老师布置了几道数学题。

笔顺 丶 丷 䒑 米 米 米 娄 娄 娄 娄 娄 数 数

yīng

英

部首	艹	笔画	8	组词	英语

造句 他会说一口流利的英语。

笔顺 一 十 艹 艹 芇 苎 英 英

kè

课

部首	讠	笔画	10	组词	课堂

造句 简在课堂上表现得很活跃。

笔顺 丶 讠 讠 讵 讵 诅 误 课 课 课

chéng

程

部首	禾	笔画	12	组词	工程

造句 工地上新来了一辆工程车。

笔顺 丿 二 千 千 禾 和 和 和 和 程 程 程

qiú

球

部首	王	笔画	11	组词	足球

造句 他正式加入了校足球队。

笔顺 一 二 干 王 玨 玗 玗 玗 玗 球 球

jiǎn

剪

部首	刀	笔画	11	组词	剪刀

造句 这把剪刀很锋利。

笔顺 丶 丷 䒑 产 前 前 前 前 前 剪 剪

dīng

钉

部首	钅	笔画	7	组词	钉子

造句 他用钉子将凳子固定好了。

笔顺 丿 𠂉 𠂉 𠂉 钅 钌 钉

shàn

扇

部首	户	笔画	10	组词	扇子

造句 这把扇子上的花纹很漂亮。

笔顺 丶 ㇇ 彐 户 户 户 扇 扇 扇 扇

là

蜡

部首	虫	笔画	14	组词	蜡烛

造句 蜡烛燃烧自己，照亮别人。

笔顺 丨 口 口 中 虫 虫 虫 虫 蜡 蜡 蜡 蜡 蜡 蜡

zhú

烛

部首	火	笔画	10	组词	火烛

造句 火烛照亮了整个房间。

笔顺 丶 丷 火 火 火 灯 灯 炉 烛 烛

sǎn

伞

部首	人	笔画	6	组词	雨伞

造句 我有一把粉色小雨伞。

笔顺 丿 人 亽 亽 仐 伞

zhēn

针

部首	钅	笔画	7	组词	别针

造句 她的胸前别着一枚别针。

笔顺 丿 𠂉 𠂉 乍 钅 钅 针

xí

席

部首	广	笔画	10	组词	凉席

造句 妈妈在床上铺上了凉席。

笔顺 丶 亠 广 广 庐 庐 庐 庐 庐 席

tǎn

毯

部首	毛	笔画	12	组词	地毯

造句 我家的地毯是灰色的。

笔顺 丿 二 三 毛 毛 毛 毡 毡 毡 毯 毯 毯

bèi

被

部首	衤	笔画	10	组词	棉被

造句 天气转凉了，要盖棉被了。

笔顺 丶 ㇇ 礻 衤 衤 衤 衤 衤 衤 被

zhěn

枕

部首	木	笔画	8	组词	枕头

造句 妈妈为我绣了一个枕头。

笔顺 一 十 才 木 木 木 杪 枕

xù

絮

部首	糸	笔画	12	组词	被絮

造句 奶奶盖着厚厚的被絮。

笔顺 𡿨 女 女 如 如 如 如 恕 恕 絮 絮 絮

dài

袋

部首	衣	笔画	11	组词	袋鼠

造句 袋鼠是澳大利亚人的骄傲。

笔顺 ノ 亻 亻 代 代 代 岱 岱 岱 袋 袋

gāng

缸

部首	缶	笔画	9	组词	缸盆

造句 缸盆里盛有很多水。

笔顺 ノ 𠂉 二 午 缶 缶 缶 缸 缸

píng

瓶

部首	瓦	笔画	10	组词	瓶子

造句 妈妈往瓶子里注满了水。

笔顺 丶 丷 丷 兰 兰 并 并 瓶 瓶 瓶

tǒng

桶

部首	木	笔画	11	组词	水桶

造句 我家有一个黄色的水桶。

笔顺 一 十 才 木 杧 杧 杧 柄 柄 桶 桶

lú

炉

部首	火	笔画	8	组词	火炉

造句 火炉上正烧着开水呢。

笔顺 丶 丷 少 火 火 炉 炉 炉

zào

灶

部首	火	笔画	7	组词	灶台

造句 妈妈围着灶台转了一上午。

笔顺 丶 丷 少 火 灶 灶 灶

yī

衣

部首	衣	笔画	6	组词	衣服

造句 小朋友们都穿上了新衣服。

笔顺 丶 亠 ナ 才 衣 衣

shí

食

部首	食	笔画	9	组词	食物

造句 我最喜欢吃的食物是排骨。

笔顺 丿 人 人 今 今 今 食 食 食

zhù

住

部首	亻	笔画	7	组词	住宅

造句 前面就是居民的住宅区。

笔顺 丿 亻 亻 仁 仁 住 住

xíng

行

部首	彳	笔画	6	组词	行走

造句 她们顶着烈日在路上行走。

笔顺 丿 彡 彳 彳 行 行

sī

丝

部首	一	笔画	5	组词	丝绵

造句 这些丝绵是用来絮被子的。

笔顺 乙 乡 丝 丝 丝

wǎng

网

部首	冂	笔画	6	组词	网球

造句 她的特长是打网球。

笔顺 丨 冂 冂 冈 网 网

chē

车

部首 车 笔画 4 组词 汽车

造句 马路上有很多汽车。

笔顺 一 𠂊 𠂉 车

chuán

船

部首 舟 笔画 11 组词 船只

造句 捞捕队有二十多只船只。

笔顺 ′ 丿 ⺆ 月 舟 舟 舟 舡 舡 船 船

fān

帆

部首 巾 笔画 6 组词 帆船

造句 帆船运动的历史非常悠久。

笔顺 丨 冂 巾 巾 帆 帆

zhōu

舟

部首 舟 笔画 6 组词 小舟

造句 一只小舟搁浅在沙滩上。

笔顺 ′ 丿 ⺆ 月 舟 舟

jī

机

部首 木 笔画 6 组词 机枪

造句 这把机枪的威力很大。

笔顺 一 十 才 木 机 机

lún

轮

部首 车 笔画 8 组词 车轮

造句 车轮寿命与地面温度有关。

笔顺 一 𠂊 车 车 轮 轮 轮 轮

jīn

金

部首 金　笔画 8　组词 金子

造句 你要相信是金子总会发光。

笔顺 丿 人 亼 亼 仐 今 伞 金

yín

银

部首 钅　笔画 11　组词 白银

造句 姐姐有一对白银手链。

笔顺 丿 𠂉 𠂉 乍 钅 钌 钌 钌 银 银 银

tóng

铜

部首 钅　笔画 11　组词 青铜

造句 青铜的化学性质很稳定。

笔顺 丿 𠂉 𠂉 乍 钅 钔 钔 钔 铜 铜 铜

tiě

铁

部首 钅　笔画 10　组词 铁锈

造句 这块铁浸水了，生了铁锈。

笔顺 丿 𠂉 𠂉 乍 钅 钅 钅 钅 铁 铁

gāng

钢

部首 钅　笔画 9　组词 钢琴

造句 我今天要去上钢琴课。

笔顺 丿 𠂉 𠂉 乍 钅 钔 钔 钢 钢

lǚ

铝

部首 钅　笔画 11　组词 铝粉

造句 铝粉是一种金属颜料。

笔顺 丿 𠂉 𠂉 乍 钅 钅 钅 钅 钅 铝 铝

zào
皂

部首	白	笔画	7	组词	香皂

造句 用香皂洗手洗得比较干净。

笔顺 ノ 亻 ㇒ 白 白 皁 皂

zhǒu
帚

部首	巾	笔画	8	组词	扫帚

造句 妈妈新买了一把扫帚。

笔顺 ㇇ ㇌ ヨ 彐 彐 帚 帚 帚

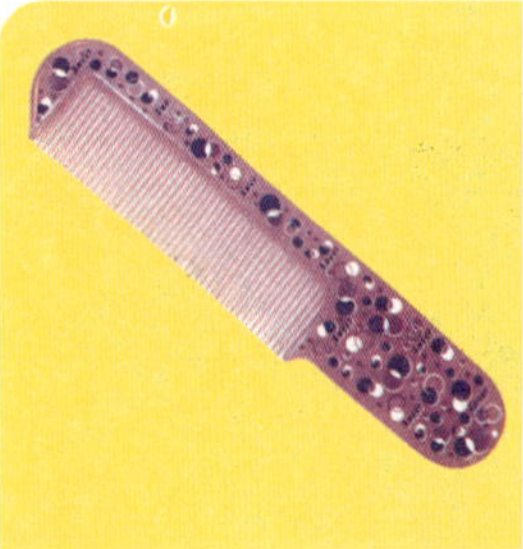

shū
梳

部首	木	笔画	11	组词	梳子

造句 这是一把塑料梳子。

笔顺 一 十 才 木 木 杧 杧 杧 梳 梳 梳

zhuāng
妆

部首	女	笔画	6	组词	化妆

造句 上台前五分钟她还在化妆。

笔顺 丶 冫 丬 丬 妆 妆

jìng
镜

部首	钅	笔画	16	组词	镜子

造句 她随身携带着一面小镜子。

笔顺 ノ 𠂉 𠂉 𠂉 钅 钅 钅 钅 钅 钅 钅 锫 锫 锫 镜 镜

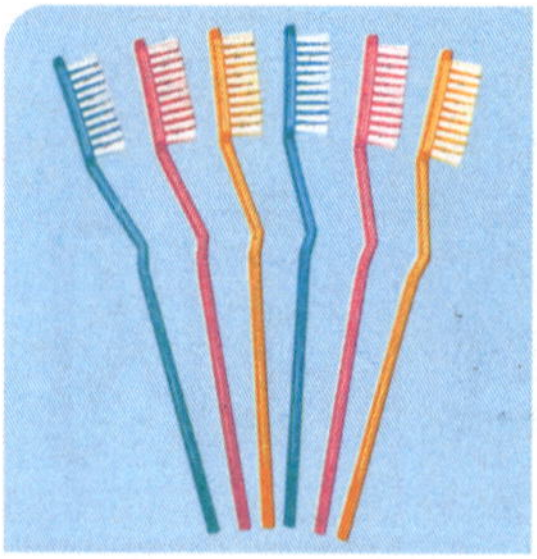

shuā
刷

部首	刂	笔画	8	组词	牙刷

造句 牙刷的使用时间不宜太长。

笔顺 ㇇ ㇆ 尸 尸 吊 吊 刷 刷

qín

琴

部首 王 笔画 12 组词 风琴

造句 手风琴能奏出美妙的音乐。

笔顺 一 二 千 王 王一 王二 王王 珏 珡 珡 琹 琴

qí

棋

部首 木 笔画 12 组词 棋子

造句 对方的棋子步步逼近。

笔顺 一 十 才 木 木一 朩 林 柑 椎 椎 棋 棋

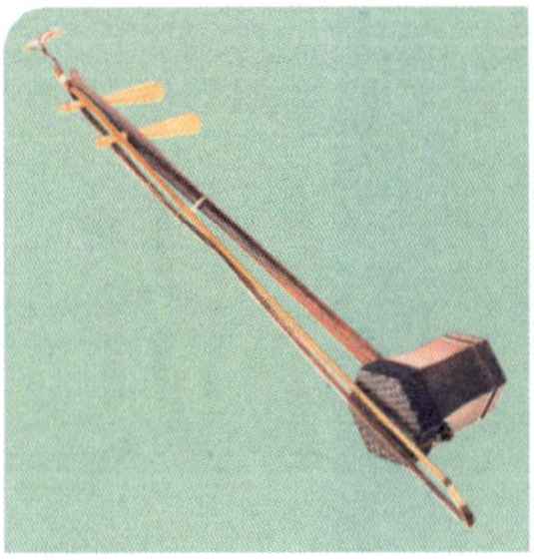

hú

胡

部首 月 笔画 9 组词 二胡

造句 爷爷很会拉二胡。

笔顺 一 十 十 古 古 古 胡 胡 胡

zhēng

筝

部首 竹 笔画 12 组词 古筝

造句 古筝是重要的民族乐器。

笔顺 丿 𠂉 ⺮ ⺮ 竹 竹 竺 竺 笋 笋 筝 筝

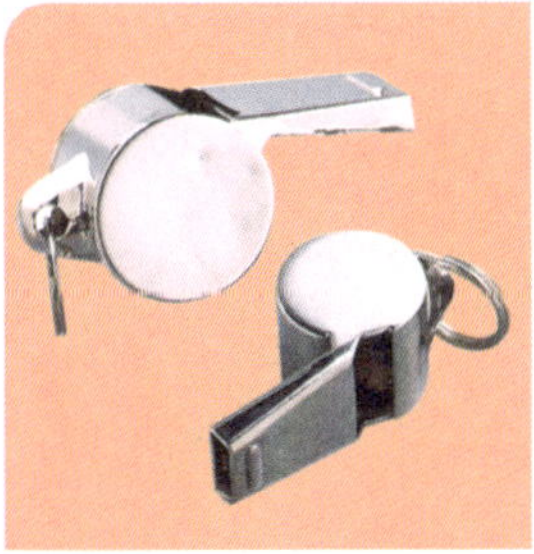

shào

哨

部首 口 笔画 10 组词 哨子

造句 哨子声标志着比赛的开始。

笔顺 丨 ⺆ 口 口丨 口⺌ 口⺌ 口⺍ 哨 哨 哨

dí

笛

部首 竹 笔画 11 组词 笛声

造句 远处传来一阵悠扬的笛声。

笔顺 丿 𠂉 ⺮ ⺮ 竹 竹 竹 笞 笛 笛 笛

gǔ

鼓

部首	支	笔画	13	组词	打鼓

造句　人们在打鼓庆祝元宵节。

笔顺　一 十 士 士 吉 吉 吉 吉 壴 壴 壴 鼓 鼓

luó

锣

部首	钅	笔画	13	组词	敲锣

造句　人们敲锣打鼓庆祝节日。

笔顺　丿 𠂉 𠂉 𠂉 钅 钅 钅 钅 钅 钅 钅 锣 锣

hào

号

部首	口	笔画	5	组词	号角

造句　他们吹响了新时代的号角。

笔顺　丨 冂 口 号 号

suǒ

锁

部首	钅	笔画	12	组词	锁门

造句　出门前一定要记得锁门。

笔顺　丿 𠂉 𠂉 𠂉 钅 钅 钅 钅 钅 钅 锁 锁

zhōng

钟

部首	钅	笔画	9	组词	闹钟

造句　早上六点，闹钟准时响起。

笔顺　丿 𠂉 𠂉 𠂉 钅 钅 钅 钅 钟

líng

铃

部首	钅	笔画	10	组词	铃铛

造句　弟弟的铃铛当当响。

笔顺　丿 𠂉 𠂉 𠂉 钅 钅 钤 钤 铃 铃

xié

鞋

部首 革 笔画 15 组词 布鞋

造句 下雨天穿布鞋走路不方便。

笔顺 一 十 廾 廿 廿 廿 芇 芇 革 革 鞋 鞋 鞋 鞋 鞋

wà

袜

部首 衤 笔画 10 组词 袜子

造句 妹妹学会了自己洗袜子。

笔顺 丶 ㇇ 礻 衤 衤 衦 衦 袜 袜 袜

mào

帽

部首 巾 笔画 12 组词 帽子

造句 我有一顶红色的帽子。

笔顺 丨 冂 巾 巾 帄 帄 帽 帽 帽 帽 帽 帽

ǎo

袄

部首 衤 笔画 9 组词 棉袄

造句 寒冷的冬天离不开棉袄。

笔顺 丶 ㇇ 礻 衤 衤 衤 衦 袄 袄

chèn

衬

部首 衤 笔画 8 组词 衬衫

造句 爸爸的衬衫起皱了。

笔顺 丶 ㇇ 礻 衤 衤 衦 衬 衬

xuē

靴

部首 革 笔画 13 组词 短靴

造句 这双短靴穿起来很暖和。

笔顺 一 十 廾 廿 廿 芇 芇 芇 革 靯 靯 靴 靴

máo

矛

部首 矛 笔画 5 组词 矛盾

造句 去还是不去，他很矛盾。

笔顺 ㇇ 龴 ⺻ 予 矛

dùn

盾

部首 目 笔画 9 组词 盾牌

造句 古人用盾牌来防护身体。

笔顺 ㇀ 厂 𠂆 𠂆 𠂆 盾 盾 盾 盾

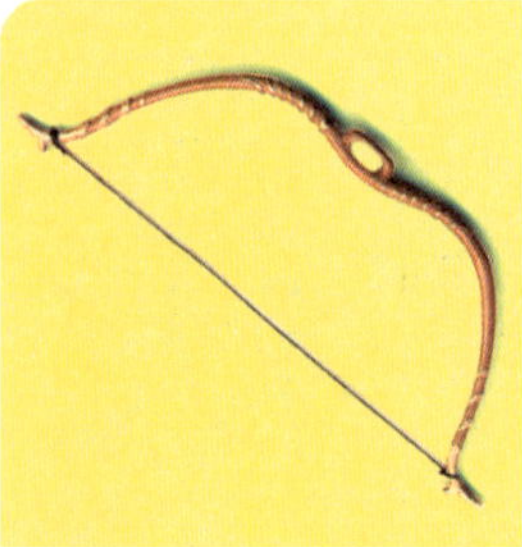

gōng

弓

部首 弓 笔画 3 组词 弓箭

造句 他用弓箭射伤了一只小鸟。

笔顺 ㇆ コ 弓

jiàn

剑

部首 刂 笔画 9 组词 舞剑

造句 项庄舞剑，意在沛公。

笔顺 丿 人 𠆢 今 佥 佥 佥 剑 剑

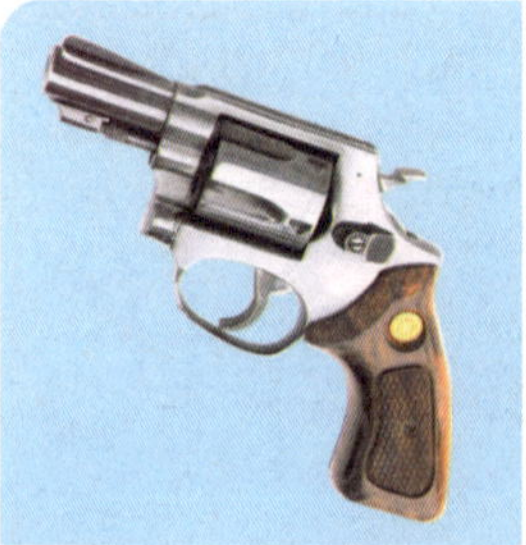

qiāng

枪

部首 木 笔画 8 组词 枪法

造句 他枪法纯熟，百发百中。

笔顺 一 十 才 木 朩 朳 枪 枪

pào

炮

部首 火 笔画 9 组词 炮火

造句 那是个炮火连天的年代。

笔顺 丶 丷 少 火 灲 灼 炮 炮 炮

jiàn

箭

部首 竹 笔画 15 组词 火箭

造句 火箭载着卫星升上了太空。

笔顺 丿 𠂉 𥫗 𥫗 竹 竹 竹 竺 竺 竺 竺 竺 笁 箭 箭

shè

射

部首 寸 笔画 10 组词 射猎

造句 自然保护区严禁射猎。

笔顺 ′ 亻 冂 冂 自 自 身 身 射 射

tàn

炭

部首 山 笔画 9 组词 炭火

造句 好冷，真希望有一炉炭火。

笔顺 丨 ㄩ 山 岀 岸 岸 岸 岸 炭

chěng

逞

部首 辶 笔画 10 组词 逞强

造句 有困难说出来，别逞强。

笔顺 丨 口 口 口 呈 呈 呈 呈 逞 逞

qiāng

呛

部首 口 笔画 7 组词 呛水

造句 她喝得太猛，呛水了。

笔顺 丨 口 口 叭 吖 吟 呛

chuí

锤

部首 钅 笔画 13 组词 锤子

造句 爷爷有一把铁锤子。

笔顺 丿 𠂉 𠂉 钅 钅 钅 钅 钎 钎 钎 锤 锤 锤

zhù

筑

部首	竹	笔画	12	组词	筑巢

造句　燕子在屋檐下筑巢。

笔顺　丿 𠂉 ⺮ 𥫗 𥫗 竹 竺 竺 竺 筇 筑 筑

jiàn

建

部首	廴	笔画	8	组词	建造

造句　农民工们正在建造房屋。

笔顺　乛 ⺕ 彐 ⺕ 聿 聿 建 建

xiū

修

部首	亻	笔画	9	组词	修理

造句　车抛锚了，正在修理。

笔顺　丿 亻 亻 亻 攸 攸 修 修 修

qì

砌

部首	石	笔画	9	组词	堆砌

造句　他用砖堆砌了一堵墙。

笔顺　一 丆 不 石 石 石 矿 砌 砌

mǎ

码

部首	石	笔画	8	组词	码头

造句　码头停了很多船。

笔顺　一 丆 不 石 石 石 码 码

duī

堆

部首	土	笔画	11	组词	堆积

造句　她的礼物堆积成了小山。

笔顺　一 十 土 圵 圵 圵 圵 垳 垳 堆 堆

chén

尘

部首	土	笔画	6	组词	尘土

造句 一阵风吹来，尘土飞扬。

笔顺 丨 ⺁ 小 少 尘 尘

āi

埃

部首	土	笔画	10	组词	尘埃

造句 桌面上满是尘埃。

笔顺 一 十 土 圵 圵 圵 圵 垁 埃 埃

píng

坪

部首	土	笔画	8	组词	草坪

造句 绿油油的草坪一望无际。

笔顺 一 十 土 圹 圻 坘 坪 坪

píng

平

部首	干	笔画	5	组词	平原

造句 我的家乡在平原地区。

笔顺 一 丆 丌 㓛 平

zhèng

证

部首	讠	笔画	7	组词	证件

造句 进这栋楼要出示有效证件。

笔顺 丶 讠 讠 讧 讧 证 证

āi

挨

部首	扌	笔画	10	组词	挨近

造句 她们挨得很近。

笔顺 一 十 扌 扌 扌 扌 扌 挨 挨 挨

tuō

拖

部首 扌 笔画 8 组词 拖把

造句 拖地前把拖把上的水甩干。

笔顺 一 十 扌 扌 扩 拃 拕 拖

lāo

捞

部首 扌 笔画 10 组词 捞鱼

造句 渔民在湖里用渔网捞鱼。

笔顺 一 十 扌 扌 扌 扌 扌 拃 捞 捞

àn

按

部首 扌 笔画 9 组词 按钮

造句 红色按钮表示停止的意思。

笔顺 一 十 扌 扌 扌 扩 扩 按 按

tóu

投

部首 扌 笔画 7 组词 投篮

造句 他将球稳稳地投进了篮筐。

笔顺 一 十 扌 扌 扩 抈 投

sī

撕

部首 扌 笔画 15 组词 撕扯

造句 他一怒之下把文件撕碎了。

笔顺 一 十 扌 扌 扌 扌 扌 扌 扌 扌 扌 扌 撕 撕 撕

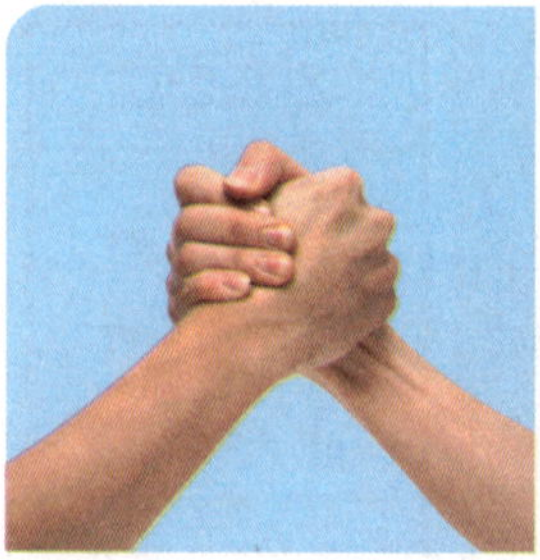

bāi

掰

部首 手 笔画 12 组词 掰腕子

造句 掰腕子没有人掰得过他。

笔顺 ノ 二 三 手 手 手 手 手 手 手 手 掰

yáo

摇

部首 扌 笔画 13 组词 摇椅

造句 爷爷喜欢坐在摇椅上乘凉。

笔顺 一 十 扌 扌 扌 扌 扌 扌 扌 扌 扌 揺 摇

jiē

接

部首 扌 笔画 11 组词 接力

造句 一班在接力赛中获得第一。

笔顺 一 十 扌 扌 扌 扌 扌 拉 拉 接 接

bǔ

捕

部首 扌 笔画 10 组词 捕鱼

造句 叔叔正在撒网捕鱼。

笔顺 一 十 扌 扌 扌 扌 扌 扌 捕 捕

bǎi

摆

部首 扌 笔画 13 组词 摆件

造句 我家客厅里的摆件很漂亮。

笔顺 一 十 扌 扌 扌 扌 扌 扌 扌 扌 摆 摆 摆

fú

扶

部首 扌 笔画 7 组词 扶手

造句 楼梯扶手坏了，需要修理。

笔顺 一 十 扌 扌 扌 扶 扶

lüè

掠

部首 扌 笔画 11 组词 掠夺

造句 人类不能一味地掠夺自然。

笔顺 一 十 扌 扌 扌 扌 扌 扌 掠 掠 掠

dǐng

顶

部首 页 笔画 8 组词 顶端

造句 我终于登上了塔的顶端。

笔顺 一 丁 丁 丁 丁 顶 顶 顶

dǐ

底

部首 广 笔画 8 组词 海底

造句 海底有各种各样的鱼。

笔顺 丶 亠 广 广 庀 庀 底 底

shǒu

首

部首 首 笔画 9 组词 首都

造句 我国的首都是北京。

笔顺 丶 丷 䒑 䒑 产 首 首 首 首

wěi

尾

部首 尸 笔画 7 组词 尾巴

造句 鱼尾能使鱼身体保持平衡。

笔顺 乛 コ 尸 尸 尸 尸 尾

wǎng

往

部首 彳 笔画 8 组词 来往

造句 大街上来往的人很多。

笔顺 丿 彡 彳 彳 彳 彳 往 往

fǎn

返

部首 辶 笔画 7 组词 返回

造句 他走到一半又返回来了。

笔顺 一 厂 万 反 反 饭 返

yán
颜

部首	页	笔画	15	组词	颜色

造句 那几桶油漆的颜色不一样。

笔顺 丶 亠 亠 立 立 产 产 彦 彦 彦 彦 彦 颜 颜 颜

sè
色

部首	色	笔画	6	组词	色彩

造句 这些本子的色彩很艳丽。

笔顺 ノ 𠂊 ⺈ 伍 刍 色

xiān
鲜

部首	鱼	笔画	14	组词	新鲜

造句 冰箱里的虾还很新鲜。

笔顺 ノ 𠂊 ⺈ 各 鱼 鱼 鱼 鱼 鱼 鱼 鱼 鲜 鲜 鲜

yàn
艳

部首	色	笔画	10	组词	艳丽

造句 树上开了一朵朵艳丽的花。

笔顺 一 二 三 丰 丰 丰 丰 丰 丰 艳

cǎi
彩

部首	彡	笔画	11	组词	彩色

造句 我有一盒彩色的橡皮泥。

笔顺 一 丆 丆 爫 平 平 采 采 采 彩 彩

liàng
亮

部首	亠	笔画	9	组词	亮堂

造句 会客厅宽敞亮堂。

笔顺 丶 亠 亠 亠 亠 亠 亭 亭 亮

hóng

红

部首 纟 笔画 6 组词 红色

造句 红色的玫瑰开得娇艳欲滴。

笔顺 ㄥ 乡 纟 纟 纩 红 红

huáng

黄

部首 黄 笔画 11 组词 黄昏

造句 黄昏时，天边出现了红霞。

笔顺 一 十 卄 卄 𦫳 昔 昔 带 带 黄 黄

lǜ

绿

部首 纟 笔画 11 组词 绿叶

造句 满树的绿叶在春风中摇摆。

笔顺 ㄥ 乡 纟 纟 纣 纾 绿 绿 绿 绿 绿

qīng

青

部首 青 笔画 8 组词 青草

造句 小羊在山坡上吃青草。

笔顺 一 二 丰 丰 青 青 青 青

lán

蓝

部首 艹 笔画 13 组词 蓝天

造句 蓝天上飘着白云。

笔顺 一 十 艹 艹 芦 芦 芦 茈 茈 莁 蓝 蓝 蓝

zǐ

紫

部首 糸 笔画 12 组词 紫色

造句 我在海边拾到了紫色贝壳。

笔顺 丨 ⺊ 止 止 此 此 此 紫 紫 紫 紫 紫

hēi

黑

部首 黑 笔画 12 组词 黑板

造句 今天轮到我擦黑板了。

笔顺 丶 冂 冂 冋 回 四 甲 里 里 黑 黑 黑

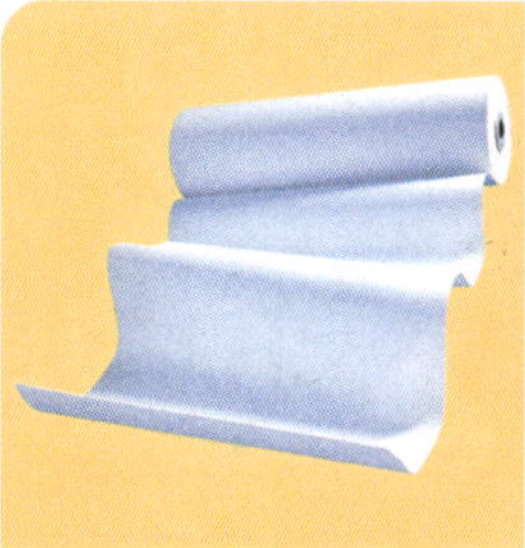

bái

白

部首 白 笔画 5 组词 白纸

造句 请在这张白纸上画一幅画。

笔顺 丿 亻 白 白 白

huī

灰

部首 火 笔画 6 组词 灰尘

造句 旧书上落满了灰尘。

笔顺 一 ナ 大 灰 灰 灰

hè

褐

部首 衤 笔画 14 组词 褐色

造句 他把头发染成了褐色。

笔顺 丶 ㇇ 衤 衤 衤 衤 衵 衵 衵 衵 褐 褐 褐 褐

fěn

粉

部首 米 笔画 10 组词 粉红

造句 妹妹有一件粉红色毛衣。

笔顺 丶 丷 䒑 半 米 米 米 粉 粉 粉

shǎn

闪

部首 门 笔画 5 组词 闪光

造句 萤火虫在草丛里闪着光。

笔顺 丶 丨 门 闪 闪

yàn

燕

部首	灬	笔画	16	组词	燕子

造句 燕子的尾巴像剪刀。

笔顺 一 十 廾 廿 廿 甘 甘 甘 甘 甘 甘 燕 燕 燕 燕 燕

què

雀

部首	隹	笔画	11	组词	麻雀

造句 麻雀的翅膀很短小。

笔顺 丨 丬 小 少 少 光 光 雀 雀 雀 雀

zhū

蛛

部首	虫	笔画	12	组词	蜘蛛

造句 蜘蛛用网来捕捉食物。

笔顺 丨 口 口 中 虫 虫 虫 虫 蚌 蚌 蛛 蛛

fēng

蜂

部首	虫	笔画	13	组词	蜜蜂

造句 蜜蜂在花丛中采蜜。

笔顺 丨 口 口 中 虫 虫 虫 虫 蚁 蚁 蚁 蜂 蜂

wā

蛙

部首	虫	笔画	12	组词	青蛙

造句 青蛙专吃害虫。

笔顺 丨 口 口 中 虫 虫 虫 虫 蛀 蛀 蛀 蛙

guī

龟

部首	勹	笔画	7	组词	乌龟

造句 乌龟的寿命很长。

笔顺 丿 勹 夕 夕 仵 色 龟

yǐ

蚁

部首	虫	笔画	9	组词	蚂蚁

造句　蚂蚁是搬家的小能手。

笔顺　丶 口 口 中 虫 虫 虫' 虫丿 蚁

cán

蚕

部首	虫	笔画	10	组词	蚕茧

造句　蚕茧可以用来缫丝。

笔顺　一 二 チ 天 天 吞 吞 奋 蚕 蚕

dié

蝶

部首	虫	笔画	15	组词	蝴蝶

造句　蝴蝶在花园里翩翩起舞。

笔顺　丶 口 口 中 虫 虫 虫一 虫十 虫廿 虫廿 蚶 蚶 蝶 蝶 蝶

qīng

蜻

部首	虫	笔画	14	组词	蜻蜓

造句　蜻蜓生活在水边。

笔顺　丶 口 口 中 虫 虫 虫一 虫二 虫丰 虫丰 蛙 蜻 蜻 蜻

chán

蝉

部首	虫	笔画	14	组词	蝉鸣

造句　窗外传来阵阵蝉鸣。

笔顺　丶 口 口 中 虫 虫 虫' 虫'' 虫'' 蚧 蚧 蚰 蛆 蝉

yā

鸦

部首	鸟	笔画	9	组词	乌鸦

造句　乌鸦的羽毛是黑色的。

笔顺　一 匚 于 牙 牙' 犸 犸 鸦 鸦

pí

疲

部首 疒 笔画 10 组词 疲劳

造句 他通宵看书，非常疲劳。

笔顺 丶 亠 广 广 疒 疒 疒 疒 疒 疲

lèi

累

部首 糸 笔画 11 组词 劳累

造句 繁忙的工作让他十分劳累。

笔顺 丨 冂 冂 田 田 田 罒 罒 罒 累 累

zhǒng

肿

部首 月 笔画 8 组词 臃肿

造句 它身躯臃肿，行动缓慢。

笔顺 丿 月 月 月 肌 肌 肿 肿

zhòu

皱

部首 皮 笔画 10 组词 褶皱

造句 纸被揉出了褶皱。

笔顺 丿 ク 刍 刍 刍 刍 刍 刍 刍 皱

mù

暮

部首 艹 笔画 14 组词 暮霭

造句 黄昏，森林被暮霭笼罩着。

笔顺 一 十 艹 艹 芇 芇 苜 苜 草 莫 莫 暮 暮 暮

shuāi

衰

部首 衣 笔画 10 组词 衰老

造句 一年没见，老人更衰老了。

笔顺 丶 亠 亠 亠 亠 亠 衰 衰 衰 衰

shuāng

霜

部首	雨	笔画	17	组词	霜冻

造句　这个地区发生了霜冻灾害。

笔顺　一 ㄏ 冖 币 币 币 雨 雨 雨 雨 霜 霜 霜 霜 霜 霜 霜

xiá

霞

部首	雨	笔画	17	组词	晚霞

造句　天边的晚霞漂亮极了。

笔顺　一 ㄏ 冖 币 币 币 雨 雨 雨 雨 霞 霞 霞 霞 霞 霞 霞

hóng

虹

部首	虫	笔画	9	组词	彩虹

造句　雨后，天边出现了彩虹。

笔顺　丨 口 口 中 虫 虫 虫 虹 虹

báo

雹

部首	雨	笔画	13	组词	冰雹

造句　冰雹让果农遭受大量损失。

笔顺　一 ㄏ 冖 币 币 币 雨 雨 雨 雹 雹 雹 雹

yīn

阴

部首	阝	笔画	6	组词	阴天

造句　天阴沉沉的，要下雨了。

笔顺　㇌ 阝 阴 阴 阴 阴

qíng

晴

部首	日	笔画	12	组词	晴朗

造句　今天天气晴朗，阳光明媚。

笔顺　丨 冂 日 日 日 日 日 日 晴 晴 晴 晴

jì

季

部首 禾 | 笔画 8 | 组词 季节

造句 树随着季节的变化而变化。

笔顺 ㇒ 二 千 禾 禾 季 季 季

nián

年

部首 丿 | 笔画 6 | 组词 年轮

造句 木桩上有一圈圈的年轮。

笔顺 ㇒ 𠂉 ㇐ 𠂉 𠂉 年

suì

岁

部首 山 | 笔画 6 | 组词 压岁钱

造句 我把压岁钱交给妈妈保管。

笔顺 丨 山 山 屮 岁 岁

shí

时

部首 日 | 笔画 7 | 组词 时间

造句 时间在一分一秒地过去。

笔顺 丨 冂 日 日 日 时 时

miǎo

秒

部首 禾 | 笔画 9 | 组词 秒针

造句 秒针滴滴答答地走不停。

笔顺 ㇒ 二 千 禾 禾 利 利 秒 秒

qī

期

部首 月 | 笔画 12 | 组词 期待

造句 我期待着新的一年到来。

笔顺 一 十 卄 廾 甘 甘 其 其 期 期 期 期

wǔ

舞

部首 夕 笔画 14 组词 舞蹈

造句 她每天练习两小时的舞蹈。

笔顺 ノ 𠂉 𠂉 乍 乍 无 無 無 無 舞 舞 舞 舞 舞

niǔ

扭

部首 扌 笔画 7 组词 扭腰

造句 小妹妹在扭腰做热身运动。

笔顺 一 十 扌 扌 扫 扭 扭

zhuàn

转

部首 车 笔画 8 组词 转圈

造句 她站在原地转圈。

笔顺 一 𠂇 𠂇 车 车 车 转 转

quān

圈

部首 囗 笔画 11 组词 圈套

造句 千万不要落入敌人的圈套。

笔顺 丨 冂 冂 冂 冂 冂 冂 冂 冂 圈 圈

tuō

托

部首 扌 笔画 6 组词 托运

造句 麻烦您帮我托运下行李。

笔顺 一 十 扌 扌 扌 托

jǔ

举

部首 丶 笔画 9 组词 举手

造句 上课要积极举手回答问题。

笔顺 丶 丷 ⺍ 兴 兴 兴 兴 兴 举

yǐng

影

部首	彡	笔画	15	组词	电影

造句 这部电影的演员阵容强大。

笔顺 丶 口 日 旦 早 早 昱 昙 景 景 景 景 影 影 影

yīn

音

部首	音	笔画	9	组词	声音

造句 请专注地听耳机里的声音。

笔顺 丶 亠 亡 立 立 产 音 音 音

xiàng

相

部首	木	笔画	9	组词	相片

造句 这是我小时候的相片。

笔顺 一 十 才 木 朩 机 相 相 相

zhào

照

部首	灬	笔画	13	组词	照相

造句 我喜欢在旅游时照相。

笔顺 丨 冂 日 日 日 的 昭 昭 昭 照 照 照 照

dié

碟

部首	石	笔画	14	组词	碗碟

造句 这个碗碟很有个性。

笔顺 一 丆 丆 石 石 石 石 矿 矿 碟 碟 碟 碟 碟

piàn

片

部首	片	笔画	4	组词	片刻

造句 稍等片刻，我马上做好了。

笔顺 丿 丿 片 片

lán

拦

部首 扌 笔画 8 组词 拦挡

造句 门被围栏拦住了，进不去。

笔顺 一 十 扌 扌 扌 扌 拦 拦

qiān

牵

部首 牛 笔画 9 组词 牵手

造句 他们牵手走在沙滩上。

笔顺 一 十 大 大 大 大 大 大 牵

bào

抱

部首 扌 笔画 8 组词 怀抱

造句 妈妈的怀抱很温暖。

笔顺 一 十 扌 扌 扚 扚 抱 抱

zhuō

捉

部首 扌 笔画 10 组词 捕捉

造句 他捕捉到了一只蜻蜓。

笔顺 一 十 扌 扌 扣 扣 扣 扣 捉 捉

ná

拿

部首 手 笔画 10 组词 拿手

造句 我等着看他的拿手好戏。

笔顺 丿 人 人 亼 合 合 盒 盒 盒 拿

qǔ

取

部首 又 笔画 8 组词 取款

造句 爸爸去银行取款了。

笔顺 一 厂 Ｆ Ｆ 耳 耳 取 取

zhēn

珍

部首 王 笔画 9 组词 珍宝

造句 勘察队正在寻找地下珍宝。

笔顺 一 二 干 王 玐 玠 玢 珍 珍

zhū

珠

部首 王 笔画 10 组词 珍珠

造句 这颗珍珠很有光泽。

笔顺 一 二 干 王 玊 玎 玗 玞 珠 珠

bǎo

宝

部首 宀 笔画 8 组词 宝贝

造句 他是妈妈最亲爱的宝贝。

笔顺 丶 丷 宀 宀 宁 宇 宝 宝

yù

玉

部首 玉 笔画 5 组词 玉器

造句 这件玉器雕琢得很精致。

笔顺 一 二 干 王 玉

xiàng

项

部首 页 笔画 9 组词 项链

造句 她的裙子配上项链更美。

笔顺 一 丅 工 工 工 玎 项 项 项

liàn

链

部首 钅 笔画 12 组词 铁链

造句 大门上挂着一条铁链。

笔顺 丿 𠂉 𠂉 钅 钅 钅 钆 钎 链 链 链 链

píng
评

部首 讠 笔画 7 组词 批评

造句 她被上司批评了。

笔顺 丶 讠 讠一 讠丆 讠ㄗ 讠ㄗ 评

lùn
论

部首 讠 笔画 6 组词 讨论

造句 专家们在一起讨论工作。

笔顺 丶 讠 讠丿 讠人 讠仑 论

biàn
辩

部首 辛 笔画 16 组词 辩解

造句 她不想听他辩解。

笔顺 丶 亠 亠 亣 立 立 辛 辛 辛 辛 辛 辛 辛 辡 辩 辩

biàn
辨

部首 辛 笔画 16 组词 分辨

造句 我无法分辨谁是姐姐。

笔顺 丶 亠 亠 亣 立 立 辛 辛 辛 辛 辛 辛 辛 辨 辨 辨

biàn
辫

部首 辛 笔画 17 组词 辫子

造句 她扎着一条长长的辫子。

笔顺 丶 亠 亠 亣 立 立 辛 辛 辛 辛 辛 辛 辛 辛 辫 辫 辫

bàn
瓣

部首 辛 笔画 19 组词 花瓣

造句 玫瑰花的花瓣散发着清香。

笔顺 丶 亠 亠 亣 立 立 辛 辛 辛 辛 辛 辛 辛 辛 辛 辛 瓣 瓣 瓣

shī

施

部首 方 笔画 9 组词 施肥

造句 伯伯在给庄稼施肥。

笔顺 丶 亠 亍 方 方 方 扩 旃 施

shě

舍

部首 人 笔画 8 组词 施舍

造句 他施舍了一枚硬币给老人。

笔顺 丿 人 亼 今 全 全 舍 舍

qì

弃

部首 廾 笔画 7 组词 丢弃

造句 他把纸团丢弃到垃圾桶里。

笔顺 丶 亠 𠫓 𠫓 𠫓 弃 弃

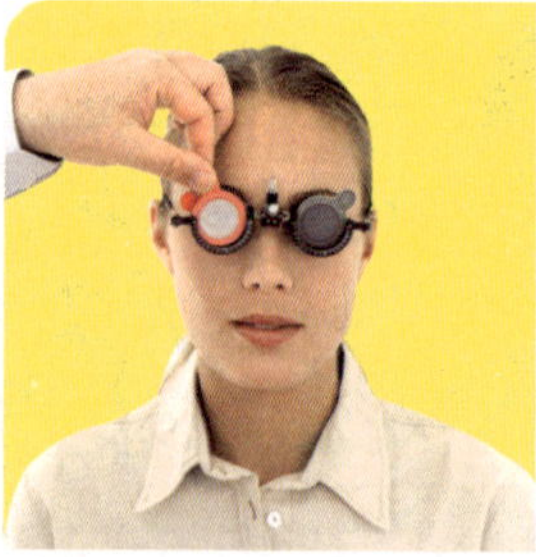

shì

视

部首 礻 笔画 8 组词 视力

造句 她的视力不太好。

笔顺 丶 ㇇ 礻 礻 礻 礼 initial 视 视

jǐng

景

部首 日 笔画 12 组词 景色

造句 这儿的景色很迷人。

笔顺 丨 冂 日 日 旦 早 旱 昌 昌 昙 昙 景

qiǎo

巧

部首 工 笔画 5 组词 精巧

造句 这个关公雕像制作精巧。

笔顺 一 丁 工 丁 巧

zī

姿

部首 女 笔画 9 组词 舞姿

造句 她的舞姿十分优美。

笔顺 丶 冫 冫 冫 次 次 姿 姿 姿

zāi

栽

部首 木 笔画 10 组词 栽植

造句 同学们正在栽植小树苗。

笔顺 一 十 土 土 丰 幸 耒 栽 栽 栽

zhuāng

装

部首 衣 笔画 12 组词 装箱

造句 她把一些杂物都装箱了。

笔顺 丶 冫 丬 丬 壮 壮 壮 装 装 装 装 装

shì

饰

部首 饣 笔画 8 组词 首饰

造句 这对首饰是外婆送给她的。

笔顺 ノ 𠂊 饣 饣 饣 饣 饰 饰

guāi

乖

部首 丿 笔画 8 组词 乖巧

造句 小宝宝很乖巧，不哭不闹。

笔顺 一 二 千 千 千 乖 乖 乖

cháng

尝

部首 ⺌ 笔画 9 组词 品尝

造句 小弟弟正在品尝一块饼干。

笔顺 丨 ⺌ ⺌ 尚 尚 尚 尝 尝 尝

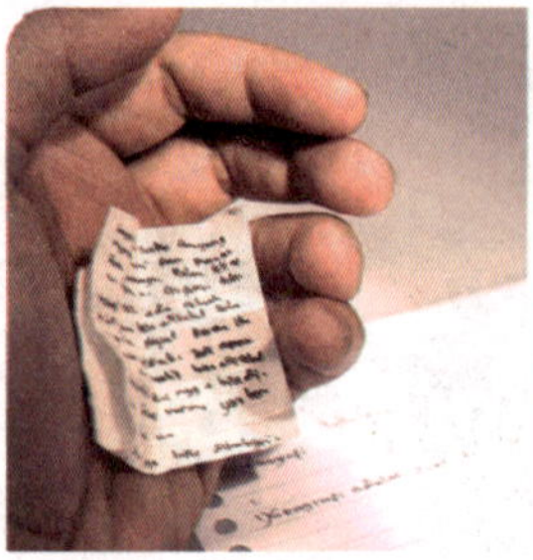

bì

弊

部首	廾	笔画	14	组词	作弊

造句 我们应诚信考试，不作弊。

笔顺 丶 丷 丬 㡀 㡀 㡀 㡀 㡀 敝 敝 敝 敝 弊 弊

biē

憋

部首	心	笔画	15	组词	憋气

造句 她能在水里憋气一分钟。

笔顺 丶 丷 丬 㡀 㡀 㡀 㡀 㡀 敝 敝 敝 敝 憋 憋 憋

huàng

晃

部首	日	笔画	10	组词	晃荡

造句 酒被晃荡得溢出来了。

笔顺 丨 冂 日 日 旦 早 早 昱 显 晃

dǒu

抖

部首	扌	笔画	7	组词	发抖

造句 他被冻得瑟瑟发抖。

笔顺 一 十 扌 扌 扌 抖 抖

huǎng

恍

部首	忄	笔画	9	组词	恍惚

造句 我恍惚听见妈妈回来了。

笔顺 丶 丷 忄 忄 忄 忄 忄 恍 恍

gěi

给

部首	纟	笔画	9	组词	给以

造句 我们应对优等生给以奖励。

笔顺 ㄥ 纟 纟 纟 纟 纶 给 给 给

xùn

讯

部首	讠	笔画	5	组词	通讯

造句 通讯卫星的应用非常广泛。

笔顺 ˋ 讠 讥 讯 讯

xùn

迅

部首	辶	笔画	6	组词	迅捷

造句 老鹰在捕食时行动迅捷。

笔顺 ⺄ 乁 卂 卂 讯 迅

xùn

逊

部首	辶	笔画	9	组词	逊色

造句 亚马逊河是世界第二长河。

笔顺 ㇇ 了 子 孑 孙 孙 孙 逊 逊

xūn

勋

部首	力	笔画	9	组词	勋章

造句 爷爷的勋章一直保存完好。

笔顺 丨 冂 口 口 吊 员 员 勋 勋

xún

询

部首	讠	笔画	8	组词	询查

造句 老师在图书馆询查资料。

笔顺 ˋ 讠 讠 讠 讠 询 询 询

xún

循

部首	彳	笔画	12	组词	循环

造句 这些纸杯可以循环利用。

笔顺 ノ 彡 彳 彳 彳 彳 彳 彳 循 循 循 循

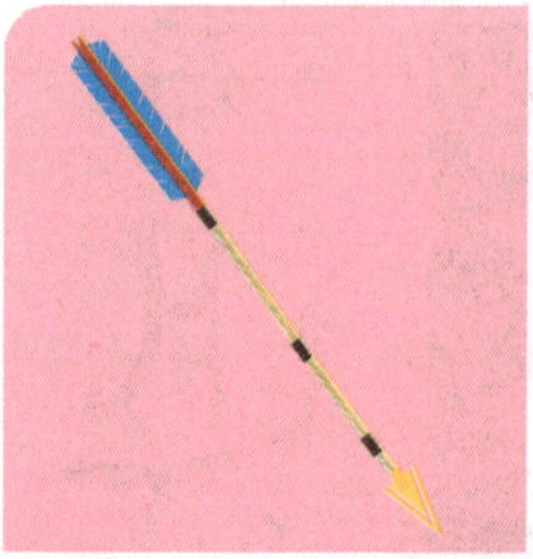

jiān

尖

部首 小 笔画 6 组词 尖利

造句 那支箭很尖利，不能当玩具。

笔顺 丨 丨丨 小 尐 尖 尖

ruì

锐

部首 钅 笔画 12 组词 锐利

造句 锐利的匕首不可带上车。

笔顺 丿 𠂉 𠂉 乍 钅 钅 钅' 钅'' 铲 铲 铲 锐

fēng

锋

部首 钅 笔画 12 组词 刀锋

造句 别用刀锋对着人，很危险。

笔顺 丿 𠂉 𠂉 乍 钅 钅 钅 铃 铃 铃 铃 锋

lì

利

部首 刂 笔画 7 组词 利刃

造句 他手持利刃，劈开了西瓜。

笔顺 ㇒ 二 千 千 禾 禾 利

qí

骑

部首 马 笔画 11 组词 骑行

造句 骑行是一种健康的运动方式。

笔顺 ㇇ 马 马 马 马 马 马 骑 骑 骑 骑

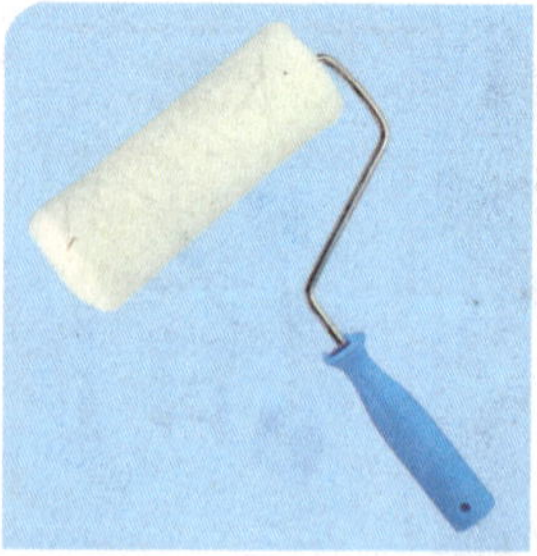

gǔn

滚

部首 氵 笔画 13 组词 滚动

造句 他拿着刷子在墙上滚动。

笔顺 丶 丶 氵 氵 氵 氵 氵 浐 浐 浐 滚 滚 滚

huān

欢

部首 欠 笔画 6 组词 欢快

造句 小宝宝笑得很欢快。

笔顺 ㇇ 又 又' 欢 欢 欢

qìng

庆

部首 广 笔画 6 组词 庆祝

造句 人们一起庆祝圣诞节。

笔顺 丶 亠 广 广 庆 庆

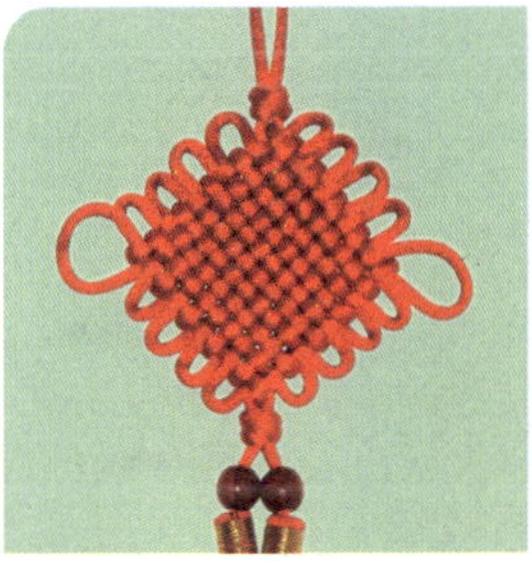

jié

结

部首 纟 笔画 9 组词 中国结

造句 中国结是我国民间工艺品。

笔顺 ㄥ 纟 纟 纟 纡 纡 结 结 结

jié

节

部首 艹 笔画 5 组词 节日

造句 到处洋溢着节日的气氛。

笔顺 一 十 艹 节 节

shēng

声

部首 士 笔画 7 组词 歌声

造句 喇叭里传出了美妙的歌声。

笔顺 一 十 士 韦 吉 吉 声

xiǎng

响

部首 口 笔画 9 组词 音响

造句 她开着音响在房间跳舞。

笔顺 丨 ㄇ 口 口' 叮 响 响 响 响

tián

填

部首 土 笔画 13 组词 填坑

造句 地上的坑都被填平了。

笔顺 一 十 土 圹 圹 圹 坊 坊 埴 埴 填 填 填

tiān

添

部首 氵 笔画 11 组词 添加

造句 妈妈在碗里添加了香油。

笔顺 丶 冫 氵 汀 汗 沃 沃 添 添 添 添

qí

齐

部首 齐 笔画 6 组词 整齐

造句 铅笔在桌上整齐地排列着。

笔顺 丶 亠 ナ 文 齐 齐

quán

全

部首 人 笔画 6 组词 全家福

造句 我们一家人拍了一套全家福。

笔顺 丿 人 亼 亼 仝 全

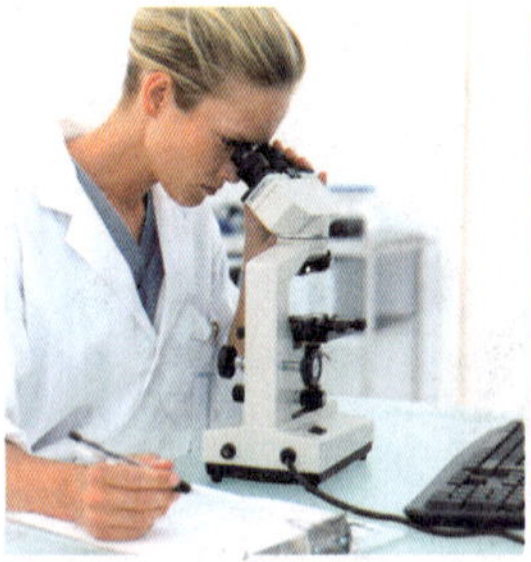

guān

观

部首 见 笔画 6 组词 观察

造句 她透过显微镜观察微生物。

笔顺 フ 又 刈 邓 观 观

huì

会

部首 人 笔画 6 组词 会议

造句 他们正在开讨论会议。

笔顺 丿 人 亼 亼 会 会

shǎng

赏

部首 贝　笔画 12　组词 欣赏

造句 简正陪奶奶欣赏风景。

笔顺 丨 ⺌ ⺍ ⺍ 𭕄 𭕄 𫩠 𫩠 𫩠 常 常 赏

ān

安

部首 宀　笔画 6　组词 安慰

造句 老师正在安慰玛利亚。

笔顺 丶 丶 宀 㝉 安 安

qù

趣

部首 走　笔画 15　组词 有趣

造句 妹妹觉得动画片很有趣。

笔顺 一 十 土 丰 𡈼 𧺆 走 走 赱 赶 赳 趄 趄 趣 趣

fēng

丰

部首 丨　笔画 4　组词 丰收

造句 今年，家里的玉米大丰收了。

笔顺 一 二 三 丰

làn

烂

部首 火　笔画 9　组词 腐烂

造句 香蕉的表皮已经腐烂了。

笔顺 丶 丷 少 火 炏 炏 烂 烂 烂

pò

破

部首 石　笔画 10　组词 破洞

造句 她穿着破洞牛仔裤，很时尚。

笔顺 一 ㄱ 𠂆 石 石 矿 矿 矿 破 破

gǔ

古

部首：十　笔画：5　组词：古镇

造句：古镇里的游客络绎不绝。

笔顺：一 十 十 古 古

jīn

今

部首：人　笔画：4　组词：如今

造句：如今街上到处是高楼大厦。

笔顺：丿 人 亼 今

jí

吉

部首：口　笔画：6　组词：吉祥

造句：寺庙门口摆着一只吉祥物。

笔顺：一 十 士 吉 吉 吉

xiōng

凶

部首：凵　笔画：4　组词：凶残

造句：狼本性凶残。

笔顺：丿 㐅 凶 凶

mǎi

买

部首：乛　笔画：6　组词：购买

造句：她在商场购买了很多衣服。

笔顺：乛 乛 乛 乛 买 买

mài

卖

部首：十　笔画：8　组词：卖家

造句：前面有一个卖水果的超市。

笔顺：一 十 十 十 十 卖 卖 卖

qí

奇

部首	大	笔画	8	组词	奇迹

造句 长城是历史上的伟大奇迹。

笔顺 一 ナ 大 太 夲 夲 츠 奇

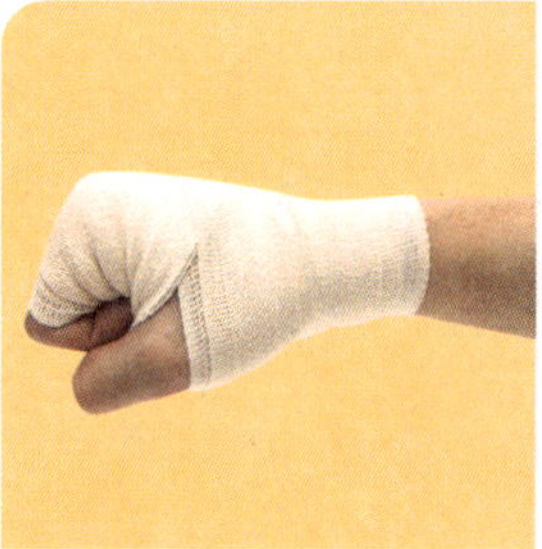

bēng

绷

部首	纟	笔画	11	组词	绷带

造句 他的手受伤了，缠着绷带。

笔顺 ㇜ 纟 纟 纟 纠 纠 纲 绷 绷 绷 绷

féng

逢

部首	辶	笔画	10	组词	重逢

造句 老友重逢，她们相拥在一起。

笔顺 ノ ク 夂 夅 夆 夆 夆 逢 逢 逢

yù

遇

部首	辶	笔画	12	组词	相遇

造句 他们相遇在扶梯上。

笔顺 丨 冂 日 日 旦 禺 禺 禺 禺 遇 遇 遇

chāo

超

部首	走	笔画	12	组词	超越

造句 她超越所有选手，赢了比赛。

笔顺 一 十 土 丰 丰 丰 走 起 起 超 超 超

yuè

越

部首	走	笔画	12	组词	越野

造句 他新买了一辆越野车。

笔顺 一 十 土 丰 丰 丰 走 走 赴 越 越 越

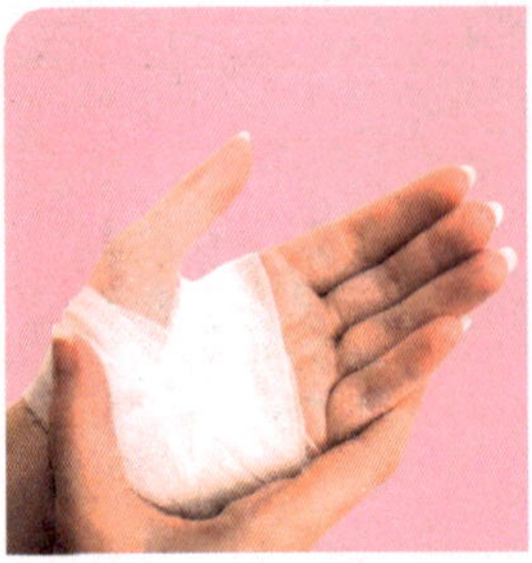

shāng

伤

部首 亻 笔画 6 组词 受伤

造句 她的手在打球时受伤了。

笔顺 丿 亻 亻' 亻𠂉 伤 伤

hài

害

部首 宀 笔画 10 组词 害虫

造句 蝗虫是农业害虫。

笔顺 丶 丶' 宀 宀 宔 宔 宔 宔 害 害

bǎo

保

部首 亻 笔画 9 组词 保镖

造句 保镖的身材一般都很高大。

笔顺 丿 亻 亻 亻口 伻 伻 保 保 保

hù

护

部首 扌 笔画 7 组词 护士

造句 护士姐姐的笑容很温暖。

笔顺 一 𠄌 扌 扌 扌 护 护

bīng

冰

部首 冫 笔画 6 组词 冰块

造句 她喜欢往柠檬水里加冰块。

笔顺 丶 冫 冫 冫 冰 冰

dòng

冻

部首 冫 笔画 7 组词 果冻

造句 我喜欢吃酸奶果冻。

笔顺 丶 冫 冫 冫 冻 冻 冻

hù
互

部首 一 笔画 4 组词 相互

造句 他们相互鼓励，共同进步。

笔顺 一 丅 丂 互

lìng
令

部首 人 笔画 5 组词 命令

造句 她常用命令的口气跟人讲话。

笔顺 丿 人 亽 今 令

bēng
崩

部首 山 笔画 11 组词 雪崩

造句 雪崩是一种自然现象。

笔顺 丨 山 山 屵 屵 屵 屵 屵 崩 崩 崩

tā
塌

部首 土 笔画 13 组词 倒塌

造句 地震使这里的房屋倒塌了。

笔顺 一 十 土 圵 圵 圵 坦 埍 埍 埍 塌 塌 塌

huàn
换

部首 扌 笔画 10 组词 换岗

造句 军人们在进行换岗仪式。

笔顺 一 十 扌 扌 扌 扌 扚 抝 换 换

yí
移

部首 禾 笔画 11 组词 移动

造句 他随身携带着移动电源。

笔顺 丿 二 千 禾 禾 禾 秒 秒 移 移 移

jīng

经

部首 纟 笔画 8 组词 经书

造句 他七岁就开始读经书。

笔顺 𠃋 乡 纟 纟 纟 纟 纟 经

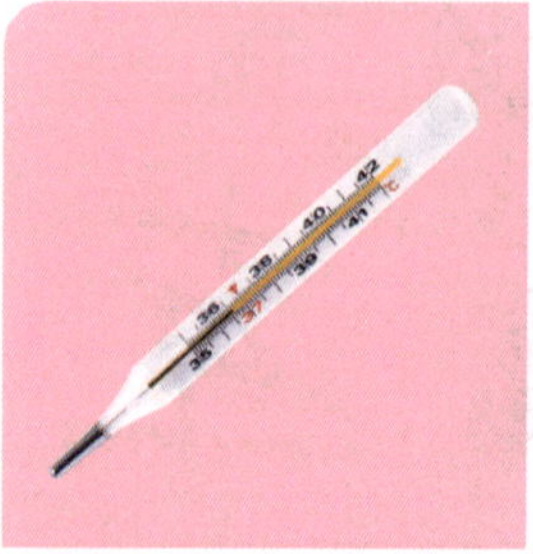

cháng

常

部首 巾 笔画 11 组词 正常

造句 正常人腋下温度为36~37℃。

笔顺 丨 ⺌ ⺌ 䒑 ⺍ 告 尚 尚 尚 常 常

bāo

包

部首 勹 笔画 5 组词 书包

造句 她的包里装了纸巾。

笔顺 丿 勹 匀 句 包

xiāng

箱

部首 竹 笔画 15 组词 纸箱

造句 我快速地拆开了纸箱。

笔顺 丿 𠂉 ⺮ ⺮ ⺮ ⺮ ⺮ 笁 笁 笁 笁 箱 箱 箱 箱

hé

盒

部首 皿 笔画 11 组词 盒子

造句 她用漂亮的盒子包装礼物。

笔顺 丿 人 人 今 合 合 合 合 盒 盒 盒

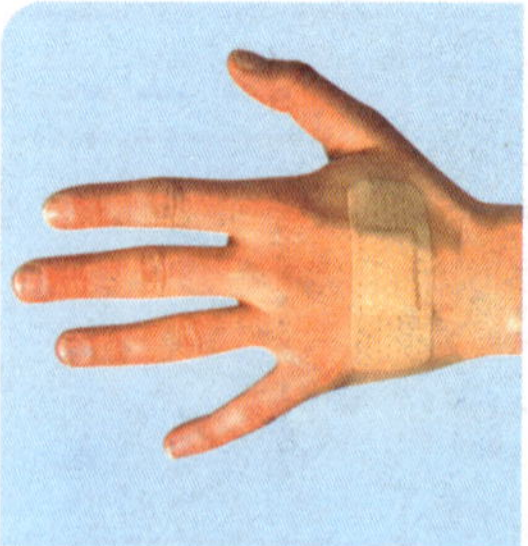

chuāng

创

部首 刂 笔画 6 组词 创伤

造句 他手上的创伤快痊愈了。

笔顺 丿 人 今 仓 仓 创

kǎo
考

部首	耂	笔画	6	组词	考试

造句 还有十分钟就要考试了。

笔顺 一 十 土 耂 耂 考

shì
试

部首	讠	笔画	8	组词	试验

造句 他正在进行一场化学试验。

笔顺 丶 讠 讠 讠 讠 讠 试 试

xì
戏

部首	戈	笔画	6	组词	戏曲

造句 今晚的戏曲表演非常精彩。

笔顺 ㇇ 又 又 戏 戏 戏

wěn
稳

部首	禾	笔画	14	组词	稳当

造句 这把椅子看起来很稳当。

笔顺 丿 二 千 千 禾 禾 禾 稳 稳 稳 稳 稳 稳 稳

shuǎ
耍

部首	而	笔画	9	组词	杂耍

造句 广场上有人表演杂耍。

笔顺 一 丆 丆 而 而 而 耍 耍 耍

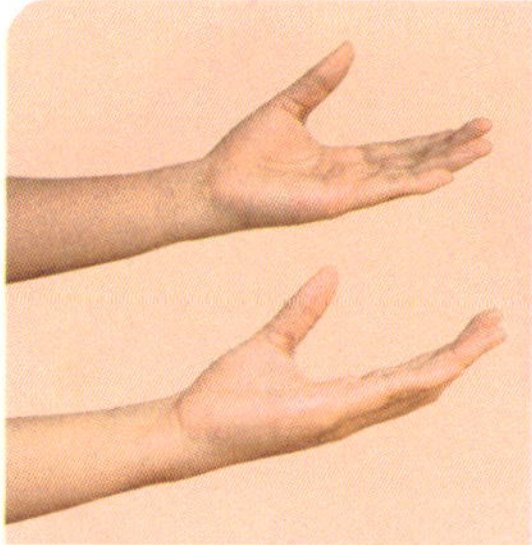

yào
要

部首	覀	笔画	9	组词	要素

造句 他们都想要这本书。

笔顺 一 丅 丙 丙 襾 西 要 要 要

xī

晰

部首 日 笔画 12 组词 清晰

造句 换副眼镜看东西清晰多了。

笔顺 丨 冂 月 日 旷 时 时 时 晰 晰 晰 晰

līn

拎

部首 扌 笔画 8 组词 拎包

造句 她一个人拎着六个手提袋。

笔顺 一 十 扌 扌 扒 扲 拎 拎

hú

糊

部首 米 笔画 15 组词 稀糊

造句 妈妈用青菜熬了一碗稀糊。

笔顺 丶 丷 业 半 米 米 米 籵 籵 粘 粘 粘 糊 糊 糊

tòu

透

部首 辶 笔画 10 组词 透明

造句 我喜欢用透明玻璃杯喝茶。

笔顺 ㇒ 二 千 千 禾 秀 秀 诱 诱 透

shú

熟

部首 灬 笔画 15 组词 熟食

造句 这个苹果已经熟透了。

笔顺 丶 亠 亠 亡 亨 亨 享 享 孰 孰 孰 孰 熟 熟 熟

niàng

酿

部首 酉 笔画 14 组词 酿蜜

造句 蜜蜂正在酿蜜。

笔顺 一 厂 万 丙 两 西 酉 酉 酊 酊 酊 酿 酿 酿

huái

怀

部首 忄 笔画 7 组词 怀抱

造句 他把球揽进自己的怀抱里。

笔顺 丶 丷 忄 忆 忇 怀 怀

yí

疑

部首 疋 笔画 14 组词 疑问

造句 这个疑问让他思考了很久。

笔顺 丿 匕 𠤎 𠤎 𠤎 𠤎 矣 矣 𠤕 𠤕 𠤕 𠤕 𠤕 疑

jǔ

沮

部首 氵 笔画 8 组词 沮丧

造句 她被淘汰了，所以心情沮丧。

笔顺 丶 丶 氵 氵 汩 汩 沮 沮

sàng

丧

部首 十 笔画 8 组词 丧气

造句 他因为业绩不佳而垂头丧气。

笔顺 一 十 十 十 丗 丧 丧 丧

huò

祸

部首 礻 笔画 11 组词 车祸

造句 前面发生了车祸，堵车了。

笔顺 丶 ㇇ 礻 礻 礻 祸 祸 祸 祸 祸 祸

luàn

乱

部首 乚 笔画 7 组词 乱糟糟

造句 她的房间总是乱糟糟。

笔顺 丿 二 千 千 舌 舌 乱

piān

偏

部首 亻 笔画 11 组词 偏僻

造句 她老家在一个偏僻的山村。

笔顺 丿 亻 亻 亻 亻 伊 伊 偏 偏 偏 偏

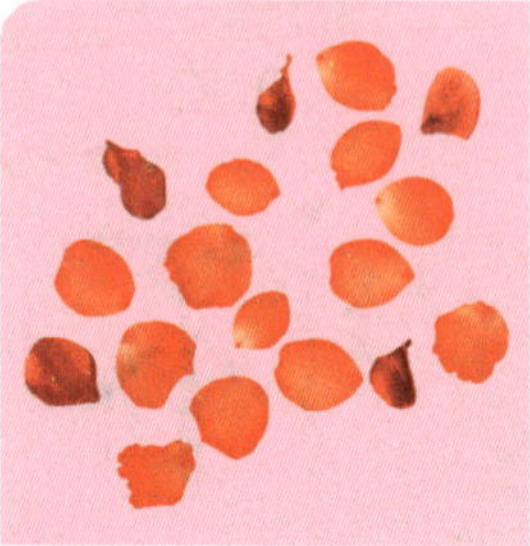

sàn

散

部首 攵 笔画 12 组词 散落

造句 花瓣散落了一地。

笔顺 一 十 廾 卄 龷 昔 昔 昔 背 背 散 散

zǒng

总

部首 心 笔画 9 组词 总部

造句 这是中央电视台的总部大楼。

笔顺 丶 丷 丷 丷 兑 兑 总 总 总

hé

和

部首 禾 笔画 8 组词 和睦

造句 她们姐妹俩一直和睦相处。

笔顺 丿 二 千 禾 禾 禾 和 和

jù

拒

部首 扌 笔画 7 组词 拒绝

造句 我们要拒绝不义之财。

笔顺 一 十 扌 扌 扌 扌 拒

ǒu

呕

部首 口 笔画 7 组词 呕吐

造句 她刚吃完饭就呕吐了。

笔顺 丨 冂 口 口 叮 叹 呕

幼小衔接学前常用字

幼儿学前

识字大王2280字

廉东星 编著

拓展篇

成都地图出版社

目录

yǐn

饮

部首	饣	笔画	7	组词	饮料

造句 桌上放着两杯饮料。

笔顺 丿 ⺈ 饣 饣 饣 饣 饮

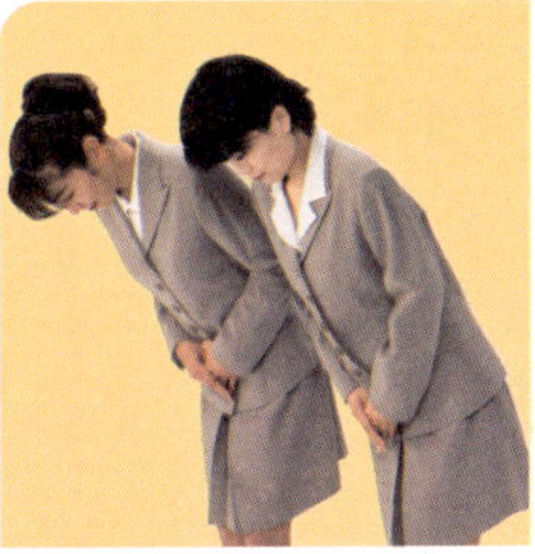

yíng

迎

部首	辶	笔画	7	组词	迎接

造句 她们站在门口迎接客人。

笔顺 丿 𠂉 卬 卬 卬 迎 迎

xiù

秀

部首	禾	笔画	7	组词	走秀

造句 模特儿正在T台上走秀。

笔顺 ㇒ 二 千 禾 禾 秀 秀

cái

才

部首	一	笔画	3	组词	才艺

造句 她是一个有才艺的女孩。

笔顺 一 十 才

yā

压

部首	厂	笔画	6	组词	压力

造句 工作使他的压力极大。

笔顺 一 厂 𠂆 圧 压 压

néng

能

部首	月	笔画	10	组词	能源

造句 我家用的是太阳能热水器。

笔顺 ㄥ ム 㕕 育 育 育 能 能 能 能

cùn

寸

部首 寸 笔画 3 组词 尺寸

造句 这个蛋糕是8寸的。

笔顺 一 十 寸

zhàng

丈

部首 一 笔画 3 组词 丈量

造句 这是个万丈深渊。

笔顺 一 ナ 丈

jīn

斤

部首 斤 笔画 4 组词 一斤

造句 称上有一斤盐块儿。

笔顺 ′ 厂 斤 斤

liǎng

两

部首 一 笔画 7 组词 两面

造句 医生称了几两枸杞给她。

笔顺 一 丆 丙 丙 丙 两 两

kè

克

部首 十 笔画 7 组词 克拉

造句 她有一颗5克拉的红宝石。

笔顺 一 十 十 古 古 声 克

dūn

吨

部首 口 笔画 7 组词 吨位

造句 这头大象约5吨重。

笔顺 丨 ㄇ 口 口一 口匚 口屯 吨

xiē

些

部首 止 笔画 8 组词 一些

造句 桌上有一些盐。

笔顺 丨 ⺊ 𠃊 止 此 此 些 些

quàn

劝

部首 又 笔画 4 组词 劝慰

造句 她在劝慰她的朋友。

笔顺 ㇇ 又 对 劝

gào

告

部首 口 笔画 7 组词 告诉

造句 她悄悄地告诉她一个秘密。

笔顺 ノ ⺈ 牛 生 牛 告 告

xùn

训

部首 讠 笔画 5 组词 训斥

造句 她正在训斥她的丈夫。

笔顺 丶 讠 训 训 训

tán

谈

部首 讠 笔画 10 组词 谈话

造句 他们的谈话愉快地结束了。

笔顺 丶 讠 讠 讠 讠 讠 谈 谈 谈 谈

yì

议

部首 讠 笔画 5 组词 会议

造句 他们正在会议室开会。

笔顺 丶 讠 讠 议 议

tàn

叹

部首 口 笔画 5 组词 叹息

造句 他在不停地叹息。

笔顺 丨 ㄇ 口 叼 叹

tǎo

讨

部首 讠 笔画 5 组词 讨论

造句 他们正在讨论工作。

笔顺 ` 讠 讠 计 讨

yàn

厌

部首 厂 笔画 6 组词 讨厌

造句 这个小女孩十分厌食。

笔顺 一 厂 𠂇 厈 厌 厌

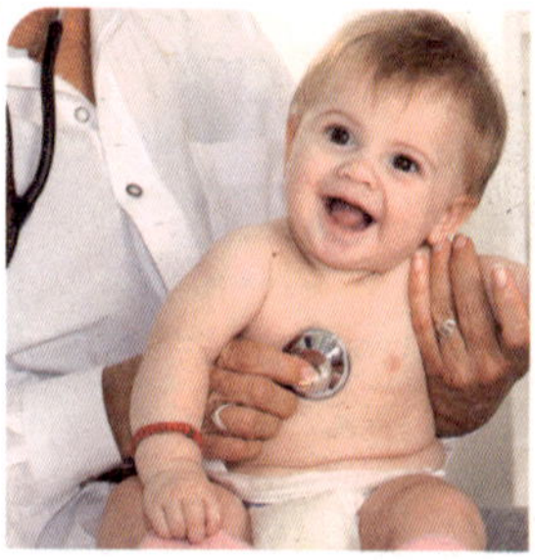

rén

仁

部首 亻 笔画 4 组词 仁慈

造句 这位医生十分仁慈。

笔顺 丿 亻 仁 仁

rèn

韧

部首 韦 笔画 7 组词 韧性

造句 她的柔韧性非常好。

笔顺 一 二 三 韦 韧 韧 韧

fá

罚

部首 罒 笔画 9 组词 罚款

造句 越过这条线会被罚款。

笔顺 丶 冖 罒 罒 罒 罒 罚 罚 罚

fá

筏

部首	竹	笔画	12	组词	竹筏

造句 河边有一条羊皮筏子。

笔顺 丿 𠂉 ⺮ ⺮ ⺮ ⺮ 笁 笩 笩 筏 筏 筏

fá

阀

部首	门	笔画	9	组词	阀门

造句 这儿有一个阀门。

笔顺 丶 丨 门 门 门 闩 阀 阀 阀

qiǎn

遣

部首	辶	笔画	13	组词	派遣

造句 他被派遣去外地工作。

笔顺 丶 口 口 中 虫 串 串 串 胄 胄 遣 遣 遣

qiān

谦

部首	讠	笔画	12	组词	谦逊

造句 她是个非常谦逊的人。

笔顺 丶 讠 讠 讠 讠 讠 讠 讠 谦 谦 谦 谦

xū

虚

部首	虍	笔画	11	组词	虚弱

造句 她生病了，现在很虚弱。

笔顺 丨 ⺊ 𠂆 广 卢 虍 虍 虚 虚 虚 虚

jiāo

骄

部首	马	笔画	9	组词	骄傲

造句 她是个骄傲的人。

笔顺 ㇆ 马 马 马 驴 驴 骄 骄 骄

ào

傲

部首 亻 笔画 12 组词 傲慢

造句 她是一个傲慢的人。

笔顺 丿 亻 亻 仁 仹 仹 侍 侍 俦 傲 傲 傲

lù

录

部首 彐 笔画 8 组词 录制

造句 录音笔可以录制声音。

笔顺 乛 ヨ 彐 寻 寻 寻 录 录

jūn

均

部首 土 笔画 7 组词 均匀

造句 天平上放着均匀的硬币。

笔顺 一 十 土 圴 均 均 均

jùn

俊

部首 亻 笔画 9 组词 俊俏

造句 这个男人长得十分俊俏。

笔顺 丿 亻 亻 伫 伫 伫 俊 俊 俊

qiào

俏

部首 亻 笔画 9 组词 俏皮

造句 这个小孩真俏皮。

笔顺 丿 亻 亻 亻 亻 俏 俏 俏 俏

jùn

峻

部首 山 笔画 10 组词 险峻

造句 华山十分的险峻。

笔顺 丨 山 山 山 山 山 峻 峻 峻 峻

qiào

峭

部首 山 笔画 10 组词 陡峭

造句 这儿有一块陡峭的岩石。

笔顺 丨 山 山 山' 山'' 山'' 峭 峭 峭 峭

lù

露

部首 雨 笔画 21 组词 露出

造句 海豚的嘴巴露出了水面。

笔顺 一 ㇀ 一 一 币 币 雨 雨 雨 雨 雨 雨 雫 雫 雫 雬 雬 露 露 露 露

lòu

漏

部首 氵 笔画 14 组词 漏斗

造句 桌子上摆了一个漏斗。

笔顺 丶 丶 氵 氵 氵 沪 沪 沪 涡 涡 涡 漏 漏 漏

lòu

陋

部首 阝 笔画 8 组词 简陋

造句 海边有一座简陋的房子。

笔顺 ㇇ 阝 阝 阝 阝 陌 陋 陋

gōu

佝

部首 亻 笔画 7 组词 佝偻

造句 他辛苦劳作导致背部佝偻。

笔顺 ノ 亻 亻 亻 佝 佝 佝

lóu

偻

部首 亻 笔画 11 组词 佝偻

造句 年纪大了，他的背佝偻了。

笔顺 ノ 亻 亻 亻 亻 伴 伴 偻 偻 偻 偻

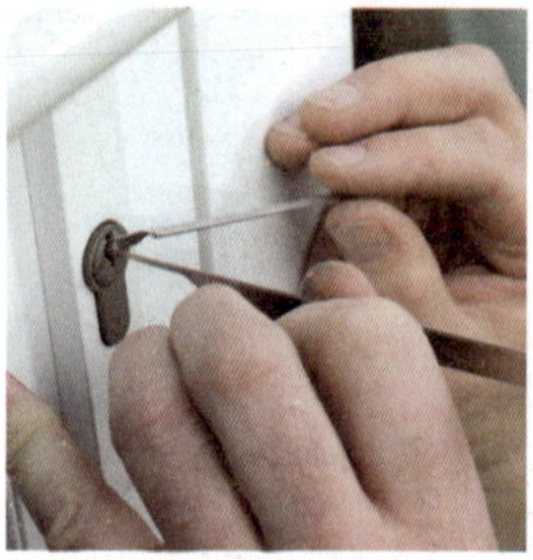

qiào

撬

部首	扌	笔画	15	组词	撬锁

造句 他正在撬锁。

笔顺 一 十 扌 扌 扌 扌 扌 扌 扌 扌 撬 撬 撬 撬 撬

xū

需

部首	雨	笔画	14	组词	需要

造句 小孩儿需要大人的呵护。

笔顺 一 厂 厂 币 币 雨 雨 雨 雨 需 需 需 需 需

xù

旭

部首	日	笔画	6	组词	旭日

造句 我们约好了去看旭日东升。

笔顺 丿 九 九 旭 旭 旭

xù

恤

部首	忄	笔画	9	组词	T恤

造句 他很喜欢这件灰色T恤。

笔顺 丶 丶 忄 忄 忄 忄 恤 恤 恤

xù

蓄

部首	艹	笔画	13	组词	蓄水

造句 这个石磨可以蓄水。

笔顺 一 十 廾 艹 芏 芏 苎 苎 苎 蓄 蓄 蓄 蓄

xū

须

部首	页	笔画	9	组词	胡须

造句 这只老虎的胡须很长。

笔顺 丿 彡 彡 彡 彡 纡 须 须 须

chǔ

储

部首	亻	笔画	12	组词	储存

造句 这个仓库储存着大量货物。

笔顺 丿 亻 亻 仛 仛 仛 仕 他 佬 储 储 储

jū

驹

部首	马	笔画	8	组词	驹子

造句 这是一匹千里驹。

笔顺 ㇆ 马 马 马 驹 驹 驹 驹

gòng

贡

部首	工	笔画	7	组词	贡品

造句 桌子上摆了一些贡品。

笔顺 一 丅 工 工 于 贡 贡

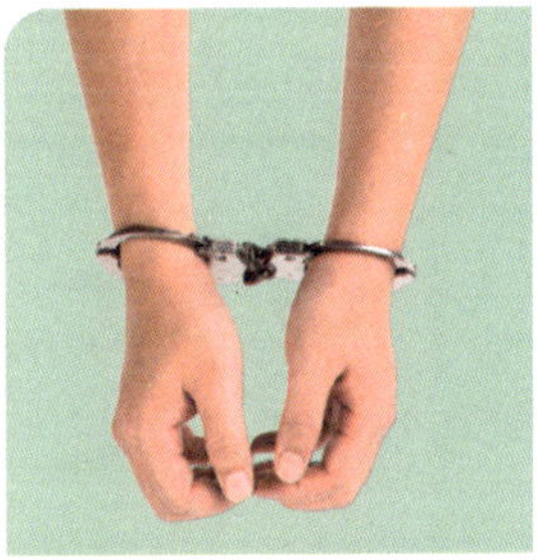

dài

逮

部首	辶	笔画	11	组词	逮捕

造句 他被警方逮捕入狱了。

笔顺 ㇇ ⺕ ⺕ 肀 肀 肀 隶 隶 隶 逮 逮

wèi

猬

部首	犭	笔画	12	组词	刺猬

造句 刺猬用身上的刺保护自己。

笔顺 丿 犭 犭 犭 狎 狎 猬 猬 猬 猬 猬 猬

lǘ

驴

部首	马	笔画	7	组词	毛驴

造句 这儿有一头毛驴。

笔顺 ㇆ 马 马 马 驴 驴 驴

zhèn

镇

部首	钅	笔画	15	组词	小镇

造句　这座小镇的景色很优美。

笔顺　丿 𠂉 𠂉 𠂉 钅 钅 钅 钅 钅 钅 钅 钅 镇 镇 镇

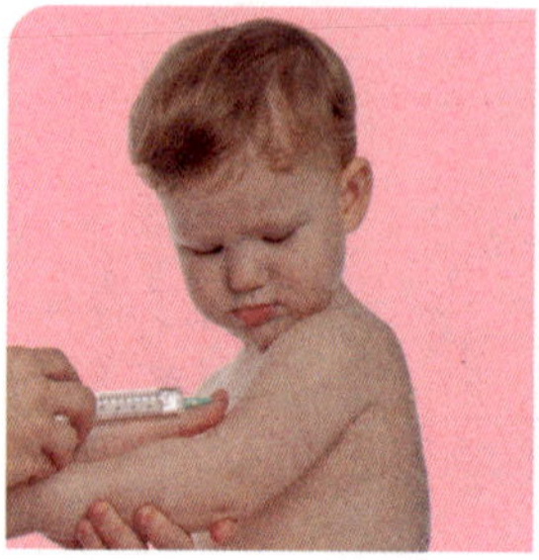

yù

预

部首	页	笔画	10	组词	预防

造句　小孩正在打预防针。

笔顺　𠃌 マ 𠄐 予 予 予 予 预 预 预

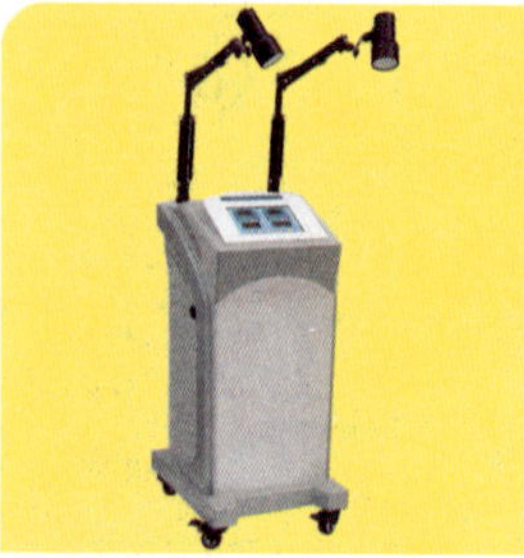

shè

设

部首	讠	笔画	6	组词	设备

造句　这儿有一台医疗设备。

笔顺　丶 讠 讠 讠 设 设

zhì

置

部首	罒	笔画	13	组词	放置

造句　桌上放置了许多物品。

笔顺　丨 冂 冂 罒 罒 罒 罒 罒 罟 罟 罟 罟 置

yù

寓

部首	宀	笔画	12	组词	公寓

造句　她租了一间单身公寓。

笔顺　丶 丶 宀 宀 宀 宀 宀 宀 寓 寓 寓 寓

fèng

凤

部首	几	笔画	4	组词	凤凰

造句　凤凰象征着吉祥。

笔顺　丿 几 凤 凤

dùn

钝

部首 钅 笔画 9 组词 迟钝

造句 时间久了，这支戟已经钝了。

笔顺 丿 𠂉 𠂉 ⺧ 钅 钅 钅 钅 钝

qiāo

锹

部首 钅 笔画 14 组词 铁锹

造句 这把铁锹是新的。

笔顺 丿 𠂉 𠂉 ⺧ 钅 钅 钅 钅 钅 钅 钅 钅 锹 锹

chǎn

铲

部首 钅 笔画 11 组词 锅铲

造句 炒菜需要用到锅铲。

笔顺 丿 𠂉 𠂉 ⺧ 钅 钅 钅 钅 钅 铲 铲

qián

钳

部首 钅 笔画 10 组词 钳子

造句 电工经常会用到钳子。

笔顺 丿 𠂉 𠂉 ⺧ 钅 钅 钅 钳 钳 钳

lián

镰

部首 钅 笔画 18 组词 镰刀

造句 农民用镰刀收割麦子。

笔顺 丿 𠂉 𠂉 ⺧ 钅 钅 钅 钅 钅 钅 钅 钅 钅 钅 镰 镰 镰 镰

xiāo

销

部首 钅 笔画 12 组词 销子

造句 这里有一些销子。

笔顺 丿 𠂉 𠂉 ⺧ 钅 钅 钅 钅 钅 销 销 销

jué

诀

部首 讠 笔画 6 组词 口诀

造句 我们都要背熟乘法口诀。

笔顺 丶 讠 讠 讠 讵 诀

jué

抉

部首 扌 笔画 7 组词 抉择

造句 他坚信自己的抉择是对的。

笔顺 一 十 扌 扌 扌 扌 抉

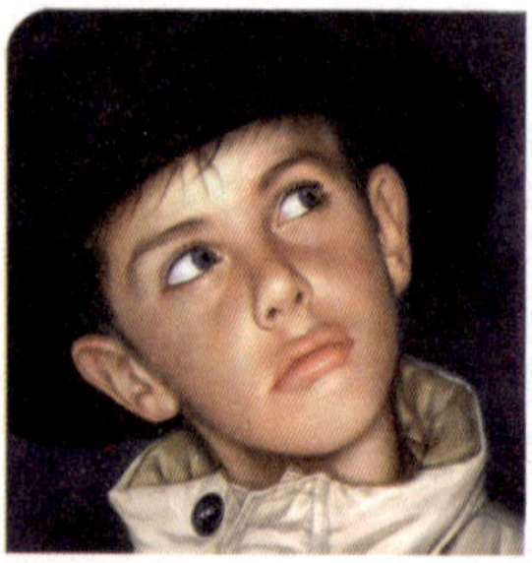

jué

倔

部首 亻 笔画 10 组词 倔强

造句 他是个倔强的男孩。

笔顺 丿 亻 亻 亻 伊 伊 伊 倔 倔 倔

jué

掘

部首 扌 笔画 11 组词 挖掘

造句 工地经常会用到挖掘机。

笔顺 一 十 扌 扌 扌 护 护 护 掘 掘 掘

jué

崛

部首 山 笔画 11 组词 崛起

造句 这儿有一座崛起的山峰。

笔顺 丨 山 山 山 山 山 岂 岂 崛 崛 崛

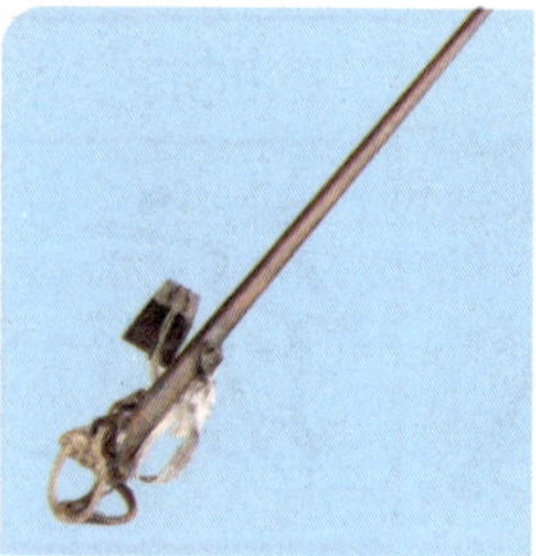

héng

衡

部首 彳 笔画 16 组词 衡量

造句 杆秤可以衡量物体重量。

笔顺 丿 彳 彳 彳 彳 彳 彳 彳 彳 彳 彳 彳 彳 彳 彳 衡

jué

绝

部首 纟 笔画 9 组词 绝妙

造句 她拉小提琴的声音真绝妙。

笔顺 ㇐ 纟 纟 纟 约 约 绝 绝 绝

pǐn

品

部首 口 笔画 9 组词 礼品

造句 这是她生日收到的礼品。

笔顺 丨 冂 口 口 吕 吕 吕 品 品

zhòng

众

部首 人 笔画 6 组词 众多

造句 众多的人聚集在一起。

笔顺 丿 人 个 仌 众 众

sēn

森

部首 木 笔画 12 组词 森林

造句 这儿有一片茂密的森林。

笔顺 一 十 才 木 木 夲 本 木 杰 森 森 森

lì

莉

部首 艹 笔画 10 组词 茉莉

造句 白色的茉莉花开放了。

笔顺 一 十 艹 艹 芋 芋 芋 莉 莉 莉

lí

黎

部首 氺 笔画 15 组词 黎明

造句 海边的黎明时分很美丽。

笔顺 ㇒ 二 千 禾 禾 利 利 利 黎 黎 黎 黎 黎 黎 黎

zhāng

蟑

部首	虫	笔画	17	组词	蟑螂

造句 很多人都害怕蟑螂。

笔顺 丶 ㄇ 口 中 虫 虫 虫` 虫亠 虫立 蚟 蛀 蛀 蟑 蟑 蟑 蟑 蟑

hè

鹤

部首	鸟	笔画	15	组词	白鹤

造句 两只白鹤正在觅食。

笔顺 ' 冖 ⺈ 隺 隺 隺 隺 隺 隺 隺 隺′ 隺' 鹤 鹤 鹤

juān

鹃

部首	鸟	笔画	12	组词	杜鹃

造句 我看见了一只杜鹃鸟。

笔顺 丶 ㄇ 口 尸 目 目 肙 肙′ 肙' 肙' 鹃 鹃

què

鹊

部首	鸟	笔画	13	组词	喜鹊

造句 喜鹊象征好事即将发生。

笔顺 一 十 卄 廾 昔 昔 昔 昔 昔′ 昔' 昔' 鹊 鹊

kuàng

况

部首	冫	笔画	7	组词	状况

造句 她的身体状况好了很多。

笔顺 丶 冫 冫' 冖 冖 沪 况

kuàng

旷

部首	日	笔画	7	组词	空旷

造句 这里有一片空旷的草地。

笔顺 丨 冂 日 日 日` 日亠 旷

zhuó

啄

部首 口 笔画 11 组词 啄食

造句 啄木鸟在啄木头。

笔顺 丨 ㄇ 口 口一 口丆 口丂 口丂 呀 呀 啄 啄

wū

乌

部首 丿 笔画 4 组词 乌龟

造句 乌龟有坚硬的外壳。

笔顺 ノ 勹 乌 乌

jiù

鹫

部首 鸟 笔画 17 组词 兀鹫

造句 树枝上有一只兀鹫。

笔顺 丶 亠 亠 亠 吉 亨 亨 京 京 京ノ 就 就 就 就 鹫 鹫 鹫

yīng

莺

部首 艹 笔画 10 组词 夜莺

造句 两只夜莺在树上唱歌。

笔顺 一 十 艹 艹 苎 苎 莺 莺 莺 莺

yīng

鹦

部首 鸟 笔画 16 组词 鹦鹉

造句 这只黄色的鹦鹉很好看。

笔顺 丨 冂 贝 贝 贝 贝丨 贝贝 贝贝 婴 婴 婴 婴 婴 鹦 鹦 鹦

wǔ

鹉

部首 鸟 笔画 13 组词 鹦鹉

造句 鹦鹉会学人说话。

笔顺 一 二 千 千 正 正 武 武 武 武 武 鹉 鹉

dǐ

砥

部首	石	笔画	10	组词	砥砺
造句	砥石就是磨刀石。				
笔顺	一 丆 不 石 石 石' 矿 矿 砥 砥				

lì

砺

部首	石	笔画	10	组词	磨砺
造句	这把剑被磨砺得很锋利。				
笔顺	一 丆 不 石 石 石一 矿 矿 砺 砺				

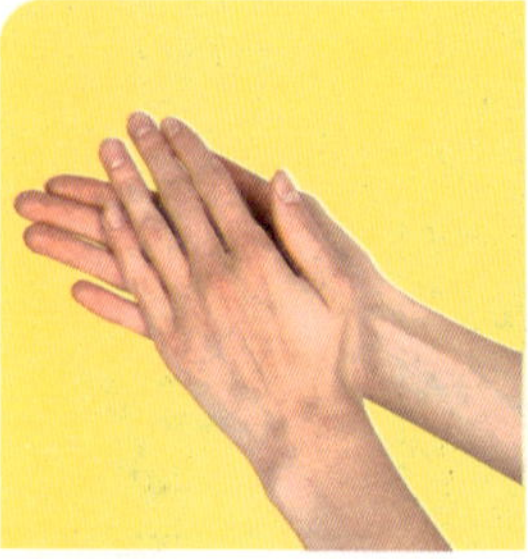

lì

励

部首	力	笔画	7	组词	鼓励
造句	她的掌声给了我鼓励。				
笔顺	一 厂 戶 厉 厉 厉 励				

péng

澎

部首	氵	笔画	15	组词	澎湃
造句	潮水澎湃起来，十分壮观。				
笔顺	丶 冫 氵 氵 汁 汁 注 洁 洁 洁 洁 渣 澎 澎 澎				

bài

拜

部首	丿	笔画	9	组词	拜佛
造句	他去寺庙烧香拜佛了。				
笔顺	丿 二 三 手 手 手 手 拜 拜				

kuáng

狂

部首	犭	笔画	7	组词	疯狂
造句	球迷们疯狂地尖叫着。				
笔顺	丿 犭 犭 犭 犭 狂 狂				

zào

躁

部首	𧾷	笔画	20	组词	烦躁

造句 繁重的工作使他很烦躁。

笔顺 丨 ㄇ 口 ㄗ ㄗ 𠯑 𧾷 𧾷' 𧾷'' 𧾷''' 𧾷'''' 跙 跙 跙 蹕 躁 躁 躁 躁 躁

jí

棘

部首	木	笔画	12	组词	荆棘

造句 走过荆棘就是坦途了。

笔顺 一 𠃍 冂 市 市 朿 朿 朿 朿 朿 朿 棘

cì

刺

部首	刂	笔画	8	组词	刺绣

造句 小心！这种植物带刺儿。

笔顺 一 𠃍 冂 市 市 朿 朿 刺

jí

籍

部首	竹	笔画	20	组词	书籍

造句 书籍能增长我们的知识。

笔顺 ノ 𠂉 𥫗 𥫗 竹 竹 竺 竺 竺 竿 笄 笄 笄 笄 籍 籍 籍 籍 籍 籍

jí

藉

部首	艹	笔画	17	组词	狼藉

造句 台风过后这里一片狼藉。

笔顺 一 十 艹 艹 艹 艹 芊 芊 芊 芊 芊 藉 藉 藉 藉 藉 藉

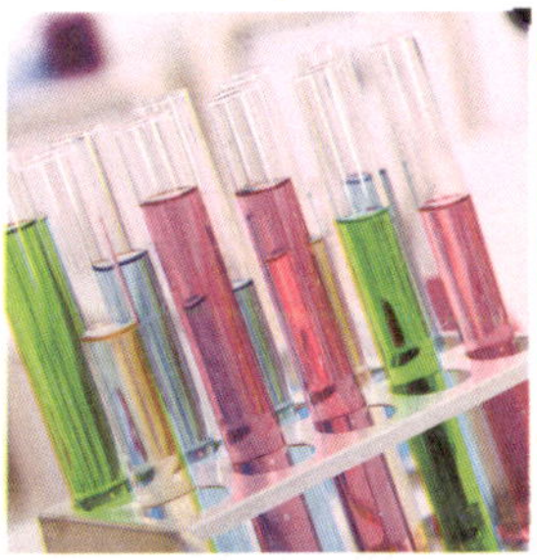

jì

剂

部首	刂	笔画	8	组词	药剂

造句 架子上有一些化学药剂。

笔顺 丶 亠 方 文 齐 齐 齐 剂

jì

寄

部首	宀	笔画	11	组词	寄存

造句 人们可以把物品寄存在柜子里。

笔顺 丶 丶 宀 宀 宀 宊 宊 宊 寄 寄 寄

lì

笠

部首	竹	笔画	11	组词	斗笠

造句 下雨天可以用斗笠遮雨。

笔顺 丿 𠂉 𥫗 𥫗 𥫗 𥫗 𥫗 笠 笠 笠 笠

péng

篷

部首	竹	笔画	16	组词	帐篷

造句 野外露营需要帐篷。

笔顺 丿 𠂉 𥫗 𥫗 𥫗 𥫗 𥫗 篷 篷 篷 篷 篷 篷 篷 篷 篷

bō

玻

部首	王	笔画	9	组词	玻璃

造句 玻璃杯可以用来泡茶。

笔顺 一 二 千 王 王 玎 玎 玻 玻

lí

璃

部首	王	笔画	14	组词	琉璃

造句 这块琉璃通透精致。

笔顺 一 二 千 王 王 玎 玎 玎 璃 璃 璃 璃 璃 璃

líng

伶

部首	亻	笔画	7	组词	伶仃

造句 他过着孤苦伶仃的生活。

笔顺 丿 亻 亻 仒 仒 伶 伶

lì

俐

部首	亻	笔画	9	组词	伶俐

造句 她是个非常伶俐的女孩。

笔顺 丿 亻 亻 仁 仟 仟 仟 俐 俐

pēng

怦

部首	忄	笔画	8	组词	怦然心动

造句 他吓的心里怦怦直跳。

笔顺 丶 丶 忄 忄 忄 忄 怦 怦

pēng

砰

部首：石　笔画：10　组词：砰砰

造句：砰的一声，存钱罐摔碎在地上。

笔顺：一 丆 不 石 石 砰 砰 砰 砰 砰

gāng

刚

部首：刂　笔画：6　组词：刚硬

造句：钻石是十分刚硬的。

笔顺：丨 冂 冈 冈 冈刂 刚

róu

柔

部首：木　笔画：9　组词：柔软

造句：她的身体十分柔软。

笔顺：乛 マ 予 予 矛 柔 柔 柔 柔

hūn

荤

部首：艹　笔画：9　组词：荤菜

造句：这道荤菜看起来诱人极了。

笔顺：一 十 艹 芦 芦 芦 荤 荤 荤

sù

素

部首：糸　笔画：10　组词：素食

造句：她是个素食主义者，习惯吃素。

笔顺：一 二 キ 主 主 圭 素 素 素 素

huǎn

缓

部首：纟　笔画：12　组词：缓慢

造句：蜗牛走得十分缓慢。

笔顺：ㄥ 纟 纟 纟 纟 纟 纟 纟 纟 缓 缓 缓

jí

急

部首：心　笔画：9　组词：湍急

造句：湍急的瀑布看起来壮观极了。

笔顺：丿 ク 刍 刍 刍 刍 急 急 急

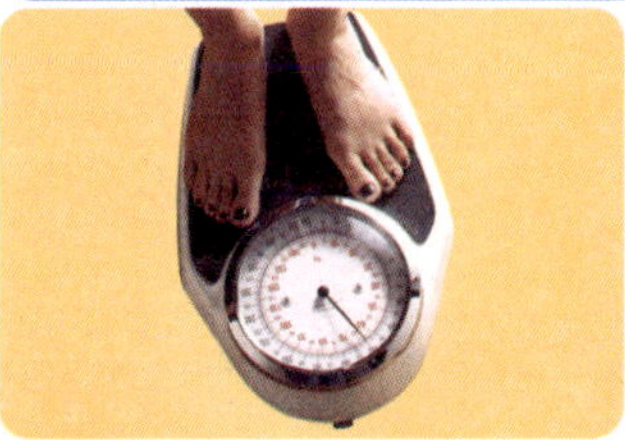

chēng

称

部首：禾　笔画：10　组词：称呼

造句：她每天都会称一下体重。

笔顺：丿 二 千 千 禾 禾 称 称 称 称

chéng

呈

部首	口	笔画	7	组词	呈现

造句 她双手呈上一个苹果。

笔顺 丨 𠃍 口 吕 呈 呈 呈

chéng

澄

部首	氵	笔画	15	组词	澄澈

造句 这里的河水澄澈，景色优美。

笔顺 丶 丶 氵 氵 氵 氵 氵 氵 氵 氵 澄 澄 澄 澄 澄

chóng

崇

部首	山	笔画	11	组词	崇高

造句 我们翻越了崇山峻岭。

笔顺 丨 山 山 山 山 岁 岂 峃 崇 崇 崇

qī

漆

部首	氵	笔画	14	组词	油漆

造句 这里放置了很多油漆。

笔顺 丶 丶 氵 汇 汁 汁 汁 沐 沐 漆 漆 漆 漆 漆

qī

戚

部首	戈	笔画	11	组词	亲戚

造句 他们两个是亲戚。

笔顺 一 厂 厂 厂 厂 厈 戚 戚 戚 戚 戚

miāo

喵

部首	口	笔画	11	组词	呜喵

造句 我听到猫的一声“喵”叫。

笔顺 丨 𠃍 口 口 叶 吽 吽 喵 喵 喵 喵

miáo

瞄

部首 目 笔画 13 组词 瞄准

造句 士兵在瞄准，准备射击。

笔顺 丨 冂 月 月 目 目一 目十 目廾 目艹 目苜 目苗 瞄 瞄

miáo

描

部首 扌 笔画 11 组词 描摹

造句 他正在描摹，练习书法。

笔顺 一 十 扌 扌一 扌十 扌廾 扌艹 扌苜 扌苗 描 描

miǎo

渺

部首 氵 笔画 12 组词 渺小

造句 与自然相比，人类是渺小的。

笔顺 丶 丶 氵 氵丨 汨 泪 泪 泪 泪丨 泪丨 泪少 渺

miǎo

缈

部首 纟 笔画 12 组词 缥缈

造句 大雾使这里变得缥缈了。

笔顺 ㄥ 乡 纟 纟丨 纟冂 纟目 纟目 纟目 纟目丨 纟目丨 纟目少 缈

miào

妙

部首 女 笔画 7 组词 美妙

造句 她正在弹奏美妙的音乐。

笔顺 ㄑ 女 女 女丨 女小 女少 妙

nì

腻

部首 月 笔画 13 组词 油腻

造句 这只烤鸭看起来很油腻。

笔顺 丿 刀 月 月 月一 月二 月弋 月弋 月弍 月贰 月贰 腻 腻

dòng

动

部首 力 笔画 6 组词 运动

造句 她正在做运动锻炼身体。

笔顺 一 二 亍 云 动 动

jìng

静

部首 青 笔画 14 组词 静物

造句 他对着水果画静物画。

笔顺 一 = 丰 丰 青 青 青 青 青 青 静 静 静 静

bēn

奔

部首 大 笔画 8 组词 奔跑

造句 骏马在草原上奔跑。

笔顺 一 ナ 大 夳 夲 夻 奔 奔

tíng

停

部首 亻 笔画 11 组词 停放

造句 此处允许停放车辆。

笔顺 丿 亻 亻 亻 亻 亻 停 停 停 停 停

kū

枯

部首 木 笔画 9 组词 枯草

造句 小鸟用枯草做了个鸟窝。

笔顺 一 十 才 木 木 杆 杆 枯 枯

róng

荣

部首 艹 笔画 9 组词 繁荣

造句 我很向往繁荣的大城市。

笔顺 一 十 艹 艹 芒 芒 芒 荣 荣

zū

租

部首	禾	笔画	10	组词	租房

造句 他在这个小区租了房。

笔顺 丿 二 千 千 禾 利 和 租 租 租

tuí

颓

部首	页	笔画	13	组词	颓败

造句 这里变得十分颓败。

笔顺 丿 二 千 禾 禾 秃 秃 秃 秃 秃 秃 颓 颓

ní

霓

部首	雨	笔画	16	组词	霓虹

造句 霓虹灯在晚上特别好看。

笔顺 一 ㇀ 宀 币 币 雨 雨 雨 雨 雨 雨 雨 雨 雨 霓 霓

mì

觅

部首	见	笔画	8	组词	觅食

造句 斑马正在草地上觅食。

笔顺 ㇒ ㇒ ㇒ 爫 爫 爫 觅 觅

xǐng

省

部首	目	笔画	9	组词	反省

造句 他喝醉酒不省人事。

笔顺 丨 丨 小 少 少 省 省 省 省

nà

纳

部首	纟	笔画	7	组词	收纳

造句 收纳箱可以装很多东西。

笔顺 𠃋 纟 纟 纠 纠 纳 纳

mí

迷

部首	辶	笔画	9	组词	迷宫

造句 他们在玩迷宫游戏。

笔顺 丶 丷 䒑 半 米 米 ˋ米 洣 迷

mī

咪

部首	口	笔画	9	组词	猫咪

造句 草地上有两只小猫咪。

笔顺 丨 ㄇ 口 口' 口丷 口䒑 咩 咪 咪

mī

眯

部首	目	笔画	11	组词	眯眼

造句 小猫咪眯着眼睛。

笔顺 丨 冂 月 目 目 目' 目丷 目䒑 眫 眯 眯

mí

谜

部首	讠	笔画	11	组词	灯谜

造句 中国人有猜灯谜的习俗。

笔顺 丶 讠 讠' 讠丷 讠䒑 讠半 讠米 讠米 洣 谜 谜

tí

蹄

部首	𧾷	笔画	16	组词	猪蹄

造句 他最爱吃红烧猪蹄了。

笔顺 丨 ㄇ 口 早 早 𧾷 𧾷 𧾷' 𧾷亠 𧾷产 𧾷产 𧾷产 踣 踣 蹄 蹄

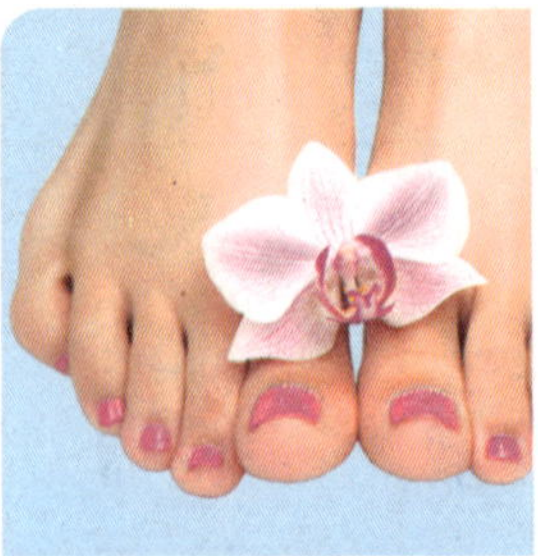

zhǐ

趾

部首	𧾷	笔画	11	组词	脚趾

造句 她的脚趾涂了指甲油。

笔顺 丨 ㄇ 口 早 早 𧾷 𧾷 𧾷丨 𧾷卜 𧾷卜 趾

chái
豺

部首 豸 笔画 10 组词 豺狼

造句 这只豺狼看起来很凶悍。

笔顺 ノ ㇒ 〃 乡 豸 豸 豸 豸一 豺 豺

biē
鳖

部首 鱼 笔画 19 组词 鳖裙

造句 鳖的四肢很短小。

笔顺 丶 丷 丷 屵 尚 尚 尚 尚 敝 敝 敝 敝 敝 鳖 鳖 鳖 鳖 鳖 鳖

zhè
蔗

部首 艹 笔画 14 组词 甘蔗

造句 甘蔗含有丰富的糖分。

笔顺 一 十 廾 廾 艹 产 产 芦 芦 芦 芦 蔗 蔗 蔗

lín
鳞

部首 鱼 笔画 20 组词 鱼鳞

造句 鱼鳞对鱼起保护作用。

笔顺 ノ ⺈ ⺈ 各 各 角 角 鱼 鱼 鱼 鱼 鲜 鲜 鲜 鲜 鲜 鳞 鳞 鳞 鳞

jiǎn
柬

部首 木 笔画 9 组词 请柬

造句 我收到了他的结婚请柬。

笔顺 一 𠂆 戸 币 币 亩 亩 柬 柬

mò
墨

部首 土 笔画 15 组词 墨汁

造句 墨汁可以用来写字。

笔顺 丨 冂 冂 罒 罒 甲 甲 里 里 黑 黑 黑 黑 墨 墨

shuò

硕

部首	石	笔画	11	组词	硕大

造句 他摘到一个硕大的冬瓜。

笔顺 一 丆 不 石 石 石 石 矿 硕 硕 硕

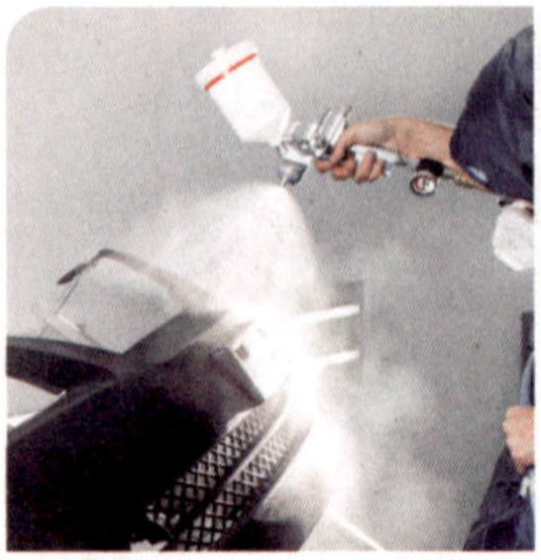

pēn

喷

部首	口	笔画	12	组词	喷漆

造句 工人正在给汽车喷漆。

笔顺 丨 口 口 口 叶 吐 吐 吐 咔 咔 喷 喷

huì

绘

部首	纟	笔画	9	组词	绘画

造句 她一个人在海边绘画。

笔顺 ㄥ 纟 纟 纠 纵 纵 绘 绘 绘

huǐ

毁

部首	殳	笔画	13	组词	摧毁

造句 地震摧毁了这里的一切。

笔顺 丿 亻 亻 白 白 白 皁 皁 皁 皁 毀 毁 毁

huī

辉

部首	车	笔画	12	组词	余辉

造句 傍晚的余辉真美啊！

笔顺 丨 丨 丷 业 光 光 光 光 光 辉 辉 辉

huī

徽

部首	彳	笔画	17	组词	国徽

造句 我有一枚国徽勋章。

笔顺 丿 彳 彳 彳 彳 彳 彳 彳 徨 徨 徨 徨 徨 徽 徽 徽 徽

jū

鞠

部首 革 笔画 17 组词 鞠躬

造句 他谦虚地向其他人鞠躬。

笔顺 一 十 卄 廿 廿 苩 苩 荁 革 革' 靮 靮 靮 鞫 鞠 鞠 鞠

gōng

躬

部首 身 笔画 10 组词 躬身

造句 她可以把身体躬成弧形。

笔顺 ′ 亻 亇 亣 自 自 身 身' 躬 躬

jiǎng

桨

部首 木 笔画 10 组词 船桨

造句 飞机的螺旋桨可以制造动力。

笔顺 丶 冫 丬 丬' 丬夕 丬夕 浆 桨 桨 桨

táo

陶

部首 阝 笔画 10 组词 陶瓷

造句 我有一对陶瓷水杯。

笔顺 了 阝 阝′ 阝勹 阝勹 阝勹 陶 陶 陶 陶

cí

瓷

部首 瓦 笔画 10 组词 瓷器

造句 这个瓷器上的花纹很精致。

笔顺 丶 冫 冫 冫' 冫欠 次 次 姿 瓷 瓷

rú

如

部首 女 笔画 6 组词 如意

造句 如意是无价之宝。

笔顺 ㄑ 女 女 如 如 如

qī

栖

部首	木	笔画	10	组词	两栖

造句 青蛙是两栖动物。

笔顺 一 十 才 木 木一 朩 杤 枥 栖 栖

zhāng

章

部首	立	笔画	11	组词	印章

造句 他有一枚印章。

笔顺 丶 亠 亠 立 立 产 音 音 音 音 章

mán

蛮

部首	虫	笔画	12	组词	野蛮

造句 他们用野蛮的方式争论。

笔顺 丶 亠 亠 亣 亦 亦 亦 峦 峦 蛮 蛮 蛮

màn

漫

部首	氵	笔画	14	组词	漫长

造句 果汁从杯子里漫出来了。

笔顺 丶 丶 氵 氵 沪 泪 涅 涅 渦 渦 渦 渦 漫 漫

téng

藤

部首	艹	笔画	18	组词	树藤

造句 树藤上有一些嫩叶。

笔顺 一 十 艹 艹 芹 芹 芹 芹 芹 芹 萨 萨 萨 藤 藤 藤 藤 藤

hé

合

部首	人	笔画	6	组词	混合

造句 这杯鸡尾酒混合了很多东西。

笔顺 丿 人 人 今 合 合

xiǎn

显

部首	日	笔画	9	组词	显示

造句：这是台老式显示器。

笔顺：丨 冂 日 日 旦 㫐 显 显 显

jiān

坚

部首	土	笔画	7	组词	坚硬

造句：这块石头十分坚硬。

笔顺：丨 丨丨 ⺊ 収 坚 坚 坚

chéng

成

部首	戈	笔画	6	组词	成果

造句：这是他精雕细琢的成果。

笔顺：一 厂 万 成 成 成

yǔ

宇

部首	宀	笔画	6	组词	宇航

造句：他的梦想是成为宇航员。

笔顺：丶 丶 宀 宀 宇 宇

zhòu

宙

部首	宀	笔画	8	组词	宇宙

造句：宇宙是浩渺无尽的。

笔顺：丶 丶 宀 宀 宀 宙 宙 宙

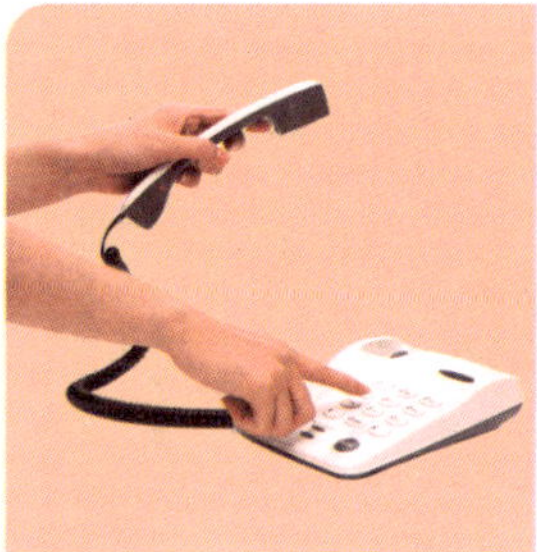

zhà

诈

部首	讠	笔画	7	组词	诈骗

造句：我们要防止电信诈骗。

笔顺：丶 讠 讠 讠 诈 诈 诈

qǐ

乞

部首 乙　笔画 3　组词 乞讨

造句 可怜的老人在街边乞讨。

笔顺 丿 𠂉 乞

qián

钱

部首 钅　笔画 10　组词 零钱

造句 桌子上有一些零钱。

笔顺 丿 𠂉 𠂉 𠂉 钅 钅 钅 钱 钱 钱

yǒng

俑

部首 亻　笔画 9　组词 陶俑

造句 我准备去西安看兵马俑。

笔顺 丿 亻 亻 亻 亻 俑 俑 俑 俑

yōng

拥

部首 扌　笔画 8　组词 拥抱

造句 他们深情地相拥。

笔顺 一 十 扌 扌 扌 扌 拥 拥

yōng

佣

部首 亻　笔画 7　组词 佣人

造句 佣人们在门口等候着。

笔顺 丿 亻 亻 仃 仴 仴 佣

shuān

栓

部首 木　笔画 10　组词 门栓

造句 这是一种老式门栓。

笔顺 一 十 才 木 木 朴 朴 栓 栓 栓

bāng
帮

部首 巾 笔画 9 组词 帮忙

造句 上坡时，他帮忙推车。

笔顺 一 二 三 丰 邦 邦 邦 帮 帮

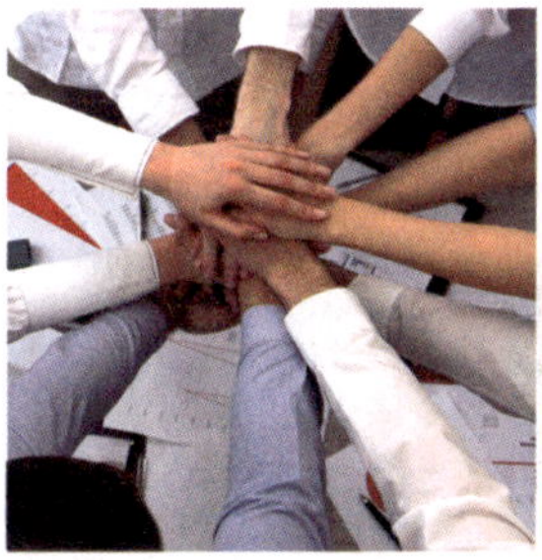

zhù
助

部首 力 笔画 7 组词 帮助

造句 他们在工作上互相帮助。

笔顺 丨 冂 月 目 且 助 助

liè
猎

部首 犭 笔画 11 组词 猎手

造句 他是一个猎手。

笔顺 丿 犭 犭 犭 犭 犭 猎 猎 猎 猎 猎

míng
鸣

部首 口 笔画 8 组词 鸣笛

造句 考试期间禁止鸣笛。

笔顺 丨 口 口 口 叩 叩 鸣 鸣

tú
途

部首 辶 笔画 10 组词 旅途

造句 火车出发了，愿你旅途愉快！

笔顺 丿 人 亼 亼 全 余 余 涂 涂 途

shǔ
署

部首 罒 笔画 13 组词 署名

造句 他在信的末尾署上了名。

笔顺 丶 罒 罒 罒 罒 罒 罒 罒 罒 署 署 署 署

shū

淑

部首 氵 笔画 11 组词 淑女

造句 她是一个淑女。

笔顺 丶 丶 氵 氵 氵 氵 汁 汁 沫 淑 淑

ráo

饶

部首 饣 笔画 9 组词 富饶

造句 这是一个富饶的地方。

笔顺 丿 ⺈ 饣 饣 饣 饣 饣 饶 饶

zhōu

洲

部首 氵 笔画 9 组词 大洲

造句 世界上有七大洲。

笔顺 丶 丶 氵 氵 氵 沙 洲 洲 洲

zhóu

轴

部首 车 笔画 9 组词 轴承

造句 轴可以在轴承上旋转。

笔顺 一 𠄌 车 车 车 轫 轫 轴 轴

zhěng

拯

部首 扌 笔画 9 组词 拯救

造句 大家应携手拯救地球。

笔顺 一 十 扌 扌 扌 扌 扌 拯 拯

jiàn

鉴

部首 金 笔画 13 组词 鉴定

造句 他在鉴定珠宝的真假。

笔顺 丨 川 川 收 收 收 收 收 收 鉴 鉴 鉴 鉴

wān

豌

部首	豆	笔画	15	组词	豌豆

造句 桌上有一碗豌豆。

笔顺 一 丆 丆 戸 戸 豆 豆 豆 豆 豆 豉 豌 豌 豌 豌

wō

莴

部首	艹	笔画	10	组词	莴苣

造句 他很喜欢吃莴苣。

笔顺 一 十 艹 艹 芇 芇 芦 莴 莴 莴

jù

苣

部首	艹	笔画	7	组词	莴苣

造句 莴苣是种常见的绿色蔬菜。

笔顺 一 十 艹 艹 芒 芑 苣

ǒu

藕

部首	艹	笔画	18	组词	莲藕

造句 莲藕白白的，是一节一节的。

笔顺 一 十 艹 艹 芏 芏 芏 芏 耒 耒 耤 耦 耦 耦 藕 藕 藕 藕

jiāng

豇

部首	豆	笔画	10	组词	豇豆

造句 豇豆一定要炒熟才能吃。

笔顺 一 丆 丆 戸 戸 豆 豆 豆 豇 豇

shān

杉

部首	木	笔画	7	组词	水杉

造句 水杉是我国的珍稀树种。

笔顺 一 十 才 木 杉 杉 杉

suì

碎

部首	石	笔画	13	组词	摔碎

造句 他把花瓶摔碎了。

笔顺 一 丆 丆 石 石 石' 石 矿 矿 矿 矿 碎 碎

suì

穗

部首	禾	笔画	17	组词	麦穗

造句 秋天到了，麦穗笑弯了腰。

笔顺 ノ 二 千 禾 禾 禾 禾 和 和 和 种 种 种 穂 穗 穗 穗

suì

隧

部首	阝	笔画	14	组词	隧道

造句 他们即将进入隧道。

笔顺 ㇋ 阝 阝 阝' 阝' 阝' 阝 阝 阝 阝 隊 隊 隊 隧

nián

黏

部首	黍	笔画	17	组词	黏土

造句 黏土是重要的矿物原料。

笔顺 ノ 二 千 禾 禾 秂 秂 黍 黍 黍 黍 黍 黍| 黍卜 黍卜 黏 黏

niǎn

碾

部首	石	笔画	15	组词	石碾

造句 石碾可以将黄豆磨碎。

笔顺 一 丆 丆 石 石 石' 石' 矿 矿 矿 码 砚 砚 碾 碾

guǐ

轨

部首	车	笔画	6	组词	轨道

造句 他家门口有一条轨道。

笔顺 一 𠂇 车 车 轫 轨

jiā

佳

部首 亻 笔画 8 组词 佳作

造句 王羲之留下了许多佳作。

笔顺 丿 亻 亻 仁 仕 仕 佳 佳

yáo

肴

部首 月 笔画 8 组词 佳肴

造句 这算得上是美味佳肴了。

笔顺 丿 㐅 㐅 产 产 肴 肴 肴

pí

啤

部首 口 笔画 11 组词 啤酒

造句 他喜欢喝啤酒。

笔顺 丨 口 口 口 口 口 口 口 啤 啤 啤

jiǔ

酒

部首 氵 笔画 10 组词 黄酒

造句 这是一坛陈年黄酒。

笔顺 丶 丶 氵 汀 汀 沂 沥 洒 酒 酒

kē

磕

部首 石 笔画 15 组词 磕头

造句 信徒在神明面前磕头。

笔顺 一 丆 不 石 石 石 矿 矿 砝 砝 砝 磕 磕 磕 磕

yuán

缘

部首 纟 笔画 12 组词 姻缘

造句 许多人来这里求姻缘。

笔顺 ㄥ 纟 纟 纟 纟 纟 纟 纟 纟 缘 缘 缘

zhà

榨

部首 木 笔画 14 组词 榨汁

造句 我家买了一台榨汁机。

笔顺 一 十 才 木 木` 木` 朩 栌 柠 柠 柠 榨 榨 榨

zhā

渣

部首 氵 笔画 12 组词 渣滓

造句 这袋渣滓要扔到垃圾桶。

笔顺 丶 丶 氵 氵 汁 汁 汴 汴 济 济 渣 渣

zhā

楂

部首 木 笔画 13 组词 山楂

造句 我喜欢用山楂泡茶喝。

笔顺 一 十 才 木 木 村 村 林 林 柞 椿 楂 楂

jī

叽

部首 口 笔画 5 组词 叽叽

造句 两只小鸡在叽叽喳喳地叫。

笔顺 丨 冂 口 叮 叽

zhā

喳

部首 口 笔画 12 组词 叽喳

造句 小鸟叽喳地唱着歌。

笔顺 丨 冂 口 口 吐 吋 呔 呔 咯 喒 喳 喳

zhá

闸

部首 门 笔画 8 组词 闸刀

造句 闸刀可以切断电源。

笔顺 丶 丨 门 门 闩 闩 闸 闸

yàn 雁

部首 厂 笔画 12 组词 大雁

造句 大雁正在往南迁徙。

笔顺 一 厂 厂 厂 厂 厂 厂 厂 厂 厂 厂 雁

yuán 猿

部首 犭 笔画 13 组词 猿人

造句 猿人是最原始的人类。

笔顺 丿 犭 犭 犭 犭 犭 犭 犭 犭 犭 犭 犭 猿

yuān 鸳

部首 鸟 笔画 10 组词 鸳鸯

造句 鸳鸯大多成对生活在水边。

笔顺 丿 ク 夕 夕 夗 夗 夗 夗 鸳 鸳

yāng 鸯

部首 鸟 笔画 10 组词 鸳鸯

造句 鸳鸯的外形比较像野鸭。

笔顺 丶 冖 ⺈ 央 央 央 央 央 鸯 鸯

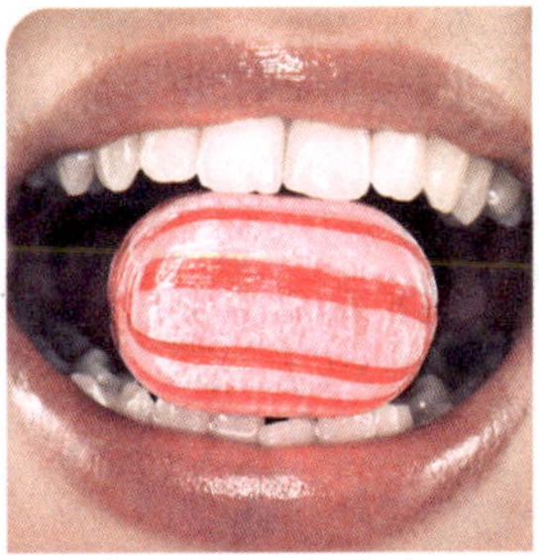

hán 含

部首 人 笔画 7 组词 包含

造句 她的嘴巴里含了块糖。

笔顺 丿 人 亼 今 今 含 含

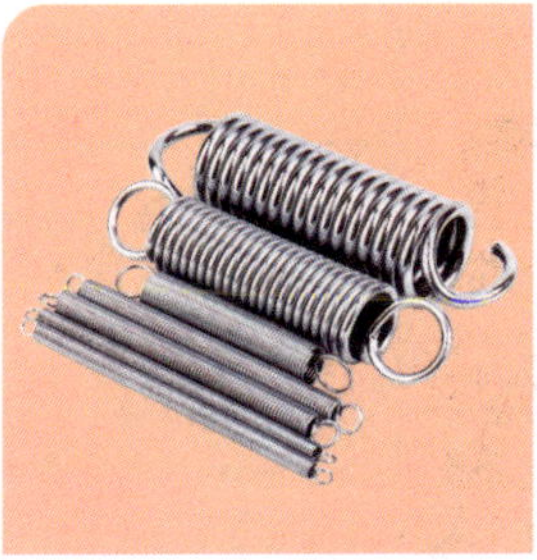

huáng 簧

部首 竹 笔画 17 组词 弹簧

造句 弹簧可以伸缩自如。

笔顺 丿 𠂉 ⺮ 竹 竹 竹 竹 竹 竹 竹 竹 竹 竹 竹 竹 竹 簧

xuān

宣

部首	宀	笔画	9	组词	宣布

造句 他正在宣布比赛结果。

笔顺 丶 丶 宀 宀 宀 宣 宣 宣 宣

xuán

旋

部首	方	笔画	11	组词	旋转

造句 陀螺在不停地旋转。

笔顺 丶 二 方 方 方 方 方 旋 旋 旋 旋

xuán

悬

部首	心	笔画	11	组词	悬空

造句 索道是悬在空中的。

笔顺 丨 冂 月 目 且 县 县 县 悬 悬 悬

xuǎn

选

部首	辶	笔画	9	组词	选择

造句 群众正在行使选举权。

笔顺 丿 𠂉 ⺧ 生 生 先 先 选 选

xuān

喧

部首	口	笔画	12	组词	喧笑

造句 教室里喧笑一片。

笔顺 丨 冂 口 口 口 口 口 口 喧 喧 喧 喧

xuàn

渲

部首	氵	笔画	12	组词	渲染

造句 天空被渲染得光彩夺目。

笔顺 丶 丶 氵 氵 氵 氵 氵 氵 渲 渲 渲 渲

rǎn

染

部首 木 笔画 9 组词 染色

造句 这些布匹是刚染好的。

笔顺 丶 ⺀ 氵 氵 氿 氿 卆 染 染

rǎng

嚷

部首 口 笔画 20 组词 叫嚷

造句 他们两个在叫嚷。

笔顺 丨 ⼝ 口 口 叶 咛 咛 咛 咛 咛 咛 咛 嗱 嚷 嚷 嚷 嚷 嚷 嚷 嚷

rǎng

壤

部首 土 笔画 20 组词 土壤

造句 这片土壤很肥沃。

笔顺 一 十 土 圹 圹 圹 圹 圹 圹 圹 圹 坤 坤 坤 埠 壤 壤 壤 壤 壤

ráng

瓤

部首 瓜 笔画 22 组词 瓜瓤

造句 这个猕猴桃的瓤很甜。

笔顺 丶 亠 亠 亠 亠 亠 亠 亠 亠 亠 亠 亠 亠 亠 亠 襄 襄 瓤 瓤 瓤 瓤 瓤

yuān

渊

部首 氵 笔画 11 组词 深渊

造句 下面是深渊，请注意安全。

笔顺 丶 ⺀ 氵 氵 氵 氵 氵 汫 汫 渊 渊

yuán

辕

部首 车 笔画 14 组词 辕马

造句 辕马静静地立在雪地里。

笔顺 一 ⺧ 车 车 车 轩 轩 轩 轩 轩 辕 辕 辕 辕

dūn

敦

部首 攵 笔画 12 组词 敦厚

造句 他是个敦厚老实的人。

笔顺 丶 亠 亠 亩 亨 亨 享 享 享 享 敦 敦

huáng

煌

部首 火 笔画 13 组词 辉煌

造句 我们计划去敦煌游玩。

笔顺 丶 丷 火 火 火' 火' 炉 炉 炉 煌 煌 煌 煌

shē

奢

部首 大 笔画 11 组词 奢华

造句 这个房间装饰得很奢华。

笔顺 一 ナ 大 太 本 夸 夸 奎 奢 奢 奢

kū

窟

部首 穴 笔画 13 组词 石窟

造句 我国有三大著名的石窟。

笔顺 丶 丶 宀 宀 穴 穴 空 空 穷 窋 窟 窟 窟

xiá

峡

部首 山 笔画 9 组词 峡谷

造句 这里峡谷幽深，风光极好。

笔顺 丨 山 山 山一 山二 山三 山立 峡 峡

bà

坝

部首 土 笔画 7 组词 大坝

造句 三峡大坝看起来十分壮观。

笔顺 一 十 土 圵 坝 坝 坝

mián

绵

部首	纟	笔画	11	组词	连绵

造句 这里有一片连绵的梯田。

笔顺 ㄑ 乡 纟 纟' 纟′ 纟白 纟白 纟皇 纟帛 绵 绵

miǎn

勉

部首	力	笔画	9	组词	勉强

造句 他勉强地接受了他的意见。

笔顺 丿 ⺈ ⺈ 各 备 鱼 免 免 勉

huāng

慌

部首	忄	笔画	12	组词	慌张

造句 他要迟到了，现在很慌张。

笔顺 丶 丷 忄 忄 忙 忙 忙 忙 忙 忙 忙 慌

huǎng

谎

部首	讠	笔画	11	组词	谎话

造句 他们对彼此说了谎话。

笔顺 丶 讠 讠 讠 讠 讠 讠 讠 讠 谎 谎

lún

伦

部首	亻	笔画	6	组词	伦理

造句 这颗宝石真是精妙绝伦。

笔顺 丿 亻 亻 仒 伦 伦

ǒu

偶

部首	亻	笔画	11	组词	玩偶

造句 我有一个熊猫玩偶。

笔顺 丿 亻 亻 们 们 们 但 偶 偶 偶 偶

kū

哭

部首	犬	笔画	10	组词	大哭

造句 他委屈地大哭起来。

笔顺 丶 卩 ㅁ 口 吅 吅 罒 哭 哭 哭

xiào

笑

部首	竹	笔画	10	组词	微笑

造句 他开心地笑了。

笔顺 ノ ㅅ ⺮ ⺮ 竹 竹 竺 竺 笑 笑

wán

玩

部首	王	笔画	8	组词	玩耍

造句 她们在沙滩上愉快地玩耍。

笔顺 一 二 千 王 王 王 玗 玩

nào

闹

部首	门	笔画	8	组词	热闹

造句 外面有人在舞狮，真热闹。

笔顺 丶 丨 门 门 闩 闩 闹 闹

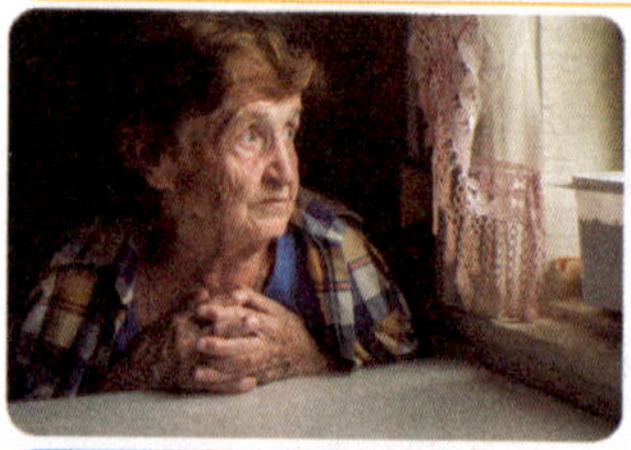

āi

哀

部首	亠	笔画	9	组词	哀伤

造句 这位老妇人哀伤地看着窗外。

笔顺 丶 亠 六 亩 亩 亨 亨 亨 哀

lè

乐

部首	丿	笔画	5	组词	快乐

造句 她此刻感到很快乐。

笔顺 一 ㄷ 乍 乐 乐

měi

美

部首	大	笔画	9	组词	美丽

造句 她长得真美。

笔顺 丶 丷 䒑 兰 羊 差 兰 美 美

chǒu

丑

部首	乛	笔画	4	组词	丑陋

造句 小丑鱼生活在大海里。

笔顺 乛 ㄇ 𠃌 丑

fǔ

斧

部首	斤	笔画	8	组词	斧头

造句 斧头可以用来劈柴。

笔顺 丶 八 ク 父 父 斧 斧 斧

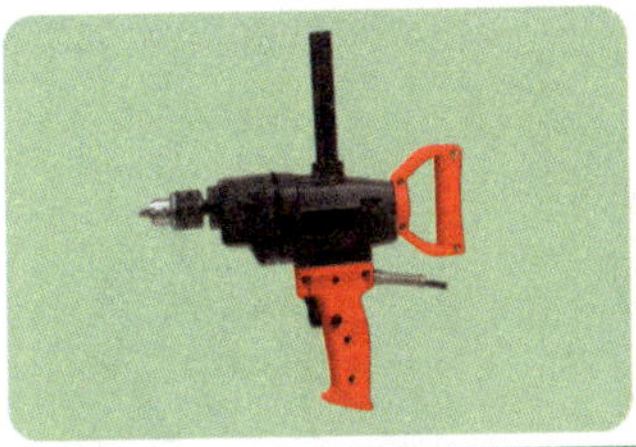

zuàn

钻

部首	钅	笔画	10	组词	钻机

造句 钻机可以用来打井。

笔顺 丿 𠂉 𠃊 乍 钅 钊 钋 钋 钻 钻

jù

锯

部首	钅	笔画	13	组词	电锯

造句 伐木工人用电锯工作会省力不少。

笔顺 丿 𠂉 𠃊 乍 钅 钌 钌 钌 钜 钜 锯 锯 锯

chú

锄

部首	钅	笔画	12	组词	锄头

造句 农民用锄头除草。

笔顺 丿 𠂉 𠃊 乍 钅 钔 钔 钔 钼 钼 锄 锄

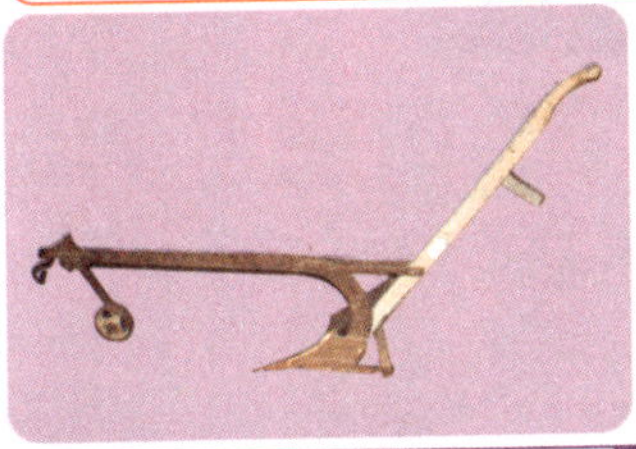

lí

犁

部首	牛	笔画	11	组词	犁铧

造句 犁可以用来翻土耕地。

笔顺 一 二 千 禾 禾 利 利 利 利 犁 犁

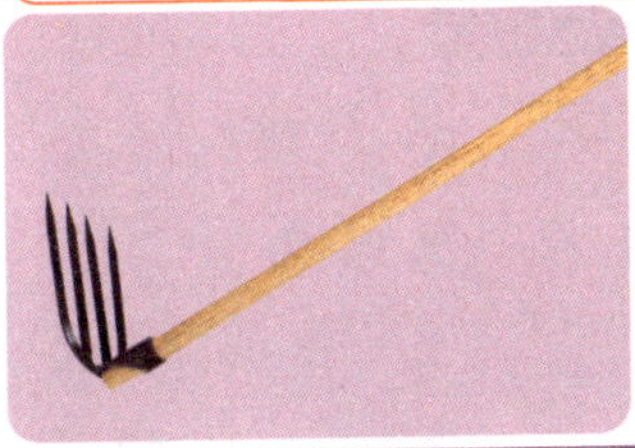

pá

耙

部首	耒	笔画	10	组词	钉耙

造句 我用钉耙把土地弄平整了。

笔顺 一 二 三 丰 耒 耒 耙 耙 耙 耙

tàn

探

部首	扌	笔画	11	组词	探险

造句 他喜欢探险活动。

笔顺 一 十 扌 扌 扌 扩 扩 挖 挥 探 探

tàn

碳

部首	石	笔画	14	组词	碳酸

造句 碳在工业和医药上用途很广。

笔顺 一 丆 不 石 石 石 石 岩 岩 岸 碳 碳 碳 碳

suō

梭

部首 木 笔画 11 组词 梭子

造句 梭子可以用来织布。

笔顺 一 十 才 木 朴 朴 朴 栓 柃 梭 梭

suō

唆

部首 口 笔画 10 组词 唆使

造句 他用金钱唆使他合作。

笔顺 丨 冂 口 口 吣 吣 吣 吣 哕 唆

jùn

骏

部首 马 笔画 10 组词 骏马

造句 草原上有两匹骏马。

笔顺 ㇇ 马 马 马 驴 驴 驴 驴 骏 骏

jùn

竣

部首 立 笔画 12 组词 竣工

造句 这栋大楼已经竣工了。

笔顺 丶 亠 亠 立 立 竑 竑 竑 竑 竣 竣 竣

yān

烟

部首 火 笔画 10 组词 浓烟

造句 工厂上空飘着浓烟。

笔顺 丶 丷 少 火 火 灯 炯 烟 烟 烟

xūn

薰

部首 艹 笔画 17 组词 薰衣草

造句 薰衣草真漂亮。

笔顺 一 十 艹 艹 芏 芏 苎 苎 苎 苎 苎 董 董 董 薰 薰 薰

suǒ

唢

部首	口	笔画	10	组词	唢呐

造句 唢呐的发音十分嘹亮。

笔顺 丨 ㄇ 口 口' 口'' 口'' 口'' 哨 唢 唢

nà

呐

部首	口	笔画	7	组词	呐喊

造句 他拿着扩音器呐喊。

笔顺 丨 ㄇ 口 叫 叨 呐 呐

xī

希

部首	巾	笔画	7	组词	希望

造句 绿色代表着希望。

笔顺 丿 乂 㐅 产 𢁉 𢁉 希

shù

墅

部首	土	笔画	14	组词	别墅

造句 他花巨额买下了这栋别墅。

笔顺 丨 ㄇ 日 日 甲 甲 里 里 野 野 野 野 墅 墅

xī

惜

部首	忄	笔画	11	组词	珍惜

造句 他们很珍惜彼此的友谊。

笔顺 丶 丷 忄 忄 忄 忚 忚 惜 惜 惜 惜

kūn

昆

部首	日	笔画	8	组词	昆仑

造句 昆仑山上的雪景很美。

笔顺 丨 ㄇ 日 日 旦 昆 昆 昆

xì

隙

部首	阝	笔画	12	组词	缝隙

造句 小草从缝隙里长了出来。

笔顺 ㇌ 阝 阝' 阝ㄏ 阝小 阝小 阝小 阝㫐 阝㫐 阝隙 阝隙 隙

gé

隔

部首	阝	笔画	12	组词	隔断

造句 屏风将房间分隔开来。

笔顺 ㇌ 阝 阝一 阝厂 阝戸 阝戸 阝鬲 隔 隔 隔 隔 隔

xī

曦

部首	日	笔画	20	组词	晨曦

造句 我们看着晨曦的微光。

笔顺 丨 冂 日 日 日' 日'' 日⺷ 日⺷ 日⺷ 日⺷ 日⺷ 日羊 日羊 日羊 日羔 日羲 日羲 曦 曦 曦

xī

嘻

部首	口	笔画	15	组词	嘻嘻

造句 几个孩子笑嘻嘻地望着我。

笔顺 丨 口 口 口一 口十 口士 口士 口吉 口吉 口吉 口吉 口壴 嘻 嘻 嘻

xī

嬉

部首	女	笔画	15	组词	嬉戏

造句 她们俩在一起嬉戏打闹。

笔顺 ㄑ 女 女 女一 女十 女士 女士 女吉 女吉 女吉 女吉 女壴 嬉 嬉 嬉

xī

悉

部首	心	笔画	11	组词	熟悉

造句 这蛋糕还是熟悉的味道。

笔顺 ノ ⺈ ⺤ 乊 平 釆 采 釆 悉 悉 悉

yáng

阳

部首 阝 笔画 6 组词 阳光

造句 今天的阳光特别灿烂。

笔顺 ㇋ 阝 阝 阝 阳 阳

guāng

光

部首 儿 笔画 6 组词 光明

造句 我们要迎接光明，拒绝黑暗。

笔顺 丨 ㇀ ⺌ 业 ⺌ 光

xiū

休

部首 亻 笔画 6 组词 休息

造句 她躺在床上休息。

笔顺 丿 亻 仁 什 付 休

xiǔ

宿

部首 宀 笔画 11 组词 一宿

造句 他一宿都在工作。

笔顺 丶 丶 宀 宀 宀 宀 宀 宀 宿 宿 宿

zhēn

斟

部首 斗 笔画 13 组词 斟酒

造句 他给我斟了一杯红酒。

笔顺 一 十 卄 廾 甘 甘 其 其 甚 甚 甚 斟 斟

zhuó

酌

部首 酉 笔画 10 组词 斟酌

造句 他斟酌了一下，还是去喝了酒。

笔顺 一 丆 万 丙 两 西 酉 酉 酌 酌

xí

袭

部首 衣 笔画 11 组词 袭击

造句 这里遭遇了恐怖袭击。

笔顺 一 ナ 九 尤 龙 龙 龙 垄 垄 袭 袭

xiù

绣

部首 纟 笔画 10 组词 刺绣

造句 她学会了刺绣。

笔顺 ㄥ 纟 纟 纟 纟 纡 纡 绣 绣 绣

xiù

锈

部首 钅 笔画 12 组词 生锈

造句 铁皮暴露在外面生锈了。

笔顺 ノ ト ト 匕 钅 钅 钅 钎 钎 钎 锈 锈

xiǔ

朽

部首 木 笔画 6 组词 朽木

造句 朽木不可雕也。

笔顺 一 十 才 木 木 朽

dān

耽

部首 耳 笔画 10 组词 耽搁

造句 它虎视眈眈地盯着猎物。

笔顺 一 厂 丌 丌 丌 耳 耳 耳 耶 耽

dàn

诞

部首 讠 笔画 8 组词 诞生

造句 这个婴儿刚刚诞生不久。

笔顺 丶 讠 讠 讠 讠 证 诞 诞

guǎ

寡

部首 宀 笔画 14 组词 寡言

造句 他是个少言寡语的人。

笔顺 丶 丶 宀 宀 宀 宀 宀 宀 宀 宣 宣 宾 寡 寡

zhèn

朕

部首 月 笔画 10 组词 朕兆

造句 古代皇帝自称“朕”。

笔顺 丿 刀 月 月 月' 月'' 月'' 月' 胖 朕

bǎo

堡

部首 土 笔画 12 组词 城堡

造句 这座城堡真漂亮啊！

笔顺 丿 亻 亻 亻 伫 伫 伫 保 保 保 堡 堡

diàn

殿

部首 殳 笔画 13 组词 宫殿

造句 一排排的宫殿十分壮观。

笔顺 ㇇ ㇇ 尸 尸 尸 屏 屏 屏 展 展 展 殿 殿

láo

牢

部首 宀 笔画 7 组词 牢房

造句 他因犯罪被关进了牢房。

笔顺 丶 丶 宀 宀 宀 宀 牢

yù

狱

部首 犭 笔画 9 组词 监狱

造句 监狱是监禁犯人的地方。

笔顺 丿 犭 犭 犭 犭 犭 狱 狱 狱

mù

墓

部首	艹	笔画	13	组词	扫墓

造句 清明节时，人们会去扫墓。

笔顺 一 十 艹 艹 节 苜 苜 苴 草 莫 莫 菒 墓

mǔ

亩

部首	亠	笔画	7	组词	地亩

造句 这一片都是他的地亩。

笔顺 丶 亠 六 亩 亩 亩 亩

mù

睦

部首	目	笔画	13	组词	和睦

造句 他们是和睦的一家人。

笔顺 丨 冂 月 月 目 盯 盯 眭 眭 睦 睦 睦 睦

mù

募

部首	力	笔画	12	组词	募捐

造句 大家都积极响应这次募捐。

笔顺 一 十 艹 艹 节 苜 苜 苴 草 莫 募 募

juān

捐

部首	扌	笔画	10	组词	捐款

造句 每一笔捐款都是一份爱心。

笔顺 一 十 扌 扌 扩 护 护 捐 捐 捐

shùn

瞬

部首	目	笔画	17	组词	瞬间

造句 赛车瞬间就疾驰而来。

笔顺 丨 冂 月 月 目 目 目 目 目 目 瞬 瞬 瞬 瞬 瞬 瞬 瞬

mó

模

部首 木 笔画 14 组词 模型

造句 这个模型十分精致。

笔顺 一 十 オ 木 木̄ 杧 杧 桦 栉 栉 栉 模 模 模

xíng

型

部首 土 笔画 9 组词 型号

造句 这是一个中型的玩具车。

笔顺 一 二 于 开 刑 刑 型 型 型

xiàn

羡

部首 羊 笔画 12 组词 羡慕

造句 他们很相爱，真叫人羡慕。

笔顺 丶 丷 丷 兰 羊 羊 羊 羊 羊 羊 羡 羡

mù

慕

部首 艹 笔画 14 组词 慕名

造句 长城吸引了不少慕名而来的客人。

笔顺 一 十 艹 艹 苩 苩 苩 莒 莫 莫 慕 慕 慕 慕

chī

痴

部首 疒 笔画 13 组词 痴迷

造句 他痴迷于玩魔方。

笔顺 丶 亠 广 广 疒 疒 疒 疒 疾 疾 痴 痴 痴

chí

弛

部首 弓 笔画 6 组词 松弛

造句 他在学习上毫不松弛。

笔顺 ㇆ ㇆ 弓 弓 弛 弛

tǎn

忐

部首	心	笔画	7	组词	忐忑

造句 球迷现在十分地忐忑。

笔顺 丨 ⺊ 上 上 忐 忐 忐

tè

忑

部首	心	笔画	7	组词	忐忑

造句 等待面试的人忐忑不安。

笔顺 一 丅 下 下 忑 忑 忑

pū

扑

部首	扌	笔画	5	组词	相扑

造句 他是一个相扑选手。

笔顺 一 十 扌 扌 扑

pǔ

朴

部首	木	笔画	6	组词	简朴

造句 这座房子十分的简朴。

笔顺 一 十 才 木 朴 朴

pú

仆

部首	亻	笔画	4	组词	仆人

造句 她的仆人在为她开车门。

笔顺 丿 亻 仆 仆

pú

蒲

部首	艹	笔画	13	组词	蒲公英

造句 蒲公英真好看。

笔顺 一 十 艹 艹 艹 茳 茳 茳 蒲 蒲 蒲 蒲 蒲

wàn

腕

部首	月	笔画	12	组词	手腕

造句 他们两个在比腕力。

笔顺 丿 刀 月 月 月` 月` 肸 肸 肸 肸 脟 腕

guǎn

馆

部首	饣	笔画	11	组词	旅馆

造句 图书馆里存放着大量的书。

笔顺 丿 𠂉 饣 饣 饣 饣 饣 饣 饣 馆 馆

shuì

税

部首	禾	笔画	12	组词	纳税

造句 依法纳税是每个公民的义务。

笔顺 ´ 二 千 禾 禾 禾 禾 禾 禾 禾 税 税

guàn

惯

部首	忄	笔画	11	组词	习惯

造句 爷爷有每天晨练的习惯。

笔顺 丶 丷 忄 忄 忄 忄 忄 忄 惯 惯 惯

guàn

贯

部首	贝	笔画	8	组词	贯穿

造句 长江贯穿了中国很多城市。

笔顺 乚 口 毋 毋 毌 贯 贯 贯

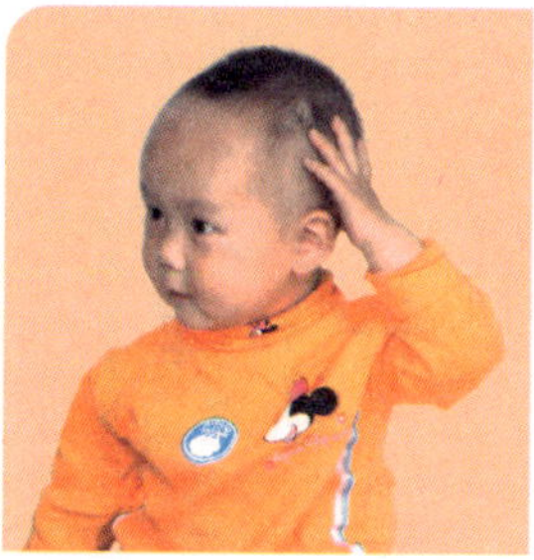

huò

惑

部首	心	笔画	12	组词	疑惑

造句 小朋友觉得十分疑惑。

笔顺 一 一 戸 戸 戸 式 或 或 或 惑 惑 惑

兆 zhào

部首：丿
笔画：6
组词：征兆　预兆
造句：乌云密布预兆着大雨的到来。
笔顺：丿 丬 丬 北 北 兆

任 rèn

部首：亻
笔画：6
组词：任意　任何
造句：他这样做没有任何意义。
笔顺：丿 亻 亻 仁 仟 任

郡 jùn

部首：阝
笔画：9
组词：郡县　郡主
造句：秦朝实行郡县制。
笔顺：㇇ ㇕ 彐 尹 尹 君 君 郡 郡

序 xù

部首：广
笔画：7
组词：序幕　序言
造句：世界杯已经拉开了序幕。
笔顺：丶 亠 广 户 序 序 序

何 hé

部首：亻
笔画：7
组词：何时　何况
造句：他不知何时才能到达目的地。
笔顺：丿 亻 亻 仁 何 何 何

觉 jué

部首：见
笔画：9
组词：直觉　感觉
造句：她的直觉一向很准。
笔顺：丶 丷 丷 ⺍ 学 学 学 觉 觉

磊 lěi

部首：石

笔画：15

组词：磊落

造句：他是个光明磊落的人。

笔顺：一 丆 不 石 石 石 石 石 石 石 石 石 石 磊 磊

淼 miǎo

部首：水

笔画：12

组词：浩淼

造句：这里烟波浩淼，水光一色。

笔顺：亅 刂 水 水 水 水 水 水 淼 淼 淼 淼

凰 huáng

部首：几

笔画：11

组词：凤凰

造句：凤凰常用来象征祥瑞。

笔顺：丿 几 凡 凡 凡 凡 凡 凡 凰 凰 凰

例 lì

部首：亻

笔画：8

组词：例证　例外

造句：他的结果就是最好的例证。

笔顺：丿 亻 亻 仴 伢 伢 例 例

嘭 pēng

部首：口

笔画：15

组词：嘭嘭

造句：一阵嘭嘭的敲门声响起。

笔顺：丨 口 口 口 口 口 口 口 口 口 口 嘭 嘭 嘭 嘭

湃 pài

部首：氵

笔画：12

组词：澎湃　滂湃

造句：汹涌澎湃的海水让人生畏。

笔顺：丶 丶 氵 氵 氵 氵 氵 氵 氵 氵 氵 湃

匡 kuāng

部首：匚

笔画：6

组词：匡扶 匡时

造句：他因匡时救世受人爱戴。

笔顺：一 二 三 丰 王 匡

拟 nǐ

部首：扌

笔画：7

组词：拟定 模拟

造句：我们这周要模拟考试。

笔顺：一 十 扌 扎 扎 扣 拟

辜 gū

部首：辛

笔画：12

组词：辜负 无辜

造句：我不想辜负她的好意。

笔顺：一 十 十 古 古 古 查 查 查 查 辜 辜

负 fù

部首：贝

笔画：6

组词：负担 自负

造句：爸爸的负担太重了。

笔顺：丿 ⺈ 仌 仢 负 负

秘 mì

部首：禾

笔画：10

组词：秘密 秘诀

造句：我和她之间有一些小秘密。

笔顺：丿 二 千 牙 禾 禾 秋 秘 秘 秘

谏 jiàn

部首：讠

笔画：11

组词：谏言 直谏

造句：你应该采纳他的谏言。

笔顺：丶 讠 讠 讠 诃 诃 诃 诃 谏 谏 谏

妨 fáng

部首：女
笔画：7
组词：妨碍 妨害
造句：他一直在妨碍我工作。
笔顺：㇛ 女 女 女` 女亠 妨 妨

临 lín

部首：丨
笔画：9
组词：临近 临时
造句：我是临时过来帮忙的。
笔顺：丨 刂 刂' 刂𠂉 临 临 临 临 临

却 què

部首：卩
笔画：7
组词：退却 却步
造句：他在最后一刻却步了。
笔顺：一 十 土 去 去 却 却

欺 qī

部首：欠
笔画：12
组词：欺骗 欺负
造句：她又一次欺骗了我。
笔顺：一 十 卄 卄 甘 甘 其 其 其' 欺 欺 欺

瞒 mán

部首：目
笔画：15
组词：隐瞒 欺瞒
造句：你不能对我隐瞒事实。
笔顺：丨 冂 冃 目 目 目一 目艹 目艹 目艹 瞒 瞒 瞒 瞒 瞒 瞒

骗 piàn

部首：马
笔画：12
组词：诈骗 骗局
造句：这是一场设计好的骗局。
笔顺：㇇ 马 马 马` 马丶 马户 驴 驴 骗 骗 骗 骗

àng 盎

部首：皿

笔画：10

组词：盎然 盎司

造句：春天是一片生机盎然的景象。

笔顺：丶 冂 𠃌 ... 盎

yǒng 咏

部首：口

笔画：8

组词：歌咏 咏叹

造句：这是一首咏雪的诗。

笔顺：丨 口 口 ... 咏

yōng 庸

部首：广

笔画：11

组词：平庸 庸俗

造句：谁都不甘心一生平庸。

笔顺：丶 亠 广 ... 庸

shǔ 属

部首：尸

笔画：12

组词：金属 下属

造句：这扇门是由金属制成。

笔顺：㇕ コ 尸 ... 属

shǔ 蜀

部首：虫

笔画：13

组词：部署 西蜀

造句：他正在部署工作。

笔顺：丨 冂 ... 蜀

tè 特

部首：牛

笔画：10

组词：特别 特征

造句：他的面部特征很突出。

笔顺：丿 𠂉 牛 ... 特

shū 殊
部首：歹
笔画：10
组词：殊誉 特殊
造句：我获得了杰出青年的殊誉。
笔顺：一 𠂇 歹 歹 歺 歼 殅 殊 殊 殊

shù 恕
部首：心
笔画：10
组词：宽恕 饶恕
造句：他得到了她的宽恕。
笔顺：㇛ 女 女 如 如 如 如 恕 恕 恕

zhōu 州
部首：丶
笔画：6
组词：杭州 神州
造句：我们打算去杭州游玩。
笔顺：丶 ⺌ 少 州 州 州

suì 遂
部首：辶
笔画：12
组词：未遂 遂心
造句：你就遂一下他的心吧。
笔顺：丶 丷 䒑 丷 䒑 豸 豕 家 家 㒸 遂 遂

suǐ 髓
部首：骨
笔画：21
组词：骨髓 脊髓
造句：他需要移植骨髓来治疗。
笔顺：丨 冂 冎 冎 冎 冎 骨 骨 骨 骨 骨 骨 骨 骨 骨 骨 髓 髓 髓 髓 髓

chóng 崇
部首：山
笔画：11
组词：崇高 崇敬
造句：他的地位很崇高。
笔顺：丨 山 山 山 山 岂 岂 岂 学 崇 崇

噬 shì

部首：口

笔画：16

组词：吞噬　毒噬

造句：洪水吞噬了许多人的生命。

笔顺：丨 𠃍 口 口' 口𠂉 ……噬

撵 niǎn

部首：扌

笔画：15

组词：撵走　撵出

造句：她将他撵出了家门。

笔顺：一 扌 扌 ……撵

延 yán

部首：廴

笔画：6

组词：延续　延迟

造句：雷雨天气导致航班延迟了。

笔顺：丿 𠂉 ……延

苑 yuàn

部首：艹

笔画：8

组词：文苑　御苑

造句：我在文苑学到了很多东西。

笔顺：一 十 艹 ……苑

轩 xuān

部首：车

笔画：7

组词：轩昂　轩辕

造句：他看上去气宇轩昂。

笔顺：一 ……轩

玄 xuán

部首：玄

笔画：5

组词：玄幻　玄机

造句：这是一本玄幻小说。

笔顺：丶 亠 ……玄

靡 mǐ

部首：非
笔画：19
组词：靡丽　萎靡
造句：他现在萎靡不振。
笔顺：丶 亠 广 广 庁 庁 庁 庁 府 府 麻 麻 麻 麻 靡 靡 靡 靡 靡

然 rán

部首：灬
笔画：12
组词：然后　忽然
造句：他忽然哭了起来。
笔顺：丿 ク 夕 夕 夕 外 伏 狀 狀 然 然 然

帕 pà

部首：巾
笔画：8
组词：手帕　帕子
造句：我买了一条新手帕。
笔顺：丨 冂 巾 巾′ 帕 帕 帕 帕

惶 huáng

部首：忄
笔画：12
组词：惶恐　惊惶
造句：这件事让我感到很惶恐。
笔顺：丶 丷 忄 忄′ 忄′ 怕 怕 怕 惶 惶 惶 惶

钧 jūn

部首：钅
笔画：9
组词：千钧一发　钧鉴
造句：他在千钧一发时挺身而出。
笔顺：丿 𠂉 𠂉 𠂉 钅 钅′ 钓 钧 钧

兮 xī

部首：八
笔画：4
组词：脏兮兮
造句：他的身上脏兮兮的。
笔顺：丿 八 八 兮

叱 chì

部首：口

笔画：5

组词：叱责 叱咤

造句：妈妈大声叱责了我。

笔顺：丨 ㄇ 口 叱 叱

咤 zhà

部首：口

笔画：9

组词：叱咤

造句：他曾是一个叱咤风云的人物。

笔顺：丨 ㄇ 口 口` 口' 口宀 咜 咜 咤

误 wù

部首：讠

笔画：9

组词：误会 错误

造句：他们之间有一点误会。

笔顺：` 讠 讠 讠 讠 讠 讠 误 误

担 dān

部首：扌

笔画：8

组词：担心 承担

造句：我们必须要学会承担责任。

笔顺：一 十 扌 扌 扣 扣 担 担

婉 wǎn

部首：女

笔画：11

组词：婉转 委婉

造句：我十分委婉地拒绝了她。

笔顺：ㄑ 女 女 女` 女' 女宀 女宀 女宀 女宀 女宀 婉

局 jú

部首：尸

笔画：7

组词：局部 骗局

造句：这就是一场精心设计的骗局。

笔顺：㇇ コ 尸 月 局 局 局

幼小衔接学前常用字

幼儿学前

识字大王

2280字

廉东星 编著

进阶篇

成都地图出版社

目录

fēi
飞

部首 飞 笔画 3 组词 飞翔

造句 海鸥在空中尽情飞翔。

笔顺 乁 乁 飞

cè
册

部首 丿 笔画 5 组词 册子

造句 我把账单都记在这本册子里。

笔顺 丿 刀 刀 冊 册

suǒ
所

部首 户 笔画 8 组词 派出所

造句 我要去派出所挂失证件。

笔顺 ˊ 厂 户 户 户' 所 所 所

yīng
婴

部首 女 笔画 11 组词 婴儿

造句 婴儿的皮肤又滑又嫩。

笔顺 丨 冂 贝 贝 贝丨 贝冂 贝贝 贝贝 賏 婴 婴

tóng
童

部首 立 笔画 12 组词 童年

造句 这里的孩子拥有幸福的童年。

笔顺 丶 亠 亠 立 立 产 音 音 音 竜 童 童

jiǎ
甲

部首 田 笔画 5 组词 指甲

造句 我们要讲究卫生，勤剪指甲。

笔顺 丨 冂 日 日 甲

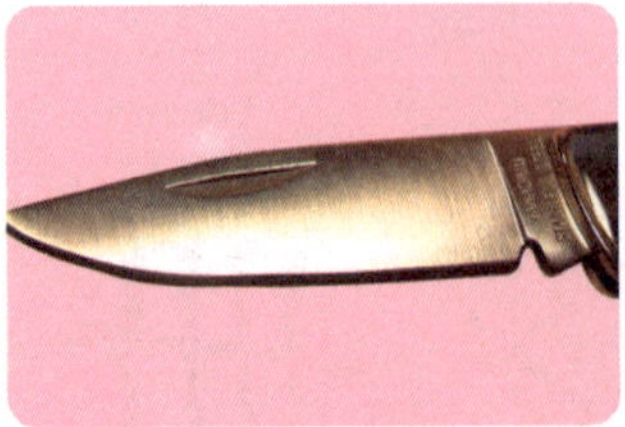

rèn **刃**

部首 刀 | 笔画 3 | 组词 刀刃

造句 这把军刀的刀刃很锋利。

笔顺 ㇆ 刀 刃

tū **凸**

部首 丨 | 笔画 5 | 组词 凸显

造句 小路上凸显出一块大石头。

笔顺 丨 ㇀ 㐅 凸 凸

āo **凹**

部首 凵 | 笔画 5 | 组词 凹陷

造句 这片地区的地形凹陷了。

笔顺 丨 ㇗ 凹 凹 凹

jìn **进**

部首 辶 | 笔画 7 | 组词 进门

造句 她快速地钻进了车里。

笔顺 一 二 井 井 井 讲 进

gōng **攻**

部首 攵 | 笔画 7 | 组词 攻击

造句 他们正向敌人的阵地发动攻击。

笔顺 一 丅 工 工 玫 巧 攻

shǒu **守**

部首 宀 | 笔画 6 | 组词 守卫

造句 士兵一直守卫在门前。

笔顺 丶 丶 宀 宀 守 守

wèi **卫**

部首 ㇆ | 笔画 3 | 组词 卫生间

造句 她家卫生间一如既往的干净。

笔顺 ㇆ 卩 卫

xiè **卸**

部首 卩 | 笔画 9 | 组词 卸货

造句 他正忙着将车上的货卸下来呢。

笔顺 丿 𠂉 午 午 年 隹 金 卸 卸

jù
具

部首 八 笔画 8 组词 厨具

造句 新购买的厨具很好用。

笔顺 丨 冂 冃 月 目 且 具 具

zhǎn
展

部首 尸 笔画 10 组词 展翅

造句 我想像海鸥一样展翅高飞。

笔顺 ㇕ コ 尸 尸 屈 屈 屈 展 展 展

kǒng
孔

部首 子 笔画 4 组词 插孔

造句 小朋友不要触碰电源插孔。

笔顺 ㇇ 了 子 孔

bǎn
板

部首 木 笔画 8 组词 黑板

造句 小黑板上写着26个英文字母。

笔顺 一 十 才 木 木 杤 杤 板

fó
佛

部首 亻 笔画 7 组词 佛像

造句 寺庙的正门有一座巨大的佛像。

笔顺 丿 亻 仁 仁 伄 佛 佛

xiàng
像

部首 亻 笔画 13 组词 雕像

造句 校园的北边立着几座名人雕像。

笔顺 丿 亻 亻 亻 亻 伶 伶 伶 傍 傍 傍 像 像

yāo
妖

部首 女 笔画 7 组词 妖怪

造句 电视里正放着妖怪出现的情节。

笔顺 ㇛ 女 女 女 奸 妖 妖

jīng
精

部首 米 笔画 14 组词 洗洁精

造句 洗洁精是用来去油渍的。

笔顺 丶 丷 䒑 半 米 米 米 料 料 料 精 精 精 精

pú

菩

部首	艹	笔画	11	组词	菩萨

造句 奶奶有一颗菩萨心肠。

笔顺 一 十 廾 艹 芏 芏 苹 苹 菩 菩 菩

sà

萨

部首	艹	笔画	11	组词	萨其马

造句 萨其马是一种特色糕点。

笔顺 一 十 廾 艹 芦 芦 萨 萨 萨 萨 萨

fú

福

部首	礻	笔画	13	组词	福星

造句 新的一年，祝您福星高照。

笔顺 丶 ラ 才 礻 礻 衦 衦 衦 衦 福 福 福 福

shòu

寿

部首	寸	笔画	7	组词	寿桃

造句 宴席中间摆放着一盘寿桃。

笔顺 一 二 三 声 寿 寿 寿

xīng

兴

部首	八	笔画	6	组词	兴奋

造句 他们兴奋地看完了电影。

笔顺 丶 丷 ⺍ 兴 兴 兴

wàng

旺

部首	日	笔画	8	组词	旺盛

造句 今年的农作物长得很旺盛。

笔顺 丨 冂 日 日 旷 旺 旺 旺

jiàn

健

部首 亻 笔画 10 组词 健身

造句 她每天都要去健身房锻炼。

笔顺 丿 亻 亻 亻 亻 亻 亻 律 健 健

kāng

康

部首 广 笔画 11 组词 健康

造句 跑步有利于身体健康。

笔顺 丶 亠 广 户 户 序 序 唐 唐 康 康

rěn

忍

部首 心 笔画 7 组词 忍耐

造句 再忍耐一会儿就成功了。

笔顺 乛 刀 刃 刃 忍 忍 忍

zhōng

忠

部首 心 笔画 8 组词 忠诚

造句 狗狗是人类忠诚的朋友。

笔顺 丨 冂 口 中 中 忠 忠 忠

xī

息

部首 心 笔画 10 组词 休息

造句 麦克今天很早就休息了。

笔顺 丿 亻 门 白 白 自 自 息 息 息

kǒng

恐

部首 心 笔画 10 组词 恐龙

造句 这个恐龙模型很逼真。

笔顺 一 丅 工 玑 巩 巩 巩 恐 恐 恐

hén

痕

部首	疒	笔画	11	组词	痕迹

造句 雪地上有车子碾过的痕迹。

笔顺 丶 亠 广 广 疒 疒 疒 疒 疒 疒 痕

chuāng

疮

部首	疒	笔画	9	组词	疮痍

造句 灾后的山坡满目疮痍。

笔顺 丶 亠 广 广 疒 疒 疒 疮 疮

sì

饲

部首	饣	笔画	8	组词	饲养

造句 外公在山上饲养了很多鸡。

笔顺 丿 𠂊 饣 饣 饣 饲 饲 饲

liào

料

部首	斗	笔画	10	组词	调料

造句 火锅里的调料都入味了。

笔顺 丶 丷 䒑 半 米 米 米 米 米 料

zǐ

籽

部首	米	笔画	9	组词	籽棉

造句 桌上放着一碗香菜籽。

笔顺 丶 丷 䒑 半 米 米 米 籽 籽

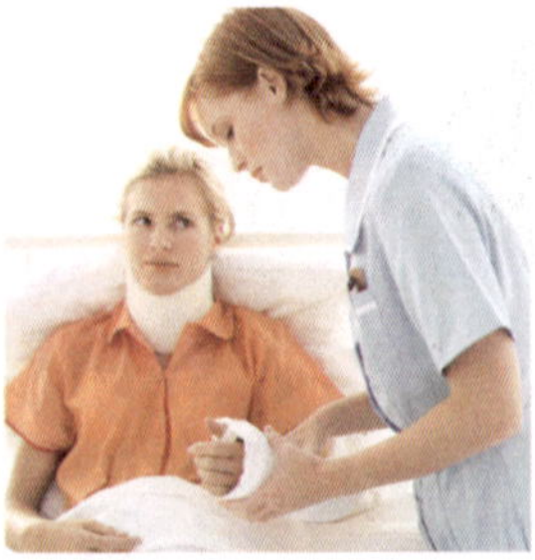

gù

顾

部首	页	笔画	10	组词	照顾

造句 护士无微不至地照顾病人。

笔顺 一 厂 厂 厄 厄 厄 厄 顾 顾 顾

yǎng

养

部首	丷	笔画	9	组词	喂养

造句 这些牲口是用植物喂养的。

笔顺 丶 丷 䒑 兰 兰 关 关 养 养

chōng

充

部首	亠	笔画	6	组词	充电

造句 出门前别忘了带充电器。

笔顺 丶 亠 云 云 产 充

bèi

贝

部首	贝	笔画	4	组词	扇贝

造句 扇贝是珍贵的食品。

笔顺 丨 冂 贝 贝

ké

壳

部首	士	笔画	7	组词	贝壳

造句 我捡到一个形状怪异的贝壳。

笔顺 一 十 士 声 声 壳 壳

wō

窝

部首	穴	笔画	12	组词	鸟窝

造句 鸟窝里有几颗鸟蛋。

笔顺 丶 丷 宀 穴 穴 穴 穷 穷 窝 窝 窝 窝

luǎn

卵

部首	卩	笔画	7	组词	鹅卵石

造句 河里有很多漂亮的鹅卵石。

笔顺 丿 𠂆 𠂆 卯 卯 卵 卵

jiǎn

茧

部首 艹 笔画 9 组词 蚕茧

造句 蚕在蚕茧里蜕变成蛹。

笔顺 一 十 艹 艹 节 苎 茧 茧 茧

gāo

膏

部首 月 笔画 14 组词 牙膏

造句 我喜欢绿茶味的牙膏。

笔顺 丶 亠 亠 亡 亩 亩 高 高 高 高 亭 膏 膏 膏

shāo

烧

部首 火 笔画 10 组词 烧火

造句 人们在草原上烧起了柴火。

笔顺 丶 丷 少 火 火 炇 炛 烧 烧 烧

shā

杀

部首 木 笔画 6 组词 杀鱼

造句 工作人员正在杀鱼。

笔顺 丿 㐅 㐅 杀 杀 杀

qiǎng

抢

部首 扌 笔画 7 组词 抢夺

造句 他从别人手中把球抢过来了。

笔顺 一 十 扌 扌 抡 抢 抢

zá

砸

部首 石 笔画 10 组词 砸碎

造句 他一怒之下砸碎了键盘。

笔顺 一 丆 丆 石 石 石 石 砸 砸 砸

kǎn

砍

部首	石	笔画	9	组词	砍柴

造句 爷爷去山上砍柴了。

笔顺 一 丆 丆 石 石 石 矿 矿 砍

biān

鞭

部首	革	笔画	18	组词	鞭炮

造句 市区严禁放鞭炮。

笔顺 一 十 廿 廿 廿 芦 芦 苎 革 革 革 鞘 鞘 鞘 鞘 鞘 鞭 鞭

qū

驱

部首	马	笔画	7	组词	驱赶

造句 牧民正在驱赶马群。

笔顺 ㇇ 马 马 马 驱 驱 驱

zhú

逐

部首	辶	笔画	10	组词	驱逐

造句 那只白鹤遭到同伴的驱逐。

笔顺 一 丆 豕 豕 豕 豕 豕 豕 逐 逐

jià

驾

部首	马	笔画	8	组词	驾驶

造句 喝酒后严禁驾车。

笔顺 ㇇ 力 加 加 加 驾 驾 驾

pū

铺

部首	金	笔画	12	组词	铺路

造句 施工队正在铺设道路。

笔顺 丿 𠂉 𠂉 乍 金 钅 钉 钉 钉 铺 铺 铺

sǎ

撒

部首 扌 笔画 15 组词 撒盐

造句 烤秋刀鱼别忘了撒盐。

笔顺 一 十 扌 扌 扌 扌 扌 扌 扌 扌 扌 揹 揹 撒 撒

sài

赛

部首 贝 笔画 14 组词 比赛

造句 他们在进行骑行比赛。

笔顺 丶 丶 宀 宀 宀 宀 宑 寉 寉 实 寒 寒 赛 赛

xué

学

部首 子 笔画 8 组词 学习

造句 我们要好好学习，天天向上。

笔顺 丶 丷 丷 ⺍ 𫩏 学 学 学

mù

牧

部首 牛 笔画 8 组词 牧羊

造句 草原上有牧民在牧羊。

笔顺 丿 𠂉 𠂉 牛 牜 牜 牧 牧

yú

渔

部首 氵 笔画 11 组词 渔民

造句 渔民捕捞起了一条大鱼。

笔顺 丶 冫 氵 氵 氵 氵 氵 氵 渔 渔 渔

háng

航

部首 舟 笔画 10 组词 航行

造句 游轮在海面平稳地航行着。

笔顺 丿 丿 月 月 舟 舟 舟 舟 舡 航

fá

伐

部首 亻 笔画 6 组词 砍伐

造句 叔叔在用电锯砍伐树木。

笔顺 丿 亻 亻 代 伐 伐

duò

舵

部首 舟 笔画 11 组词 掌舵

造句 管理者是企业的掌舵人。

笔顺 ノ 丿 ⺆ 月 舟 舟 舟 舟 舟 舟 舵

xī

犀

部首 牛 笔画 12 组词 犀牛

造句 犀牛的皮肤又粗又厚。

笔顺 乛 コ 尸 尸 尸 尸 尸 屖 屖 屖 屖 犀

è

鳄

部首 鱼 笔画 17 组词 鳄鱼

造句 扬子鳄是古老的爬行动物。

笔顺 丿 ⺈ 𠂊 缶 缶 角 角 鱼 鱼 鱼 鱼 鱼 鱼 鱼 鱼 鱼 鳄

jīng

鲸

部首 鱼 笔画 16 组词 鲸鱼

造句 鲸鱼的身躯非常庞大。

笔顺 丿 ⺈ 𠂊 缶 缶 角 角 鱼 鱼 鱼 鱼 鲸 鲸 鲸 鲸 鲸

shā

鲨

部首 鱼 笔画 15 组词 鲨鱼

造句 鲨鱼是一种凶猛的鱼类。

笔顺 丶 冫 氵 氵 氵 沙 沙 沙 沙 沙 沙 鲨 鲨 鲨 鲨

yóu
鱿

部首 鱼 笔画 12 组词 鱿鱼

造句 铁板鱿鱼非常美味。

笔顺 丿 ⺈ ⺈ 各 各 角 角 鱼 鱼 鱼一 鱼𠃌 鱿 鱿

tún
豚

部首 豕 笔画 11 组词 海豚

造句 海豚的听觉很灵敏。

笔顺 丿 刀 月 月 月一 月丆 肟 肟 豚 豚 豚

lán
栏

部首 木 笔画 9 组词 栏杆

造句 严禁攀爬路旁的石栏杆。

笔顺 一 十 才 木 木 木丷 栏 栏 栏

zhà
栅

部首 木 笔画 9 组词 栅栏

造句 公园四周都围着栅栏。

笔顺 一 十 才 木 杊 机 机 栅 栅

lí
篱

部首 竹 笔画 16 组词 篱栅

造句 那片草地被篱栅围了起来。

笔顺 丿 𠂉 𥫗 𥫗 竹 竹 竺 竺 笁 笁 笞 筒 筒 篱 篱 篱

bā
笆

部首 竹 笔画 10 组词 篱笆

造句 藤蔓绕在篱笆上，漂亮极了。

笔顺 丿 𠂉 𥫗 𥫗 竹 竹 笃 笆 笆 笆

bǒ

簸

部首 竹 笔画 19 组词 簸荡

造句 奶奶正在簸荡谷子。

笔顺 丿 𠂉 ⺮ ⺮ ⺮ ⺮ 竺 笁 笄 笄 笄 筭 筭 筭 篼 篼 簸 簸 簸

jī

箕

部首 竹 笔画 14 组词 簸箕

造句 爷爷用簸箕清除垃圾。

笔顺 丿 𠂉 ⺮ ⺮ ⺮ ⺮ 竺 竿 笄 笄 笄 筫 箕 箕

liáng

粮

部首 米 笔画 13 组词 粗粮

造句 粗粮的营养价值很高。

笔顺 丶 丷 䒑 半 米 米 米 籵 粉 粉 粐 粮 粮

shū

蔬

部首 艹 笔画 15 组词 蔬菜

造句 多吃蔬菜身体好。

笔顺 一 十 艹 艹 艹 艹 芷 芷 芷 芷 芷 荮 蔬 蔬 蔬

zhuāng

庄

部首 广 笔画 6 组词 庄园

造句 这个庄园里的侍从非常多。

笔顺 丶 亠 广 庀 庒 庄

jià

稼

部首 禾 笔画 15 组词 庄稼

造句 地里的庄稼都成熟了。

笔顺 丿 二 千 禾 禾 禾 禾 秒 秒 秒 秒 稼 稼 稼 稼

yù

芋

部首 艹 笔画 6 组词 芋头

造句 芋头的种类分很多种。

笔顺 一 十 艹 艹 兰 芋

zòng

粽

部首 米 笔画 14 组词 粽子

造句 端午节要吃粽子。

笔顺 丶 丷 ⺌ 半 米 米 米 粌 粌 粌 粽 粽 粽 粽

yǒng

蛹

部首 虫 笔画 13 组词 蚕蛹

造句 蚕吐丝做茧后就变成了蛹。

笔顺 丨 口 口 中 虫 虫 虫 虫 虫 蛹 蛹 蛹 蛹

bàng

蚌

部首 虫 笔画 10 组词 蚌壳

造句 蚌壳表面有环状纹。

笔顺 丨 口 口 中 虫 虫 虫 虫 虫 蚌

xīng

猩

部首 犭 笔画 12 组词 猩猩

造句 猩猩喜欢吃果子。

笔顺 ノ 犭 犭 犭 犭 犭 犭 犭 犭 猩 猩 猩

tuó

驼

部首 马 笔画 8 组词 骆驼

造句 骆驼是沙漠之舟。

笔顺 ㇇ 马 马 马 马 驼 驼 驼

qín

禽

部首	人	笔画	12	组词	家禽

造句：鸡、鸭、鹅等都是家禽。

笔顺：丿 人 亼 亽 今 今 今 禽 禽 禽 禽 禽

shòu

兽

部首	丷	笔画	11	组词	猛兽

造句：大兴安岭有毒蛇猛兽出没。

笔顺：丶 丷 兯 兯 兯 兯 兯 兽 兽 兽 兽

jì

系

部首	糸	笔画	7	组词	系领带

造句：他今天系了一条蓝色领带。

笔顺：一 𠂉 幺 幺 玄 系 系

zā

扎

部首	扌	笔画	4	组词	扎辫子

造句：她扎着两个小辫，很可爱。

笔顺：一 十 扌 扎

gē

割

部首	刂	笔画	12	组词	收割

造句：农民伯伯在收割稻谷。

笔顺：丶 丶 宀 宀 宀 宔 宔 害 害 害 割 割

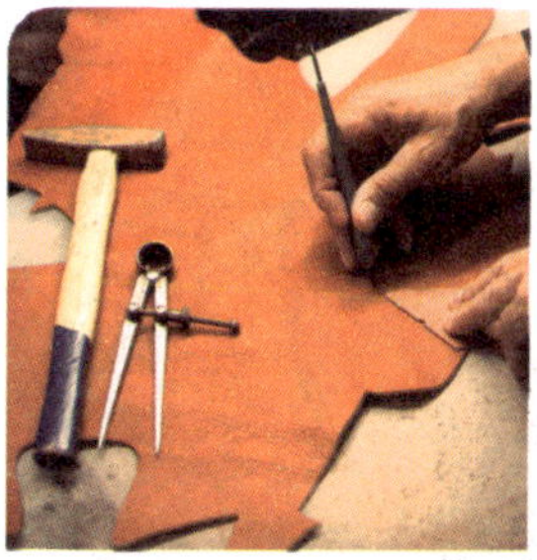

cái

裁

部首	衣	笔画	12	组词	剪裁

造句：他正认真地剪裁一块布。

笔顺：一 十 土 土 圭 圭 圭 圭 圭 裁 裁 裁

kǔn

捆

部首	扌	笔画	10	组词	捆扎

造句 她将青菜捆扎成一束束的。

笔顺 一 十 扌 扌 扪 扪 捆 捆 捆 捆

bǎng

绑

部首	纟	笔画	9	组词	绑缚

造句 他停下来绑鞋带了。

笔顺 ㄥ 纟 纟 纟 纟 纟 绑 绑 绑

gē

鸽

部首	鸟	笔画	11	组词	鸽子

造句 鸽子会辨别方向。

笔顺 ノ 人 𠆢 合 合 合 合 鸽 鸽 鸽 鸽

ōu

鸥

部首	鸟	笔画	9	组词	海鸥

造句 海鸥能预见暴风雨的来临。

笔顺 一 フ 又 区 区 鸥 鸥 鸥 鸥

yīng

鹰

部首	广	笔画	18	组词	老鹰

造句 老鹰的爪子非常锋利。

笔顺 丶 亠 广 广 广 庐 府 府 府 府 府 府 府 府 鹰 鹰 鹰 鹰

é

蛾

部首	虫	笔画	13	组词	飞蛾

造句 飞蛾多在夜间活动。

笔顺 丶 口 口 中 虫 虫 虫 虫 虾 虾 蛾 蛾 蛾

guān

冠

部首：冖　笔画：9　组词：鸡冠

造句：大公鸡有着红红的鸡冠。

笔顺：丶 冖 冖 冖 ⺈ 冠 冠 冠 冠

zhuǎ

爪

部首：爪　笔画：4　组词：爪子

造句：猫的爪子很尖利。

笔顺：㇒ 𠂆 爪 爪

juǎn

卷

部首：㔾　笔画：8　组词：卷曲

造句：寿司卷是日本料理的主食。

笔顺：丶 丷 䒑 兰 半 关 类 卷

shā

纱

部首：纟　笔画：7　组词：婚纱

造句：她在海边穿着洁白的婚纱。

笔顺：𠃋 纟 纟 纠 纠 纱 纱

zhàng

帐

部首：巾　笔画：7　组词：蚊帐

造句：夏天，爸爸为我安装了蚊帐。

笔顺：丨 冂 巾 巾 㠯 帐 帐

qiáng

墙

部首：土　笔画：14　组词：围墙

造句：操场四周围着高高的围墙。

笔顺：一 十 土 圵 圵 圵 墙 墙 墙 墙 墙 墙 墙 墙

cù
簇

部首	竹	笔画	17	组词	簇拥

造句 院子里花团锦簇。

笔顺 ノ 𠂉 ⺮ 𥫗 ⺮ 竺 笁 笁 笁 笶 笶 笶 笶 簇 簇 簇 簇

pān
攀

部首	手	笔画	19	组词	攀登

造句 他正在攀登雪峰。

笔顺 一 十 才 木 朩 朩 林 林 林 桝 桝 桝 桝 樊 樊 樊 樊 攀 攀

zhī
芝

部首	艹	笔画	6	组词	芝士

造句 我喜欢吃芝士蛋糕。

笔顺 一 十 艹 艹 芝 芝

yá
芽

部首	艹	笔画	7	组词	发芽

造句 种子破土而出，冒出小嫩芽。

笔顺 一 十 艹 艹 芒 芽 芽

bō
菠

部首	艹	笔画	11	组词	菠菜

造句 菠菜中富含维生素C。

笔顺 一 十 艹 艹 艹 艹 茳 茳 菠 菠 菠

hú
葫

部首	艹	笔画	12	组词	葫芦

造句 葫芦是最古老的作物之一。

笔顺 一 十 艹 艹 芢 芢 苦 苦 葫 葫 葫 葫

sāng

桑

部首	木	笔画	10	组词	桑叶

造句：养蚕人正在田间采桑叶。

笔顺：フ ヌ 及 叒 叒 叒 桑 桑 桑 桑

shèn

葚

部首	艹	笔画	12	组词	桑葚

造句：桑葚酸酸甜甜，味美多汁。

笔顺：一 十 艹 艹 苎 苷 苷 苷 苴 茸 葚 葚

chà

岔

部首	山	笔画	7	组词	岔路

造句：过了石桥后有一个岔路口。

笔顺：丿 八 分 分 分 岔 岔

yáng

扬

部首	扌	笔画	6	组词	飘扬

造句：五星红旗在风中飘扬。

笔顺：一 十 扌 扔 扬 扬

dā

搭

部首	扌	笔画	12	组词	搭建

造句：他搭建帐篷是为了露营。

笔顺：一 十 扌 扌 扌 扌 扌 扌 扌 搭 搭 搭

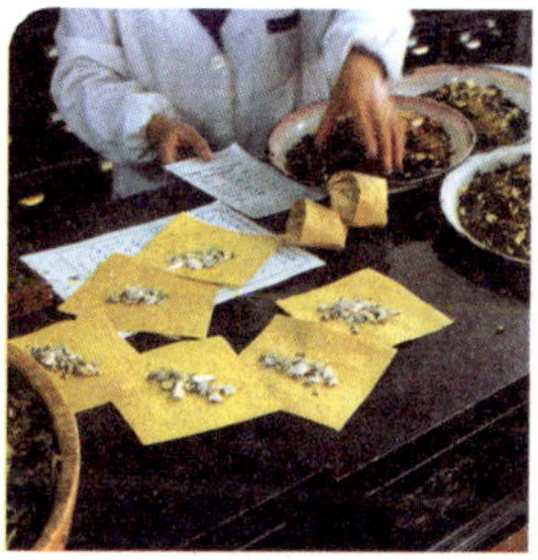

pèi

配

部首	酉	笔画	10	组词	配药

造句：药剂师边看处方边配药。

笔顺：一 厂 万 丙 两 西 酉 酉 酉 配

bō

播

部首	扌	笔画	15	组词	播种

造句 如今农民们用播种机播种。

笔顺 一 十 扌 扩 扩 扩 护 抨 抨 採 採 搭 播 播 播

shuān

拴

部首	扌	笔画	9	组词	拴住

造句 那条狗被链子拴住了。

笔顺 一 十 扌 扌 扒 扲 拴 拴 拴

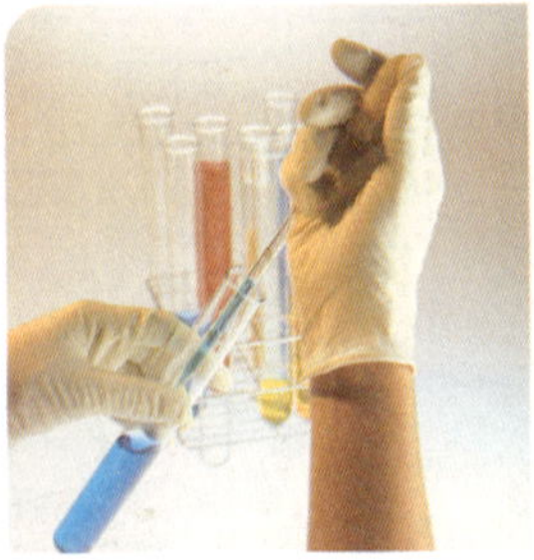

shí

实

部首	宀	笔画	8	组词	实验

造句 科学家正在做化学实验。

笔顺 丶 丶 宀 宀 宀 宝 实 实

jiàn

践

部首	足	笔画	12	组词	践行

造句 家人们都前来为他践行。

笔顺 丶 口 口 口 早 早 足 跂 跂 践 践 践

chá

查

部首	木	笔画	9	组词	检查

造句 医生正在为他检查口腔。

笔顺 一 十 才 木 木 杏 杳 杳 查

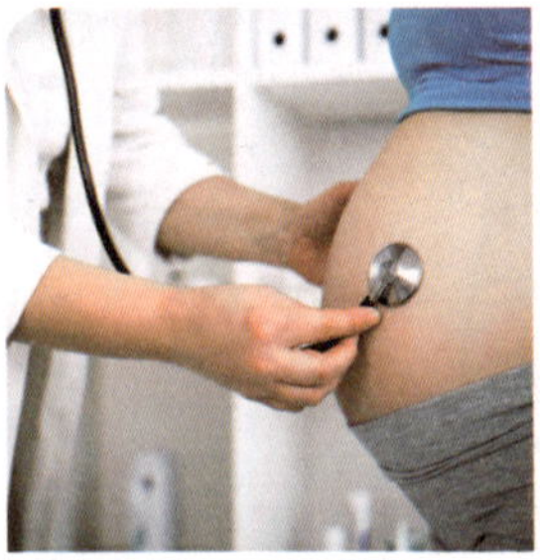

jiǎn

检

部首	木	笔画	11	组词	体检

造句 她每个月都要体检一次。

笔顺 一 十 才 木 木 朴 检 检 检 检 检

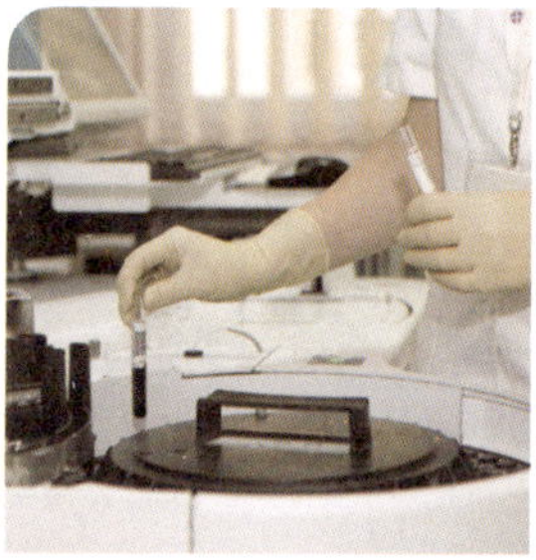

yàn

验

部首 马 笔画 10 组词 实验

造句 主任在实验室做实验。

笔顺 ㇇ 马 马 马' 马^ 驴 驴 验 验 验

cuī

催

部首 亻 笔画 13 组词 催促

造句 他不停地催促他的妻子。

笔顺 ノ 亻 亻' 亻山 亻山 亻屮 亻崔 亻崔 亻崔 亻崔 催 催 催

tì

剃

部首 刂 笔画 9 组词 剃刀

造句 他新买了一把剃刀。

笔顺 丶 丷 䒑 当 弔 弟 弟 弟刂 剃

guā

刮

部首 刂 笔画 8 组词 刮脸

造句 他将脸上的胡子刮得很干净。

笔顺 ノ 二 千 千 舌 舌 舌丨 刮

qiāo

敲

部首 攴 笔画 14 组词 敲打

造句 她轻轻地敲打着鼓。

笔顺 丶 亠 亠 亠 古 亨 亭 高 高 高 高丨 高卜 敲 敲

diāo

雕

部首 隹 笔画 16 组词 雕刻

造句 爷爷在木头上雕刻了花纹。

笔顺 丿 冂 冂 门 周 周 周 周 周丿 周亻 周亻 周亻 周隹 雕 雕 雕

kè

刻

部首 刂　笔画 8　组词 刻图章

造句 他给朋友刻了一枚图章。

笔顺 丶 亠 亡 亥 亥 亥 亥 刻

pèi

佩

部首 亻　笔画 8　组词 玉佩

造句 古人常在衣带上系枚玉佩。

笔顺 丿 亻 仉 仉 佩 佩 佩 佩

nèn

嫩

部首 女　笔画 14　组词 嫩绿

造句 茶叶冒出了嫩绿的新芽。

笔顺 𡿨 女 女 女 女 女 女 女 女 女 女 女 嫩 嫩

bì

碧

部首 石　笔画 14　组词 碧波

造句 放眼望去，西湖碧波万顷。

笔顺 一 二 千 王 王 王 珀 珀 珀 珀 珀 碧 碧 碧

cuì

翠

部首 羽　笔画 14　组词 翡翠

造句 这是我家祖传下来的翡翠。

笔顺 ㇆ ㇆ 习 习 羽 羽 羽 羽 羽 羽 羽 羽 翠 翠

chún

醇

部首 酉　笔画 15　组词 醇香

造句 醇香的奶茶沁人心脾。

笔顺 一 厂 丌 丙 丙 两 酉 酉 酉 酉 酉 酉 酉 醇 醇

shǔ

曙

部首 日 笔画 17 组词 曙光

造句 走了半天，终于见到曙光了。

笔顺 丨 冂 日 日 日' 日⺫ 日⺫ 日⺫ 日⺫ 日⺫ 日⺫ 日罒 日罗 曙 曙 曙 曙

liū

溜

部首 氵 笔画 13 组词 溜冰

造句 溜冰前先戴好安全护具。

笔顺 丶 丶 氵 氵 氵 氵 沪 泖 泖 溜 溜 溜 溜

liù

遛

部首 辶 笔画 13 组词 遛狗

造句 邻居阿姨在楼下遛狗。

笔顺 丿 ㇄ 𠃌 卯 卯 卯 留 留 留 留 留 遛 遛

jīn

筋

部首 竹 笔画 12 组词 皮筋

造句 我有许多小皮筋。

笔顺 丿 𠂉 ⺮ ⺮ ⺮ ⺮ 笋 笋 笋 笋 筋 筋

jǐn

锦

部首 钅 笔画 13 组词 锦鲤

造句 池中的锦鲤游得很欢快。

笔顺 丿 𠂉 𠂉 乍 钅 钅 钅 钌 钔 钔 钔 锦 锦

qiē

切

部首 刀 笔画 4 组词 切菜

造句 妈妈正在切辣椒。

笔顺 一 𠃋 切 切

bàn

拌

部首 扌 笔画 8 组词 搅拌

造句 请把鸡蛋倒入面粉中搅拌。

笔顺 一 十 扌 扌 扌' 扌' 扌 拌

zhān

粘

部首 米 笔画 11 组词 粘贴

造句 我用胶带将墙纸粘贴好了。

笔顺 丶 丷 丷 半 米 米 米 粉 粘 粘 粘

tiáo

调

部首 讠 笔画 10 组词 空调

造句 妈妈将空调温度调低了。

笔顺 丶 讠 讠 订 训 讷 调 调 调 调

xiāo

削

部首 刂 笔画 9 组词 削铅笔

造句 用转笔刀削铅笔速度更快。

笔顺 丨 丨 丬 丬 肖 肖 肖 削 削

cāo

操

部首 扌 笔画 16 组词 体操

造句 她是一名体操运动员。

笔顺 一 十 扌 扌 扌 扌 扌 扌 扌 扌 捍 捍 捍 操 操 操

liàn

练

部首 纟 笔画 8 组词 练习

造句 爷爷每天都坚持练习书法。

笔顺 ㇛ 纟 纟 纟 纡 练 练 练

pái

牌

部首 片 笔画 12 组词 奖牌

造句 他获得了人生的第一枚奖牌。

笔顺 丿 丿 广 片 片 片 片 片 片 牌 牌 牌

àn

案

部首 木 笔画 10 组词 案板

造句 这个案板是木制的。

笔顺 丶 丶 宀 宄 安 安 安 案 案 案

quán

拳

部首 手 笔画 10 组词 拳击

造句 爸爸送了我一副拳击手套。

笔顺 丶 丷 兰 兰 半 关 关 关 关 拳

zhǎng

掌

部首 手 笔画 12 组词 仙人掌

造句 仙人掌身上长满了刺。

笔顺 丨 丨 丨 丨 丨 丨 丨 丨 丨 堂 堂 掌

niǔ

纽

部首 纟 笔画 7 组词 纽扣

造句 她喜欢收集各种纽扣。

笔顺 ㄥ 纟 纟 纟 纽 纽 纽

kòu

扣

部首 扌 笔画 6 组词 扣眼

造句 这条裤子的扣眼刚刚剪开。

笔顺 一 十 扌 扌 扣 扣

lā

垃

部首 土 笔画 8 组词 垃圾袋

造句 黑色垃圾袋里装满了垃圾。

笔顺 一 十 土 圹 圹 圹 垃 垃

jī

圾

部首 土 笔画 6 组词 垃圾

造句 这些都是可回收垃圾。

笔顺 一 十 土 圴 圾 圾

lǐ

理

部首 王 笔画 11 组词 理发

造句 姐姐在理发店理发。

笔顺 一 二 干 王 玎 玎 玾 珇 理 理 理

sāi

腮

部首 月 笔画 13 组词 腮帮子

造句 妹妹用双手托着腮帮子。

笔顺 丿 刀 月 月 肌 肌 胛 胛 腮 腮 腮 腮 腮

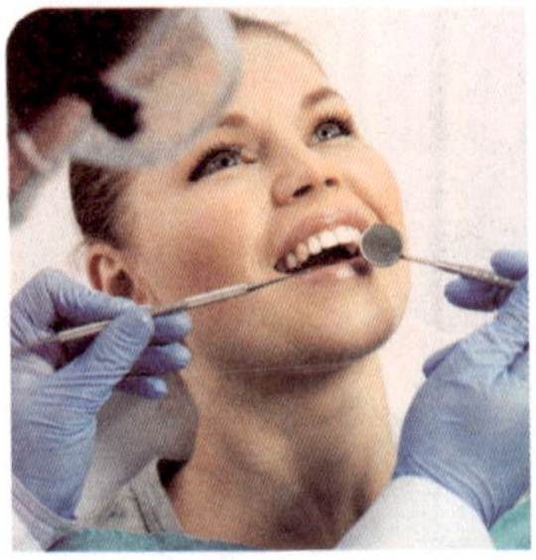

qiāng

腔

部首 月 笔画 12 组词 口腔

造句 我们要注意口腔卫生。

笔顺 丿 刀 月 月 月 月 肸 肸 腔 腔 腔 腔

fǔ

脯

部首 月 笔画 11 组词 胸脯

造句 杏脯吃起来酸甜可口。

笔顺 丿 刀 月 月 肵 肵 脜 脜 脯 脯 脯

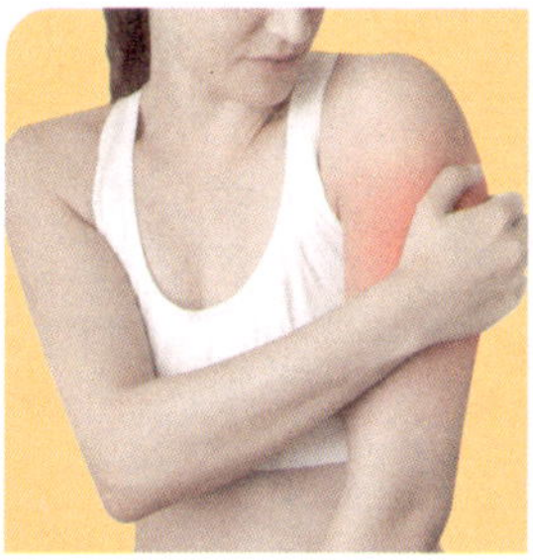

bǎng

膀

部首 月 笔画 14 组词 膀子

造句 她的膀子又红又肿。

笔顺 丿 刀 月 月 月丶 月亠 月亠 月亠 月产 月产 月产 月产 膀 膀

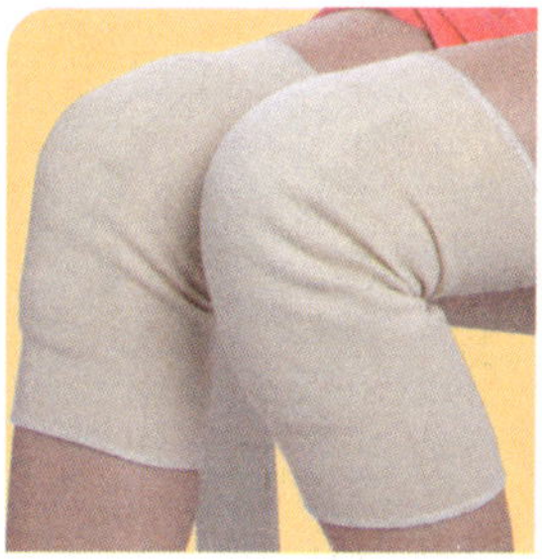

xī

膝

部首 月 笔画 15 组词 膝盖

造句 为了保暖，她穿上了护膝。

笔顺 丿 刀 月 月 月一 月十 月木 月木 月木 月木 月木 月木 膝 膝 膝

suǒ

索

部首 糸 笔画 10 组词 绳索

造句 爷爷买回了一捆绳索。

笔顺 一 十 十 声 声 去 去 索 索 索

zhàng

仗

部首 亻 笔画 5 组词 打仗

造句 这个国家一直在打仗。

笔顺 丿 亻 仁 什 仗

méi

煤

部首 火 笔画 13 组词 蜂窝煤

造句 蜂窝煤使用起来方便快捷。

笔顺 丶 丷 少 火 火一 火十 灶 烘 烘 烘 烘 煤 煤

xī

熄

部首 火 笔画 14 组词 熄灭

造句 他顺手将烟头熄灭了。

笔顺 丶 丷 少 火 火丿 火丿 炉 炉 炉 炉 炉 熄 熄 熄

fēn
纷

部首 纟 笔画 7 组词 缤纷

造句 地上的装饰物五彩缤纷。

笔顺 ㄑ ㄠ 纟 纟 纟八 纷 纷

bān
斑

部首 文 笔画 12 组词 斑马

造句 斑马因身上的条纹斑而得名。

笔顺 一 二 干 王 王' 王丿 玎 玟 玟 玟 斑 斑

qū
区

部首 匚 笔画 4 组词 小区

造句 爸爸将车开进了小区。

笔顺 一 丆 又 区

jù
巨

部首 匚 笔画 4 组词 巨大

造句 湖边上有一块巨大的石头。

笔顺 一 コ 彐 巨

pǐ
匹

部首 匚 笔画 4 组词 马匹

造句 一匹马在沙场上狂奔。

笔顺 一 丆 兀 匹

jiàng
匠

部首 匚 笔画 6 组词 匠人

造句 老匠人将技艺传给了孙子。

笔顺 一 二 厂 尸 斤 匠

cōng
囱

部首 口 笔画 7 组词 烟囱

造句 工厂里的烟囱冒出滚滚浓烟。

笔顺 丿 丿 冂 冂 向 囱 囱

lǔ
卤

部首 卤 笔画 7 组词 卤蛋

造句 妈妈腌制的卤蛋味道很特别。

笔顺 丨 卜 卜 占 卣 卤 卤

huí

回

部首：口　笔画：6　组词：回家

造句：外婆每天都要接小孙女儿回家。

笔顺：丨 冂 冂 冋 冋 回

qiú

囚

部首：口　笔画：5　组词：囚禁

造句：可怜的老虎被囚禁在了笼中。

笔顺：丨 冂 门 闪 囚

nān

囡

部首：口　笔画：6　组词：囡囡

造句：他有一个儿子一个囡囡。

笔顺：丨 冂 冈 冈 囡 囡

tuán

团

部首：口　笔画：6　组词：饭团子

造句：妈妈为我做了不同味道的饭团子。

笔顺：丨 冂 冃 円 闭 团

gù

固

部首：口　笔画：8　组词：固体

造句：水在零摄氏度以下时会变成固体。

笔顺：丨 冂 冃 冃 冃 周 固 固

wéi

围

部首：口　笔画：7　组词：围巾

造句：我给奶奶买了一条花围巾。

笔顺：丨 冂 冃 冃 冃 囯 围

kùn

困

部首：口　笔画：7　组词：困乏

造句：工作了一天，大家都困乏极了。

笔顺：丨 冂 冃 冃 闲 闲 困

sǔn

损

部首：扌　笔画：10　组词：损坏

造句：古长城遭到了人为的损坏。

笔顺：一 扌 扌 扌 扌 扌 扌 捐 损 损

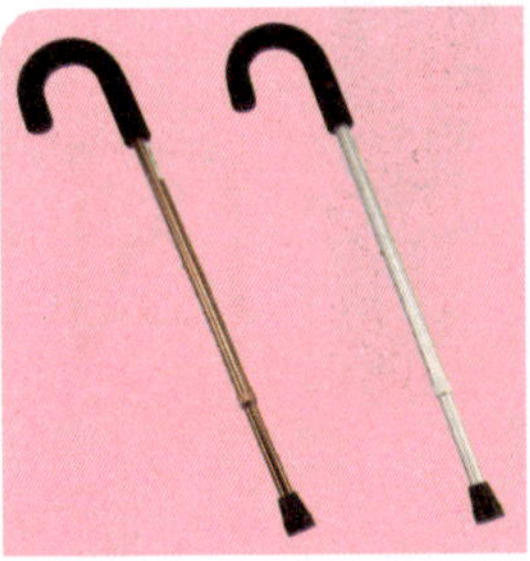

guǎi

拐

部首 扌 笔画 8 组词 拐杖

造句 爷爷老了，走路要拄拐杖。

笔顺 一 十 扌 扌 扌 护 扫 拐

zhé

折

部首 扌 笔画 7 组词 折纸

造句 我在手工课上学会了折纸。

笔顺 一 十 扌 扩 扩 扩 折

chāi

拆

部首 扌 笔画 8 组词 拆毁

造句 他家的老房子被拆毁了。

笔顺 一 十 扌 扩 扩 扩 折 拆

mǒ

抹

部首 扌 笔画 8 组词 涂抹

造句 她在脸上涂抹了防晒霜。

笔顺 一 十 扌 扌 扌 抹 抹 抹

diǎn

点

部首 灬 笔画 9 组词 点心

造句 饭后再吃点点心。

笔顺 丨 ⺊ ⺊ 占 占 占 点 点 点

héng

横

部首 木 笔画 15 组词 横批

造句 对联贴好了，就差横批了。

笔顺 一 十 才 木 木 杧 栍 栱 栱 棤 棤 横 横 横 横

piě

撇

部首 扌 笔画 14 组词 撇嘴

造句 小孩儿撇起嘴要哭了。

笔顺 一 十 扌 扌 扌' 扌' 扌' 扌 扌 扌 扌 扌 扌 扌 撇

tí

提

部首 扌 笔画 12 组词 提包

造句 他手里提着两个袋子。

笔顺 一 十 扌 扌 扌 扌 扌 扌 扌 扌 扌 提

nà

捺

部首 扌 笔画 11 组词 捺手印

造句 “人”字由一撇一捺组成。

笔顺 一 十 扌 扌 扌 扌 扌 扌 扌 扌 捺

qín

勤

部首 力 笔画 13 组词 勤奋

造句 她学习勤奋刻苦。

笔顺 一 十 廾 廾 廾 芦 苩 苩 苩 堇 堇 勤 勤

lǎn

懒

部首 忄 笔画 16 组词 懒散

造句 她懒散惯了，受不了约束。

笔顺 丶 丶 忄 忄 忄 忄 忄 忄 忄 忄 忄 忄 忄 懒 懒 懒

duò

惰

部首 忄 笔画 12 组词 懒惰

造句 小狗很懒惰，趴着睡了很久。

笔顺 丶 丶 忄 忄 忄 忄 忄 忄 忄 惰 惰 惰

cāo

糙

部首 米 笔画 16 组词 粗糙

造句 这棵树的树干表面很粗糙。

笔顺 丶 丷 䒑 半 米 米 米' 米ᐩ 米ᐩ 米ᐩ 米ᐩ 粘 粘 粘 粘 糙

chàn

颤

部首 页 笔画 19 组词 颤抖

造句 他颤抖着站立起来。

笔顺 丶 亠 广 产 亩 亩 亩 亩 亩 亶 亶 亶 亶 亶 亶 亶 亶 颤 颤

jí

极

部首 木 笔画 7 组词 太极

造句 打太极拳能使人心态平和。

笔顺 一 十 才 木 朾 极 极

qí

崎

部首 山 笔画 11 组词 崎径

造句 这儿有一条崎径能到达山顶。

笔顺 丨 凵 山 山 山 山 山 山 山 峆 崎

qū

岖

部首 山 笔画 7 组词 崎岖

造句 通往寺庙的路非常崎岖。

笔顺 丨 凵 山 山 山 山 岖

chán

禅

部首 礻 笔画 12 组词 禅院

造句 禅院是禅师参禅悟道的场所。

笔顺 丶 ブ 礻 礻 礻 礻 礻 礻 礻 禅 禅 禅

chǎn

阐

部首	门	笔画	11	组词	阐述

造句 他向客户阐述了自己的见解。

笔顺 丶 丨 门 门 闩 闩 闩 闩 闩 闽 阐

fēng

疯

部首	疒	笔画	9	组词	疯狂

造句 广场上的人们疯狂地欢呼着。

笔顺 丶 亠 广 广 疒 疒 疯 疯 疯

shū

输

部首	车	笔画	13	组词	运输

造句 他正在用卡车运输煤矿。

笔顺 一 𠂉 车 车 车 轮 轮 轮 输 输 输 输 输

yíng

赢

部首	贝	笔画	17	组词	赢家

造句 他是这次长跑比赛的赢家。

笔顺 丶 亠 亡 亡 亡 亡 亡 亡 亡 亡 亡 亡 亡 亡 亡 赢 赢

zhuàn

赚

部首	贝	笔画	14	组词	赚钱

造句 他利用暑假去赚钱交学费。

笔顺 丨 冂 贝 贝 贝 贝 贝 贝 贝 贝 贝 赚 赚 赚

zuì

醉

部首	酉	笔画	15	组词	醉酒

造句 他昨晚喝醉酒了，睡得很早。

笔顺 一 丆 丙 丙 西 西 酉 酉 酉 酉 酉 酉 酉 醉 醉

xǐng

醒

部首 酉 笔画 16 组词 清醒

造句 她在阳光的照耀下清醒过来。

笔顺 一 丁 万 丙 丙 西 酉 酉' 酉ㄇ 酉ㄇ 酉ㄇ 酉ㄇ 酉旦 酉星 醒 醒

yǎng

仰

部首 亻 笔画 6 组词 仰望

造句 两只小狗仰望着天空发呆。

笔顺 丿 亻 亻' 亻ㄏ 亻卬 仰

fǔ

俯

部首 亻 笔画 10 组词 俯瞰

造句 俯瞰这城市，我内心很震撼。

笔顺 丿 亻 亻' 亻广 亻广 仿 俯 俯 俯 俯

kàn

瞰

部首 目 笔画 16 组词 鸟瞰

造句 从这儿可以鸟瞰乡村景色。

笔顺 丨 冂 月 月 目 目' 目ㄏ 目ㄏ 盱 盱 盱 盱 盱' 盱ㄏ 瞰 瞰

kān

勘

部首 力 笔画 11 组词 勘察

造句 军人们正在勘察地形。

笔顺 一 十 廾 廾 甘 甘 其 其 甚 勘 勘

chí

驰

部首 马 笔画 6 组词 奔驰

造句 一匹马在草原上奔驰。

笔顺 ㇆ 马 马 马ㄱ 马也 驰

chěng

骋

部首	马	笔画	10	组词	驰骋

造句 两匹马在疆场上驰骋。

笔顺 ㇆ 马 马 马 马 马 驰 驰 驰 骋

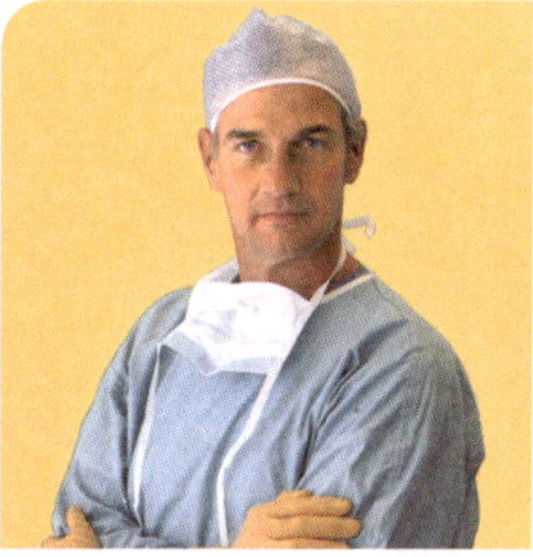

fū

夫

部首	大	笔画	4	组词	大夫

造句 我去找大夫问清楚病情。

笔顺 一 二 夫 夫

qī

妻

部首	女	笔画	8	组词	妻子

造句 她终于成为了他的妻子。

笔顺 一 ㇇ 彐 彐 事 妻 妻 妻

gōng

公

部首	八	笔画	4	组词	外公

造句 外公在拨打报纸上的热线。

笔顺 ノ 八 公 公

pó

婆

部首	女	笔画	11	组词	外婆

造句 外婆正在为孙子织毛衣。

笔顺 丶 丶 氵 氵 沪 沪 波 波 波 婆 婆

sǎo

嫂

部首	女	笔画	12	组词	嫂子

造句 我的嫂子是一名教师。

笔顺 ㄑ 女 女 女 女 女 女 女 女 婶 婢 嫂

zhí

侄

部首	亻	笔画	8	组词	侄子

造句 他家小侄子聪明伶俐。

笔顺 丿 亻 亻 仁 仨 侄 侄 侄

mào

茂

部首	艹	笔画	8	组词	茂盛

造句 院子里的植物长得很茂盛。

笔顺 一 十 艹 艹 芦 芃 茂 茂

máo

茅

部首	艹	笔画	8	组词	茅草

造句 不远处有一间茅草屋。

笔顺 一 十 艹 艹 艹 苎 茅 茅

mò

漠

部首	氵	笔画	13	组词	沙漠

造句 他在沙漠里迷失了方向。

笔顺 丶 丶 氵 氵 汁 汁 汁 泔 泔 泔 湛 漠 漠

gǎng

港

部首	氵	笔画	12	组词	港口

造句 港口停靠了很多船只。

笔顺 丶 丶 氵 氵 汁 汁 洪 洪 洪 洪 洪 港

yuán

源

部首	氵	笔画	13	组词	源头

造句 那条小河的源头在这里。

笔顺 丶 丶 氵 氵 沥 沥 沥 沥 沥 沥 沥 源 源

tán

潭

部首 氵 笔画 15 组词 潭水

造句 清澈的潭水里，鱼儿游来游去。

笔顺 丶 丶 氵 氵 氵 沪 沔 沔 沔 沔 沔 渾 潭 潭 潭

tān

滩

部首 氵 笔画 13 组词 沙滩

造句 我在沙滩上留下了一串脚印。

笔顺 丶 丶 氵 氵 汉 汉 汊 汊 汊 滩 滩 滩 滩

mìng

命

部首 人 笔画 8 组词 生命

造句 这些嫩芽的生命力很顽强。

笔顺 丿 人 亼 亼 合 合 合 命

dù

渡

部首 氵 笔画 12 组词 渡船

造句 我们坐渡船过的江。

笔顺 丶 丶 氵 氵 氵 汸 沪 沪 沪 沪 渡 渡

cuì

脆

部首 月 笔画 10 组词 清脆

造句 凉拌黄瓜又脆又爽口。

笔顺 丿 刀 月 月 月 月 脃 脃 脃 脆

chōng

冲

部首 冫 笔画 6 组词 冲刺

造句 她奋力地向终点冲刺。

笔顺 丶 冫 冫 冲 冲 冲

áng

昂

部首 日 笔画 8 组词 昂头

造句 小宝宝昂着头望着妈妈。

笔顺 丨 冂 日 日 旦 昂 昂 昂

hū

呼

部首 口 笔画 8 组词 呼气

造句 她深深地呼出一口气。

笔顺 丨 口 口 口 口 口 口 呼

kòu

叩

部首 口 笔画 5 组词 叩头

造句 他临走时对着恩人叩头。

笔顺 丨 口 口 叩 叩

wèi

味

部首 口 笔画 8 组词 味道

造句 汤里加入鸡精后味道更鲜。

笔顺 丨 口 口 口 口 味 味 味

jí

集

部首 隹 笔画 12 组词 集市

造句 她一大早就去集市摆摊了。

笔顺 丿 亻 亻 亻 亻 亻 隹 隹 隹 集 集 集

jī

基

部首 土 笔画 11 组词 地基

造句 盖房子前一定要先打好地基。

笔顺 一 十 廾 廾 甘 甘 其 其 基 基 基

chǔ

础

部首 石 笔画 10 组词 础石

造句 劳动人民是社会的础石。

笔顺 一 ㄏ 不 石 石 矿 矿 砷 础 础

shòu

售

部首 口 笔画 11 组词 售票

造句 大厅里设有无人售票机。

笔顺 丿 亻 亻 仁 仁 仨 佯 佳 隹 隹 售

háo

毫

部首 毛 笔画 11 组词 羊毫

造句 用羊毫笔写的字圆润秀美。

笔顺 丶 亠 亠 古 古 声 高 高 亭 亳 毫

lí

厘

部首 厂 笔画 9 组词 车厘子

造句 这个季节的车厘子价格很贵。

笔顺 一 厂 厂 斤 斤 后 盾 厘 厘

nī

妮

部首 女 笔画 8 组词 妮子

造句 这个小妮子长得真可爱。

笔顺 ㄑ 女 女 女 如 妒 妒 妮

sè

瑟

部首 王 笔画 13 组词 琴瑟

造句 他们的夫妻感情琴瑟甚笃。

笔顺 一 二 干 王 王 玨 玨 玨 玨 瑟 瑟 瑟 瑟

jī

激

部首	氵	笔画	16	组词	激烈

造句 运动员们抢球抢得很激烈。

笔顺 丶 冫 氵 氵 氵 泊 泊 泊 泊 泊 淣 淣 滂 滂 滶 激

jì

寂

部首	宀	笔画	11	组词	寂静

造句 寂静的林荫道上满是落叶。

笔顺 丶 丶 宀 宀 宀 宇 宇 宇 宇 宋 寂

cuì

粹

部首	米	笔画	14	组词	纯粹

造句 陶器是用纯粹的黏土制成的。

笔顺 丶 丷 丷 半 米 米 米 籵 籵 粋 粋 粋 粋 粹

quē

缺

部首	缶	笔画	10	组词	缺失

造句 我找不到那块缺失的拼图。

笔顺 丿 𠂉 亠 午 缶 缶 缶 缶 缺 缺

dī

滴

部首	氵	笔画	14	组词	滴水

造句 一滴水激起一层涟漪。

笔顺 丶 冫 氵 氵 氵 泞 泞 泞 滴 滴 滴 滴 滴 滴

kě

渴

部首	氵	笔画	12	组词	口渴

造句 他口渴了，猛地喝了一瓶水。

笔顺 丶 冫 氵 氵 氾 氾 泪 泪 渴 渴 渴 渴

qī

沏

部首	氵	笔画	7	组词	沏茶

造句 她先用开水把茶叶沏开。

笔顺 丶 丶 氵 氵 汢 沏 沏

xiāo

宵

部首	宀	笔画	10	组词	元宵

造句 我喜欢吃芝麻馅的元宵。

笔顺 丶 丶 宀 宀 宀 宀 宵 宵 宵 宵

ài

爱

部首	爫	笔画	10	组词	爱抚

造句 妈妈爱抚着宝宝的小脚。

笔顺 一 ⺈ ⺈ 爫 爫 爫 爫 爱 爱 爱

suàn

算

部首	竹	笔画	14	组词	算盘

造句 算盘是种古老的计算工具。

笔顺 丿 𠂉 𠂉 ⺮ ⺮ ⺮ 竹 笞 笞 笞 笞 箕 算 算

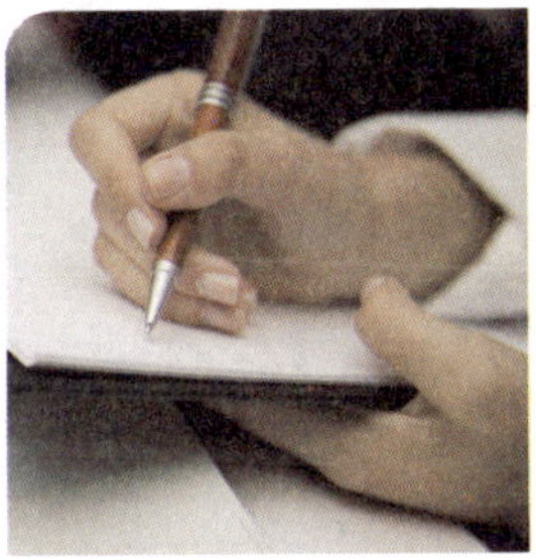

chāo

抄

部首	扌	笔画	7	组词	抄写

造句 她在认真地抄写笔记。

笔顺 一 亅 扌 扌 扎 扏 抄

zī

咨

部首	口	笔画	9	组词	咨询

造句 他正在向有关部门咨询。

笔顺 丶 冫 冫 冫 次 次 次 咨 咨

zī

资

部首 贝 笔画 10 组词 资产

造句 他将他的资产存进了银行。

笔顺 丶 冫 冫 次 次 次 咨 咨 资 资

dì

第

部首 竹 笔画 11 组词 府第

造句 他住在家父的府第里。

笔顺 丿 𠂉 𠂉 𥫗 𥫗 𥫗 笃 笃 笃 第 第

zhù

祝

部首 礻 笔画 9 组词 祝贺

造句 祝贺你们超额完成了计划。

笔顺 丶 ラ 礻 礻 礻 祀 祀 祝 祝

huàn

唤

部首 口 笔画 10 组词 呼唤

造句 它大声地呼唤着同伴。

笔顺 丨 冂 口 口 吖 吖 哈 哈 唤 唤

huàn

焕

部首 火 笔画 11 组词 焕然

造句 村庄经过整顿后焕然一新。

笔顺 丶 丷 火 火 火 炉 炉 焰 焰 焕 焕

huán

环

部首 王 笔画 8 组词 手环

造句 我有一个蓝色的运动手环。

笔顺 一 二 千 王 王 玎 环 环

huàn

幻

部首	幺	笔画	4	组词	梦幻

造句　我眼前出现了一座梦幻城堡。

笔顺　𠃋 𠃋 幺 幻

huàn

浣

部首	氵	笔画	10	组词	浣衣

造句　妇女们在河边浣衣。

笔顺　丶 冫 氵 氵 氵 沪 沪 浐 浐 浣

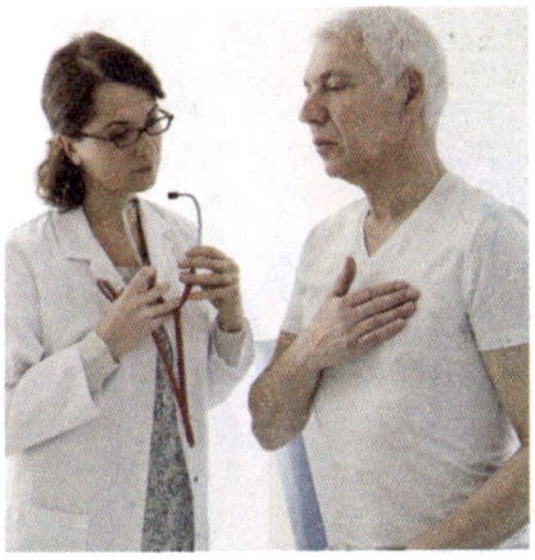

huàn

患

部首	心	笔画	11	组词	患者

造句　这名患者感觉胸闷气短。

笔顺　丨 冂 口 口 吕 吕 串 串 患 患 患

yōu

忧

部首	忄	笔画	7	组词	忧伤

造句　她忧伤地抱着玩具娃娃。

笔顺　丶 丷 忄 忄 忄 忧 忧

yóu

犹

部首	犭	笔画	7	组词	犹豫

造句　他犹豫着写上了最终答案。

笔顺　丿 犭 犭 犭 犭 犹 犹

yōu

悠

部首	心	笔画	11	组词	悠闲

造句　她悠闲地躺在沙发上。

笔顺　丿 亻 亻 亻 亻 攸 攸 攸 悠 悠 悠

gǎn

感

部首 心 笔画 13 组词 感冒

造句 感冒了会流鼻涕。

笔顺 一 厂 厂 厂 后 后 咸 咸 咸 咸 感 感 感

ēn

恩

部首 心 笔画 10 组词 恩情

造句 父母的恩情永生难忘。

笔顺 丨 冂 冃 冄 因 因 因 恩 恩 恩

zhǔ

嘱

部首 口 笔画 15 组词 嘱托

造句 外婆嘱托孙女不要乱跑。

笔顺 丨 ㄇ 口 口 叮 叨 叨 叨 呢 呢 呢 嘱 嘱 嘱 嘱

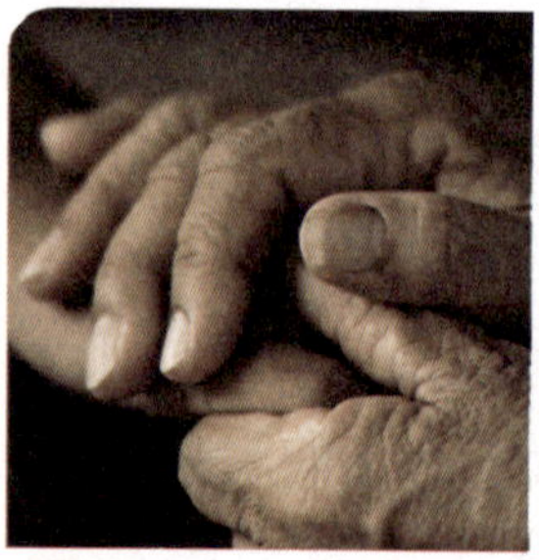

fù

咐

部首 口 笔画 8 组词 嘱咐

造句 老人嘱咐女儿要多回家看看。

笔顺 丨 ㄇ 口 叫 叫 吖 咐 咐

zūn

尊

部首 寸 笔画 12 组词 尊贵

造句 公司迎来了一位尊贵的客人。

笔顺 丶 丷 䒑 产 产 芮 芮 酋 酋 酋 尊 尊

jìng

敬

部首 攵 笔画 12 组词 敬礼

造句 女警们对着国旗敬礼。

笔顺 一 十 艹 艹 芍 芍 苟 苟 苟 苟 敬 敬

yǎ

雅

部首 隹 笔画 12 组词 优雅

造句 她穿上旗袍后优雅又知性。

笔顺 一 ㄷ 于 牙 牙 牙 牙 牙 牙 牙 雅 雅

huì

惠

部首 心 笔画 12 组词 贤惠

造句 她是一名贤惠的女子。

笔顺 一 𠂆 冂 冃 冃 申 申 申 由 惠 惠 惠

gē

歌

部首 欠 笔画 14 组词 唱歌

造句 唱歌是她的特长。

笔顺 一 冖 可 可 可 哥 哥 哥 哥 哥 哥 哥 哥 歌

sòng

颂

部首 页 笔画 10 组词 歌颂

造句 同学们在歌颂祖国大好河山。

笔顺 丿 八 公 公 公 公 公 颂 颂 颂

fǔ

腐

部首 肉 笔画 14 组词 豆腐

造句 妈妈准备做一道麻婆豆腐。

笔顺 丶 亠 广 广 广 庐 府 府 府 府 腐 腐 腐 腐

shí

蚀

部首 饣 笔画 9 组词 侵蚀

造句 地衣一点点侵蚀了岩石。

笔顺 丿 ⺈ 饣 饣 饣 饣 蚀 蚀 蚀

gàng

杠

部首 木 笔画 7 组词 单杠

造句 运动员在单杠上做各种动作。

笔顺 一 十 才 木 木一 杠 杠

gān

杆

部首 木 笔画 7 组词 杆塔

造句 那边竖着几根电线杆。

笔顺 一 十 才 木 木一 杆 杆

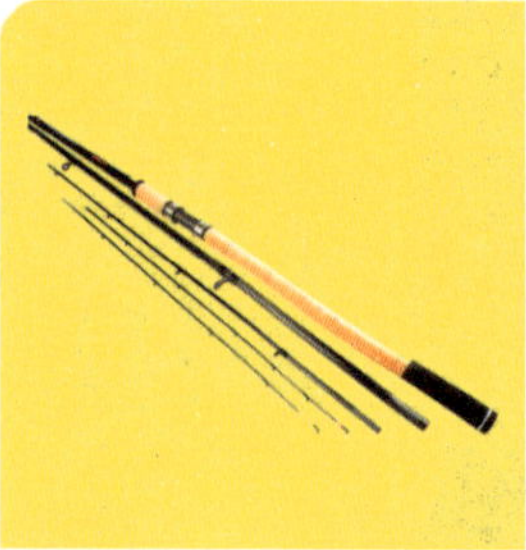

gān

竿

部首 竹 笔画 9 组词 钓竿

造句 他拿着钓竿去河边钓鱼了。

笔顺 丿 𠂉 𠂉 𠂉 𠂉 𥫗 竺 竺 竿

càn

灿

部首 火 笔画 7 组词 灿烂

造句 花田里的花儿开得正灿烂。

笔顺 丶 丷 少 火 火丨 灿 灿

yàn

焰

部首 火 笔画 12 组词 焰火

造句 美丽的焰火在空中绽放。

笔顺 丶 丷 少 火 火丿 火𠂊 火𠂊 火𠂊 火𠂊 焰 焰 焰

lì

丽

部首 一 笔画 7 组词 美丽

造句 她穿着美丽的礼服在弹琴。

笔顺 一 丅 丆 丆 丽 丽 丽

tào

套

部首 大 笔画 10 组词 手套

造句 我有一副可爱的小手套。

笔顺 一 ナ 大 太 夲 夲 夲 套 套 套

zhào

罩

部首 罒 笔画 13 组词 灯罩

造句 灯罩能使灯光聚集在一起。

笔顺 丶 冖 罒 罒 罒 罒 罒 罒 罒 罒 罩 罩 罩

fú

服

部首 月 笔画 8 组词 服装

造句 这是她设计的第一件服装。

笔顺 丿 刀 月 月 月ˊ 肜 服 服

dài

戴

部首 戈 笔画 17 组词 戴眼镜

造句 她戴眼镜看起来很酷。

笔顺 一 十 土 土 吉 吉 吉 吉 吉 㚔 㚔 㚔 㚔 㚔 㚔 戴 戴

jū

居

部首 尸 笔画 8 组词 居室

造句 这套房有三间居室。

笔顺 ㇇ ㇈ 尸 尸 尸 居 居 居

péi

陪

部首 阝 笔画 10 组词 陪伴

造句 父母应多花些时间陪伴孩子。

笔顺 ㇌ 阝 阝 阝 阝 阝 阝 陪 陪 陪

yú

娱

部首 女 笔画 10 组词 娱悦

造句 坐小火车使他们心情娱悦。

笔顺 ㄑ 乆 女 女' 女ㄇ 女ㄇ 娱 娱 娱 娱

yú

愉

部首 忄 笔画 12 组词 愉快

造句 孩子们在一起玩得很愉快。

笔顺 丶 丷 忄 忄 忄 忄 忄 忄 愉 愉 愉 愉

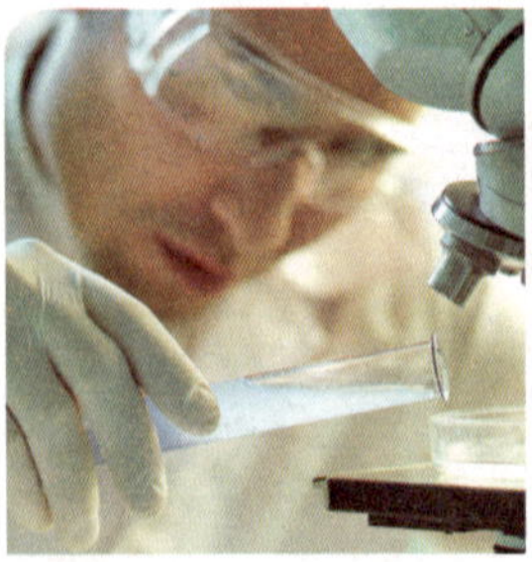

chá

察

部首 宀 笔画 14 组词 观察

造句 他正仔细地观察实验过程。

笔顺 丶 丶 宀 宀 宀 宀 宀 宀 宀 宀 察 察 察 察

tī

剔

部首 刂 笔画 10 组词 剔透

造句 宝石晶莹剔透，闪闪发亮。

笔顺 丨 ㄇ 日 日 月 易 易 易 剔 剔

xiàn

献

部首 犬 笔画 13 组词 文献

造句 这本文献很有历史价值。

笔顺 一 十 ナ 南 南 南 南 南 南 献 献 献 献

fèn

份

部首 亻 笔画 6 组词 一份

造句 她送了我一份生日礼物。

笔顺 丿 亻 亻 份 份 份

zǔ

组

部首 纟 笔画 8 组词 小组

造句 小组的每个成员都要参与。

笔顺 ㄥ 纟 纟 纠 纠 组 组 组

jiāo

胶

部首 月 笔画 10 组词 阿胶

造句 阿胶有补血的功效。

笔顺 丿 刀 月 月 月` 肀 肀 肀 胶 胶

jiǎo

绞

部首 纟 笔画 9 组词 绞尽脑汁

造句 她在绞尽脑汁地思考问题。

笔顺 ㄥ 纟 纟 纟 纟 纟 纟 纺 绞

jiāo

郊

部首 阝 笔画 8 组词 郊区

造句 郊区的空气很新鲜。

笔顺 丶 亠 亠 六 六 交 交 郊

yě

野

部首 里 笔画 11 组词 野餐

造句 周末我们约着一起去野餐。

笔顺 丨 冂 日 日 旦 甲 里 里 野 野 野

xiàng

巷

部首 巳 笔画 9 组词 巷子

造句 这条巷子里住了六户人家。

笔顺 一 十 艹 共 共 共 巷 巷 巷

wēi

危

部首 ⺈ 笔画 6 组词 危楼

造句 这栋危楼很快就要被拆了。

笔顺 ノ ⺈ ⺈ 产 声 危

xiǎn

险

部首 阝 笔画 9 组词 危险

造句 这座山很陡，攀登很危险。

笔顺 ㇋ 阝 阝 队 阶 阶 险 险 险

duì

队

部首 阝 笔画 4 组词 队形

造句 他们一路保持着整齐的队形。

笔顺 ㇋ 阝 阝 队

wǔ

伍

部首 亻 笔画 6 组词 队伍

造句 警察排着整齐的队伍巡逻。

笔顺 ノ 亻 亻 仃 伍 伍

jiāng

将

部首 丬 笔画 9 组词 将军

造句 他在剧中扮演一位将军。

笔顺 丶 冫 丬 丬 丬 丬 丬 将 将

shuài

帅

部首 巾 笔画 5 组词 帅气

造句 弟弟是个帅气的小伙子。

笔顺 丨 刂 刂 帅 帅

cè

侧

部首 亻 笔画 8 组词 侧面

造句 有一条船在海边发生侧翻。

笔顺 丿 亻 亻 仴 侽 侽 侧 侧

cè

策

部首 竹 笔画 12 组词 鞭策

造句 马在他的鞭策下跑得飞快。

笔顺 丿 𠂉 𥫗 𥫗 竹 竺 笁 竺 笞 笧 第 策

fǎ

法

部首 氵 笔画 8 组词 书法

造句 爸爸在书房练习书法。

笔顺 丶 丶 氵 氵 汁 沣 法 法

lǜ

律

部首 彳 笔画 9 组词 律师

造句 他是一名出色的律师。

笔顺 丿 彡 彳 彳 彳 律 律 律 律

duàn

段

部首 殳 笔画 9 组词 一段

造句 妈妈将大葱切成一段一段的。

笔顺 丿 亻 Ｆ Ｆ 乍 卑 段 段 段

huà

话

部首 讠 笔画 8 组词 电话

造句 他在电话里跟人沟通了很久。

笔顺 丶 讠 讠 讠 讦 讦 话 话

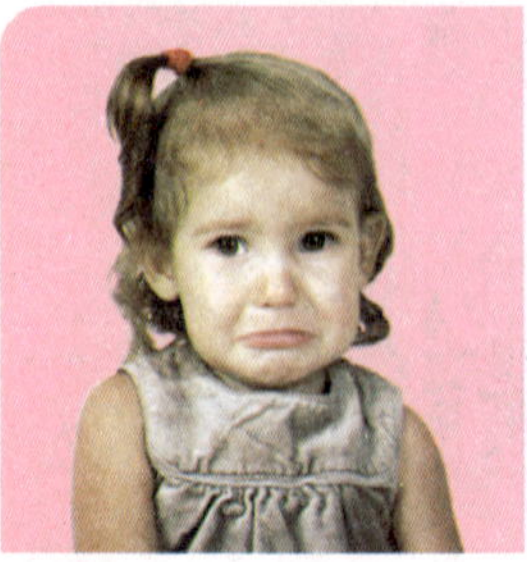

qì

泣

部首 氵 笔画 8 组词 哭泣

造句 妹妹因想念妈妈而哭泣。

笔顺 丶 丶 氵 氵 汁 汁 泣 泣

fǎng

纺

部首 纟 笔画 7 组词 纺织

造句 奶奶正在纺织一条地毯。

笔顺 ㄥ 纟 纟 纟 纩 纺 纺

gēng

耕

部首 耒 笔画 10 组词 耕田

造句 勤劳的黄牛正帮农民耕田。

笔顺 一 二 三 丰 丰 耒 耒 耒 耕 耕

shēng

牲

部首 牛 笔画 9 组词 牲畜

造句 猪是牲畜里长得最可爱的。

笔顺 ノ 𠂉 𠂇 牛 牛 牛 牛 牲 牲

chù

畜

部首 田 笔画 10 组词 六畜

造句 犬是六畜之一。

笔顺 丶 亠 亠 玄 玄 玄 斋 斋 畜 畜

luó

螺

部首 虫 笔画 17 组词 田螺

造句 田螺是包着硬壳的软体动物。

笔顺 丨 口 口 中 虫 虫 虫 虫 虫 虫 虫 虫 虫 螺 螺 螺 螺

shàn

鳝

部首	鱼	笔画	20	组词	鳝鱼

造句 鳝鱼生活在水边的石洞里。

笔顺 ノ ク ケ 各 各 角 鱼 鱼 鱼 鱼 鱼 鲜 鲜 鲜 鲜 鳝 鳝 鳝 鳝 鳝

miǎn

腼

部首	月	笔画	13	组词	腼腆

造句 弟弟性格腼腆，经常脸红。

笔顺 丿 刀 月 月 月 肝 肝 肟 肟 腼 腼 腼 腼

tiǎn

腆

部首	月	笔画	12	组词	腆着

造句 他坐在地上腆着胸脯傻笑。

笔顺 丿 刀 月 月 月 肌 肌 腆 腆 腆 腆 腆

péng

膨

部首	月	笔画	16	组词	膨化

造句 膨化食品的热量比较高。

笔顺 丿 刀 月 月 月 月 肚 肚 肚 肚 肚 肚 膨 膨 膨 膨

cháo

潮

部首	氵	笔画	15	组词	潮水

造句 潮水不断向岸边袭来。

笔顺 丶 丶 氵 氵 汁 汁 沽 沽 沽 淖 淖 淖 潮 潮 潮

xī

汐

部首	氵	笔画	6	组词	潮汐

造句 潮汐是沿海地区的自然现象。

笔顺 丶 丶 氵 氵 汐 汐

yǐ 以

部首：人

笔画：4

组词：以为 以往

造句：我以为你已经走了。

笔顺：丨 ㇄ 𠄌 以

yǐ 乙

部首：乙

笔画：1

组词：乙醇 乙酸

造句：乙醇是一种无色的可燃液体。

笔顺：乙

bǐng 丙

部首：一

笔画：5

组词：丙纶 丙部

造句：丙纶可用来制造渔网和绳索。

笔顺：一 厂 冂 丙 丙

dīng 丁

部首：一

笔画：2

组词：丁当 丁香

造句：院子里的丁香花都开了。

笔顺：一 丁

wù 戊

部首：戈

笔画：5

组词：戊戌

造句：戊戌是干支之一。

笔顺：一 厂 𢦏 戊 戊

gēng 庚

部首：广

笔画：8

组词：庚帖 庚齿

造句：成材不必问庚齿。

笔顺：丶 亠 广 户 户 庐 庚 庚

乃 nǎi

部首：丿
笔画：2
组词：乃尔　乃至
造句：他听到全国乃至世界人的掌声。
笔顺：㇇ 乃

未 wèi

部首：木
笔画：5
组词：未免　未来
造句：老师希望同学们都有好未来。
笔顺：一 二 丰 未 未

末 mò

部首：木
笔画：5
组词：末端　周末
造句：下个周末我们一起去打球。
笔顺：一 = 丰 末 末

退 tuì

部首：辶
笔画：9
组词：后退　退步
造句：车子往前进，树儿往后退。
笔顺：㇆ ㇇ ㇠ 㔾 艮 艮 艮 退 退

忘 wàng

部首：心
笔画：7
组词：忘记　遗忘
造句：那本书放在角落里被遗忘了。
笔顺：丶 亠 亡 亡 忘 忘 忘

忽 hū

部首：心
笔画：8
组词：忽略　忽然
造句：忽然，一只老鼠从缝里钻出来。
笔顺：丿 勹 勺 勿 勿 忽 忽 忽

部首 疒
笔画 9
组词 疤痕 伤疤
bā
疤
造句 他的胳膊上至今还有伤疤。
笔顺 丶 亠 广 广 疒 疒 疒 疒 疤

部首 疒
笔画 11
组词 痔疮
zhì
痔
造句 患有痔疮的人饮食要清淡。
笔顺 丶 亠 广 广 疒 疒 疒 疰 痔 痔 痔

部首 疒
笔画 12
组词 痘苗 种痘
dòu
痘
造句 痘苗接种到人体可预防天花。
笔顺 丶 亠 广 广 疒 疒 疒 疒 疒 痘 痘 痘

部首 疒
笔画 10
组词 痉挛
jìng
痉
造句 他脸上起了一阵可怕的痉挛。
笔顺 丶 亠 广 广 疒 疒 疒 痉 痉 痉

部首 门
笔画 6
组词 闯荡 闯关
chuǎng
闯
造句 他很早就出来闯荡江湖了。
笔顺 丶 丨 门 门 闯 闯

部首 日
笔画 6
组词 旬刊 下旬
xún
旬
造句 每月下旬班里都会组织活动。
笔顺 丿 勹 勹 旬 旬 旬

部首	艹
笔画	9
组词	推荐 荐引

jiàn 荐

造句 同桌给我推荐了这本书。

笔顺 一 十 艹 艹 芓 芓 荐 荐 荐

部首	刂
笔画	8
组词	剁排骨 剁椒

duò 剁

造句 妈妈在厨房里剁排骨。

笔顺 丿 几 几 朵 朵 朵 剁 剁

部首	田
笔画	5
组词	由于 理由

yóu 由

造句 他没有任何理由迟到。

笔顺 丨 冂 日 由 由

部首	月
笔画	12
组词	脾胃 脾气

pí 脾

造句 你要学会控制自己的脾气。

笔顺 丿 月 月 月 月 肜 胪 胪 胪 胂 胂 脾

部首	口
笔画	6
组词	原因 因素

yīn 因

造句 勤奋是成功的重要因素。

笔顺 丨 冂 冃 冃 因 因

部首	口
笔画	7
组词	囫囵吞枣

hú 囫

造句 读书囫囵吞枣等于浪费时间。

笔顺 丨 冂 冂 冈 冈 囫 囫

部首	口
笔画	7
组词	囫囵觉

lún 囵

造句 为了宝宝，她没睡过囫囵觉。

笔顺 丨 冂 冂 冂 冃 囟 囵

部首	扌
笔画	8
组词	押运 押金

yā 押

造句 他已经上交了一部分押金。

笔顺 一 亅 扌 扌 扣 扣 扫 押

部首	立
笔画	9
组词	竖立 竖琴

shù 竖

造句 学校门口竖立着一根旗杆。

笔顺 丨 刂 刂 収 収 収 坚 竖 竖

部首	大
笔画	8
组词	兴奋 奋斗

fèn 奋

造句 见到偶像后他非常兴奋。

笔顺 一 ナ 大 大 夯 夯 奋 奋

部首	耳
笔画	10
组词	耻辱 可耻

chǐ 耻

造句 观众的嘲笑声让他感觉耻辱。

笔顺 一 丅 丌 丌 耳 耳 耳 耳 耳 耻

部首	𧾷
笔画	13
组词	跺脚

duò 跺

造句 妹妹气得直跺脚。

笔顺 丶 口 口 甲 早 早 𧾷 趴 趴 跺 跺 跺 跺

究 jiū

部首：穴
笔画：7
组词：讲究 研究
造句：领导正在研究这个方案。
笔顺：丶 丶 宀 穴 穴 穷 究

忏 chàn

部首：忄
笔画：6
组词：拜忏 忏悔
造句：他为自己的不当行为而忏悔。
笔顺：丶 丶 忄 忄 忏 忏

悔 huǐ

部首：忄
笔画：10
组词：后悔 悔悟
造句：他悔悟了，并决定改过。
笔顺：丶 丶 忄 忄 忙 忙 忙 悔 悔 悔 悔

悟 wù

部首：忄
笔画：10
组词：恍然大悟 悔悟
造句：她恍然大悟，很快得出答案。
笔顺：丶 丶 忄 忄 忄 忓 忓 悟 悟 悟 悟

赔 péi

部首：贝
笔画：12
组词：赔偿 赔款
造句：损坏公物要照价赔偿。
笔顺：丨 冂 贝 贝 贝 贝 贝 贝 贝 贝 赔 赔 赔

呢 ne

部首：口
笔画：8
组词：哪呢 人呢
造句：人呢？都到哪儿去了？
笔顺：丨 口 口 口 口 呎 呎 呢

昵 nì

部首：日

笔画：9

组词：昵称 亲昵

造句：他亲昵地称呼她为宝贝。

笔顺：丨 ㄇ 日 日 日' 日' 昵 昵 昵

喃 nán

部首：口

笔画：12

组词：喃喃

造句：她在睡梦中喃喃自语。

笔顺：丨 ㄇ 口 口一 口十 口ナ 口冇 口冇 口冇 喃 喃 喃

级 jí

部首：纟

笔画：6

组词：级别 等级

造句：不同等级的商品价格不一样。

笔顺：ㄥ 纟 纟 纟 纫 级

绩 jì

部首：纟

笔画：11

组词：业绩 成绩

造句：她在考试中取得了好成绩。

笔顺：ㄥ 纟 纟 纟一 纟二 纟丰 纟丰 纟丰 纟丰 绩 绩

即 jí

部首：卩

笔画：7

组词：即使 即将

造句：展览会即将要结束了。

笔顺：ㄱ ㄱ ㅋ 艮 艮 即 即

济 jì

部首：氵

笔画：9

组词：救济 接济

造句：他心地善良，经常接济穷人。

笔顺：丶 丶 氵 氵 氵 氵 氵 济 济

幼小衔接学前常用字

幼儿学前

识字大王

2280字

廉东星 编著

提高篇

成都地图出版社

目录

qiān

迁

部首：辶　笔画：6　组词：搬迁

造句：他们一家迁入了新居。

笔顺：丿 二 千 丶千 讠千 迁

hái

还

部首：辶　笔画：7　组词：还有

造句：她还有很多想看的好书。

笔顺：一 丆 不 不 丶不 讠不 还

guò

过

部首：辶　笔画：6　组词：经过

造句：行人们准备过马路。

笔顺：一 十 寸 丶寸 讨 过

biān

边

部首：辶　笔画：5　组词：岸边

造句：岸边停靠着一艘船。

笔顺：㇇ 力 丶力 讠力 边

yùn

运

部首：辶　笔画：7　组词：运送

造句：卡车正在运送货物的途中。

笔顺：一 二 云 云 丶云 讠云 运

táo

逃

部首：辶　笔画：9　组词：逃生

造句：公共场所请牢记逃生出口。

笔顺：丿 丿 丬 儿 北 兆 丶兆 讠兆 逃

jiǎng

讲

部首 讠 笔画 6 组词 讲解

造句 爷爷在给孙子讲解难题。

笔顺 丶 讠 讠 讠 讠 讲

shù

述

部首 辶 笔画 8 组词 述说

造句 教授正在讲述课题的主旨。

笔顺 一 十 才 木 术 术 沭 述

wén

闻

部首 门 笔画 9 组词 闻名

造句 阿姨闻着百合花的清香。

笔顺 丶 丨 门 门 门 闩 闻 闻 闻

yán

言

部首 言 笔画 7 组词 发言

造句 兰兰积极举手发言。

笔顺 丶 亠 亠 亠 言 言 言

dài

带

部首 巾 笔画 9 组词 领带

造句 领带是搭配正装的饰物。

笔顺 一 十 艹 卅 卅 卅 带 带 带

lǐng

领

部首 页 笔画 11 组词 领结

造句 领结是系在衬衫领子前面的。

笔顺 丿 人 𠆢 今 令 令 令 令 领 领 领

qīng
清

部首 氵 笔画 11 组词 清澈

造句 泉水清澈见底，惹人喜爱。

笔顺 丶 丷 氵 氵 氵 氵 氵 清 清 清 清

zhuó
浊

部首 氵 笔画 9 组词 污浊

造句 这条小溪水质污浊。

笔顺 丶 丷 氵 氵 氵 汩 汩 浊 浊

nóng
浓

部首 氵 笔画 9 组词 浓茶

造句 爷爷泡了一杯浓茶。

笔顺 丶 丷 氵 氵 氵 氵 浓 浓 浓

dàn
淡

部首 氵 笔画 11 组词 清淡

造句 爸爸只喜欢喝淡茶。

笔顺 丶 丷 氵 氵 氵 氵 氵 氵 氵 淡 淡

yōu
优

部首 亻 笔画 6 组词 优秀

造句 丽丽的学习成绩十分优秀。

笔顺 丿 亻 仁 什 优 优

liè
劣

部首 力 笔画 6 组词 恶劣

造句 这里的自然环境很恶劣。

笔顺 丨 小 小 少 劣 劣

pào

泡

部首	氵	笔画	8	组词	泡泡

造句 这里飘着许多彩色的泡泡。

笔顺 丶 冫 氵 氵 汋 沟 泃 泡

mò

沫

部首	氵	笔画	8	组词	泡沫

造句 啤酒溢出了许多泡沫。

笔顺 丶 冫 氵 汀 汀 汗 沬 沫

fú

浮

部首	氵	笔画	10	组词	漂浮

造句 船舶在湖面静静地漂浮着。

笔顺 丶 冫 氵 氵 氵 氵 浮 浮 浮 浮

píng

萍

部首	艹	笔画	11	组词	萍藻

造句 池塘里有很多萍藻。

笔顺 一 十 艹 艹 艹 艹 艹 芦 茫 茳 萍

yóu

游

部首	氵	笔画	12	组词	游泳

造句 游泳选手正在奋力冲刺。

笔顺 丶 冫 氵 氵 氵 汸 汸 汸 游 游 游 游

yǒng

泳

部首	氵	笔画	8	组词	泳帽

造句 哥哥正在学习自由泳。

笔顺 丶 冫 氵 氵 汀 汈 泳 泳

dǔ

堵

部首	土	笔画	11	组词	拥堵

造句 上下班高峰期时交通拥堵。

笔顺 一 十 土 圹 圵 坓 垰 垰 堵 堵 堵

sāi

塞

部首	宀	笔画	13	组词	瓶塞

造句 我喜欢收集红酒的瓶塞。

笔顺 丶 丷 宀 宀 宀 宇 宙 宙 宑 寒 寒 寒 塞

tōng

通

部首	辶	笔画	10	组词	通行

造句 路段抢修后就恢复了通行。

笔顺 ㇇ マ 乃 月 甬 甬 甬 涌 诵 通

chàng

畅

部首	丨	笔画	8	组词	畅通

造句 这条路笔直宽阔，畅通无阻。

笔顺 丨 冂 日 日 申 畅 畅 畅

liú

流

部首	氵	笔画	10	组词	溪流

造句 一条清澈的溪流涓涓流淌。

笔顺 丶 丶 氵 氵 氵 汒 浐 浐 涥 流

dá

达

部首	辶	笔画	6	组词	到达

造句 列车终于到达了终点站。

笔顺 一 ナ 大 大 达 达

zuò

座

部首	笔画	组词
广	10	座位

造句：明亮的教室里有很多座位。

笔顺：丶 亠 广 广 庂 庂 広 座 座 座

zuò

做

部首	笔画	组词
亻	11	做法

造句：妈妈陪女儿做游戏。

笔顺：丿 亻 仁 什 估 估 估 做 做 做 做

zuò

作

部首	笔画	组词
亻	7	作业

造句：明明正在写作业。

笔顺：丿 亻 亻 化 作 作 作

yè

业

部首	笔画	组词
业	5	业务

造句：叔叔在和客户谈业务。

笔顺：丨 刂 刂 业 业

yòng

用

部首	笔画	组词
丿	5	信用

造句：我办了一张信用卡。

笔顺：丿 冂 月 月 用

shuǎi

甩

部首	笔画	组词
丿	5	甩手

造句：运动员正准备甩出铁饼。

笔顺：丿 冂 月 月 甩

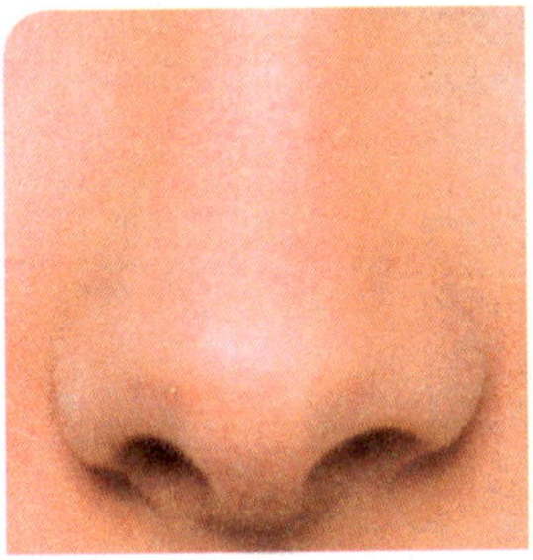

bí

鼻

部首 鼻 笔画 14 组词 鼻梁

造句 她的鼻梁很高。

笔顺 ′ 丨 白 白 自 自 自 鳥 畠 畠 畠 皐 鼻 鼻

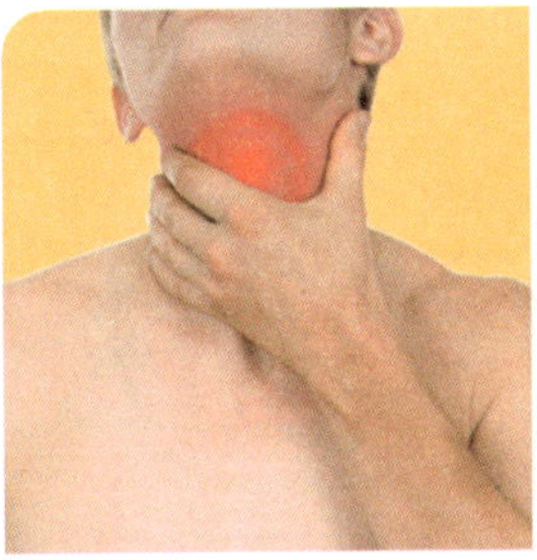

hóu

喉

部首 口 笔画 12 组词 咽喉

造句 他患有咽喉炎。

笔顺 丨 口 口 口′ 口亻 口个 口仁 口仨 口侯 喉 喉 喉

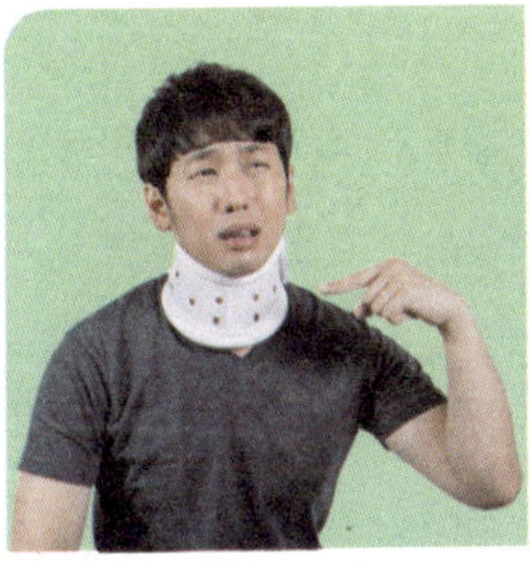

bó

脖

部首 月 笔画 11 组词 脖子

造句 叔叔的脖子受伤了。

笔顺 丿 月 月 月 月一 月十 月土 月耂 月孛 脖 脖

jǐng

颈

部首 页 笔画 11 组词 长颈鹿

造句 长颈鹿有着长长的脖子。

笔顺 ㇇ 又 㐅 仌 圣 圣一 圣丆 刭 颈 颈 颈

tuǐ

腿

部首 月 笔画 13 组词 大腿

造句 姐姐有一双大长腿。

笔顺 丿 月 月 月 月㇆ 月㇆ 月彐 月艮 月艮 腿 腿 腿 腿

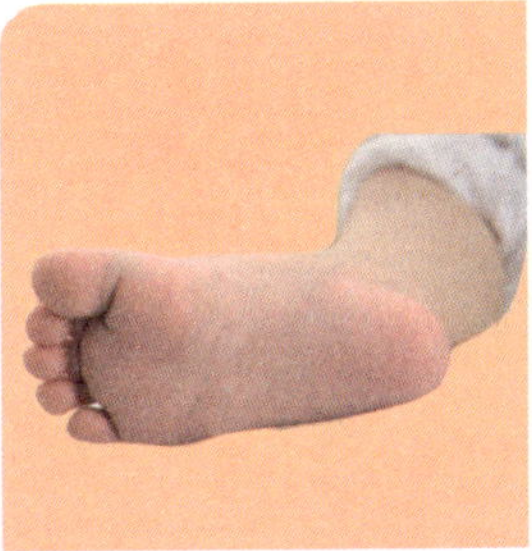

jiǎo

脚

部首 月 笔画 11 组词 脚丫

造句 宝宝的小脚丫很可爱。

笔顺 丿 月 月 月 月一 月十 月土 月去 月去 脚 脚

xuè

血

部首	血	笔画	6	组词	血液

造句 血袋用来贮存血液。

笔顺 ′ ⺁ 白 白 皿 血

hàn

汗

部首	氵	笔画	6	组词	流汗

造句 军人流血流汗不流泪。

笔顺 丶 丶 氵 氵 氵 汗

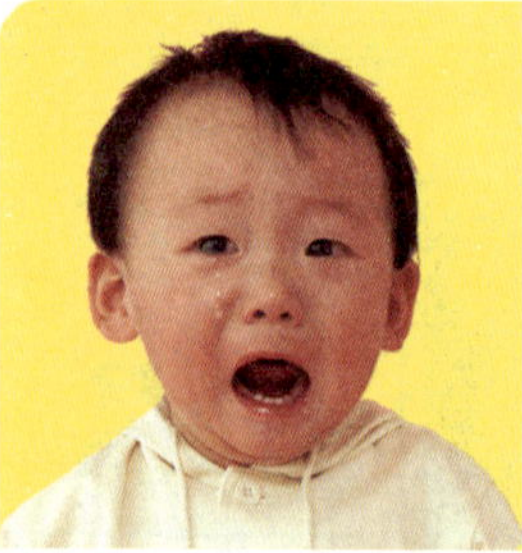

lèi

泪

部首	氵	笔画	8	组词	泪水

造句 小弟弟哭得泪眼汪汪。

笔顺 丶 丶 氵 氵 汩 汩 泪 泪

yè

液

部首	氵	笔画	11	组词	液体

造句 香水是一种液体物。

笔顺 丶 丶 氵 氵 氵 汸 汸 洂 洂 液 液

zǎo

澡

部首	氵	笔画	16	组词	洗澡

造句 小宝宝快乐地洗着澡。

笔顺 丶 丶 氵 氵 氵 氵 氵 氵 氵 氵 氵 澡 澡 澡 澡 澡

yù

浴

部首	氵	笔画	10	组词	沐浴

造句 丹妮正在愉悦地沐浴。

笔顺 丶 丶 氵 氵 氵 氵 浴 浴 浴 浴

chuī

吹

部首 口 笔画 7 组词 吹奏

造句 小女孩开心地吹着泡泡。

笔顺 丨 ㄇ 口 口丿 口⺈ 口欠 吹

jié

劫

部首 力 笔画 7 组词 抢劫

造句 他是个很凶的抢劫者。

笔顺 一 十 土 去 去 去フ 劫

huò

获

部首 艹 笔画 10 组词 收获

造句 这是农民辛苦耕耘的收获。

笔顺 一 十 艹 艹 艹 艹 艹 艹 获 获

jié

截

部首 戈 笔画 14 组词 截面

造句 苹果切了一半后的截面。

笔顺 一 十 土 土 土 土 土 土 土 土 土 截 截 截

tǎng

淌

部首 氵 笔画 11 组词 流淌

造句 小河欢快地向前流淌着。

笔顺 丶 丶 氵 氵 氵 氵 氵 氵 淌 淌 淌

hōng

轰

部首 车 笔画 8 组词 轰炸

造句 这是最新设计的轰炸机。

笔顺 一 𠂇 𠂇 车 车 车 车 轰

chuàn

串

部首	丨	笔画	7	组词	珠串

造句　这里有一条漂亮的珠串。

笔顺　丨 冂 口 口 吕 吕 串

lì

粒

部首	米	笔画	11	组词	米粒

造句　水稻去壳之后就是米粒。

笔顺　丶 丷 丷 半 米 米 米 米 米 粒 粒

kē

棵

部首	木	笔画	12	组词	一棵

造句　这棵树枝繁叶茂。

笔顺　一 十 才 木 木 朩 朩 枂 梩 棵 棵 棵

kē

颗

部首	页	笔画	14	组词	一颗

造句　这颗草莓红得诱人极了。

笔顺　丨 冂 日 日 旦 甲 果 果 果 果 果 颗 颗 颗

liàng

辆

部首	车	笔画	11	组词	车辆

造句　爸爸有一辆红色的车。

笔顺　一 𠂇 左 车 车 车 斩 斩 斩 辆 辆

zhū

株

部首	木	笔画	10	组词	一株

造句　我要送妈妈一株百合花。

笔顺　一 十 才 木 木 木 朱 朱 株 株

cāng

仓

部首 人 笔画 4 组词 货仓

造句 货仓里存了很多货物。

笔顺 丿 人 今 仓

kù

库

部首 广 笔画 7 组词 库房

造句 宽敞的库房明亮又整洁。

笔顺 丶 亠 广 广 庐 库 库

chǎng

厂

部首 厂 笔画 2 组词 工厂

造句 郊外有一家化工厂。

笔顺 一 厂

diàn

店

部首 广 笔画 8 组词 商店

造句 这家商店刚开业不久。

笔顺 丶 亠 广 广 庐 床 店 店

kuàng

矿

部首 石 笔画 8 组词 矿石

造句 新开采出来的矿石很漂亮。

笔顺 一 丆 不 石 石 石` 石⺈ 矿

qì

器

部首 口 笔画 16 组词 机器

造句 机器需要定期检修保养。

笔顺 丨 ㄇ 口 口一 口口 吅 吅 哭 哭 哭 哭 哭 哭 器 器 器

máng

忙

部首 忄 笔画 6 组词 匆忙

造句 叔叔走路的样子很匆忙。

笔顺 丶 丷 忄 忄' 忙 忙

lù

碌

部首 石 笔画 13 组词 忙碌

造句 阿姨的工作总是很忙碌。

笔顺 一 丆 𠂇 石 石 石' 矿 砀 砀 碌 碌 碌 碌

xián

闲

部首 门 笔画 7 组词 空闲

造句 外公一有空闲就带我去钓鱼。

笔顺 丶 丨 门 闩 闬 闲 闲

zhēng

争

部首 ⺈ 笔画 6 组词 争取

造句 球员奋力争取投篮的机会。

笔顺 丿 ⺈ 乌 刍 刍 争

jiāo

娇

部首 女 笔画 9 组词 娇嫩

造句 含苞待放的花朵很娇嫩。

笔顺 ㄑ 女 女 女' 妒 妖 妖 娇 娇

xiū

羞

部首 ⺶ 笔画 10 组词 害羞

造句 侄女拍照的时候很害羞。

笔顺 丶 丷 䒑 兰 兰 羊 差 羞 羞 羞

sháo

芍

部首 艹 笔画 6 组词 芍药

造句 一朵艳丽盛开着的芍药花。

笔顺 一 十 艹 艹 芍 芍

táng

棠

部首 木 笔画 12 组词 海棠

造句 海棠花开得十分灿烂。

笔顺 丨 丨丨 丷丨 丷丷 ⺌ ⺌ 尚 尚 堂 掌 掌 棠

mò

茉

部首 艹 笔画 8 组词 茉莉

造句 茉莉花的芳香沁人心脾。

笔顺 一 十 艹 芏 芏 苿 茉 茉

hé

荷

部首 艹 笔画 10 组词 荷花

造句 盛夏时,池塘的荷花都开了。

笔顺 一 十 艹 艹 芢 芢 苛 荷 荷 荷

kuí

葵

部首 艹 笔画 12 组词 向日葵

造句 向日葵有着阳光一般的笑脸。

笔顺 一 十 艹 艹 艹 艹 艹 芵 芵 葵 葵 葵

yīng

樱

部首 木 笔画 15 组词 樱桃

造句 樱桃是我最喜欢吃的水果。

笔顺 一 十 才 木 木 朩 机 枛 枛 栶 栶 樱 樱 樱 樱

mǔ

牡

部首 牛 笔画 7 组词 牡丹

造句 牡丹国色天香，是百花之王。

笔顺 ノ 𠂉 牛 牜 牜 牡 牡

dān

丹

部首 丿 笔画 4 组词 丹顶鹤

造句 丹顶鹤是国家保护动物。

笔顺 丿 冂 月 丹

méi

玫

部首 王 笔画 8 组词 玫瑰

造句 玫瑰花象征着热烈的爱。

笔顺 一 二 干 王 王' 王 玫 玫

guī

瑰

部首 王 笔画 13 组词 瑰宝

造句 龙门石窟是中华的瑰宝。

笔顺 一 二 干 王 王' 王 珀 珀 珀 珅 瑰 瑰 瑰

wú

梧

部首 木 笔画 11 组词 梧桐

造句 这是一片诗意的梧桐林。

笔顺 一 十 才 木 木 杇 杇 杇 梧 梧 梧

tóng

桐

部首 木 笔画 10 组词 桐树

造句 桐树的叶子轻轻地飘落下来。

笔顺 一 十 才 木 札 机 桐 桐 桐 桐

lì

栗

部首：木　笔画：10　组词：板栗

造句：小松鼠喜欢吃板栗。

笔顺：一 丆 丙 襾 襾 西 覀 覀 覀 栗

sù

粟

部首：米　笔画：12　组词：粟米

造句：粟米是很好的粗粮食品。

笔顺：一 丆 丙 襾 襾 西 覀 覀 覀 覀 覀 粟

má

麻

部首：麻　笔画：11　组词：麻花

造句：天津的麻花很出名。

笔顺：丶 亠 广 广 庁 庁 庥 庥 府 府 麻

bǎi

柏

部首：木　笔画：9　组词：松柏

造句：松柏终年青翠，庄重肃穆。

笔顺：一 十 才 木 木' 杧 柏 柏 柏

huái

槐

部首：木　笔画：13　组词：槐花

造句：槐花的香气扑鼻而来。

笔顺：一 十 才 木 木' 朩 杓 杓 柏 柛 梚 槐 槐

jiāo

椒

部首：木　笔画：12　组词：辣椒

造句：红辣椒象征日子红红火火。

笔顺：一 十 才 木 朩 朩 杧 村 村 村 椒 椒

guó

国

部首 口 笔画 8 组词 祖国

造句 天安门是祖国的象征。

笔顺 丨 冂 冂 冃 冃 国 国 国

pǔ

圃

部首 口 笔画 10 组词 花圃

造句 花圃里开满了姹紫嫣红的花。

笔顺 丨 冂 冂 冂 同 同 同 圃 圃 圃

jiǔ

韭

部首 韭 笔画 9 组词 韭菜

造句 我喜欢吃韭菜馅的饺子。

笔顺 丨 ﾄ ﾄ 彐 非 非 非 非 韭

cóng

丛

部首 一 笔画 5 组词 树丛

造句 这片树丛刚被精心修剪过。

笔顺 丿 人 从 从 丛

jīng

茎

部首 艹 笔画 8 组词 根茎

造句 树木的根茎交错缠绕。

笔顺 一 十 艹 艹 艾 苳 茎 茎

chà

杈

部首 木 笔画 7 组词 树杈

造句 这棵老树有许多树杈。

笔顺 一 十 才 木 杈 杈 杈

chǎo 炒

部首	火	笔画	8	组词	翻炒

造句 厨师正在翻炒着美味。

笔顺 丶 丷 ⺌ 火 火丨 灬 炒 炒

zhá 炸

部首	火	笔画	9	组词	油炸

造句 油炸食品易导致发胖。

笔顺 丶 丷 ⺌ 火 火 炸 炸 炸 炸

zhēng 蒸

部首	艹	笔画	13	组词	蒸笼

造句 刚蒸出来的包子很好吃。

笔顺 一 十 艹 艹 芓 芓 茅 茏 蒸 蒸 蒸 蒸 蒸

zhǔ 煮

部首	灬	笔画	12	组词	煮面

造句 外公外婆一起下厨煮面。

笔顺 一 十 土 耂 耂 者 者 者 者 煮 煮 煮

jiān 煎

部首	灬	笔画	13	组词	煎熬

造句 她很会做煎鸡蛋。

笔顺 丶 丷 䒑 䒑 广 肖 前 前 前 煎 煎 煎 煎

bào 爆

部首	火	笔画	19	组词	爆炸

造句 爆炸时一团火球腾空而起。

笔顺 丶 丷 ⺌ 火 火 炉 炉 炉 焊 焊 焊 焊 焊 煤 爆 爆 爆 爆 爆

lì 历

部首：厂　笔画：4　组词：历史

造句：长城是中国伟大的历史奇迹。

笔顺：一 厂 万 历

shǐ 史

部首：口　笔画：5　组词：史料

造句：古人留下很多珍贵的史料文物。

笔顺：丨 冂 口 史 史

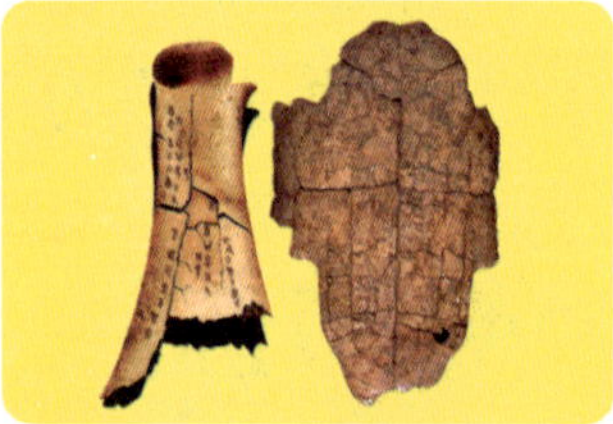

wén 文

部首：文　笔画：4　组词：文字

造句：甲骨文是中国的一种古老文字。

笔顺：丶 亠 ナ 文

huà 化

部首：亻　笔画：4　组词：化石

造句：化石是沧海桑田的见证。

笔顺：丿 亻 亻 化

yì 艺

部首：艹　笔画：4　组词：艺术

造句：妹妹会跳芭蕾舞，多才多艺。

笔顺：一 十 艹 艺

shù 术

部首：木　笔画：5　组词：算术

造句：妞妞正在解答算术题。

笔顺：一 十 才 木 术

zhǐ 纸

部首：纟　笔画：7　组词：纸巾

造句：纸巾是生活必需品。

笔顺：纟 纟 纟 纟 纟 纟 纸

běn 本

部首：木　笔画：5　组词：本子

造句：这是妈妈给我新买的作业本。

笔顺：一 十 才 木 本

shū

书

部首	乛	笔画	4	组词	读书
造句	我们应该养成爱读书的好习惯。				
笔顺	乛 ㇠ 书 书				

tú

图

部首	囗	笔画	8	组词	图书
造句	我很喜欢这本图书。				
笔顺	丨 冂 冂 冈 冈 冈 图 图				

bào

报

部首	扌	笔画	7	组词	报纸
造句	爸爸每天早上都要看报纸。				
笔顺	一 十 扌 扌 扫 报 报				

biǎo

表

部首	一	笔画	8	组词	手表
造句	这个红色的手表很漂亮。				
笔顺	一 二 三 丰 圭 耒 表 表				

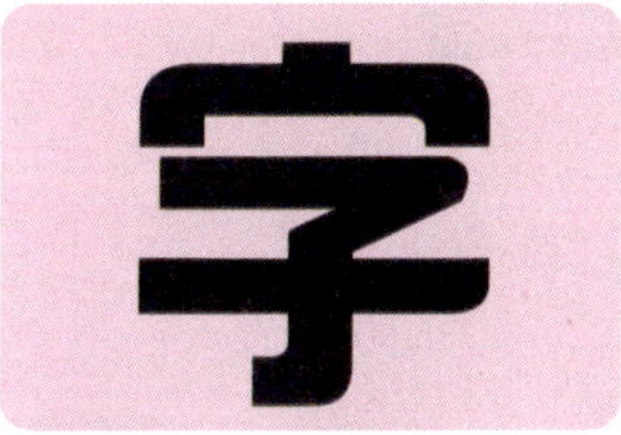

zì

字

部首	宀	笔画	6	组词	汉字
造句	汉字有着悠久的演变历史。				
笔顺	丶 丶 宀 宀 宁 字				

bǐ

笔

部首	竹	笔画	10	组词	钢笔
造句	大伯喜欢用钢笔写字。				
笔顺	丿 𠂉 𠂉 𠃊 ⺮ ⺮ 竺 竺 竺 笔				

chǐ

尺

部首	尸	笔画	4	组词	卷尺
造句	卷尺可以用来测量物体。				
笔顺	乛 コ 尸 尺				

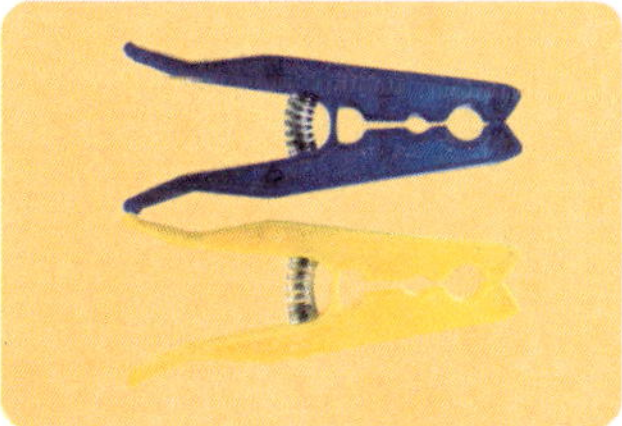

jiā

夹

部首	一	笔画	6	组词	夹子
造句	我用夹子来固定物品。				
笔顺	一 丷 亠 亚 夹 夹				

yán

沿

部首 氵 笔画 8 组词 沿海

造句 这是一座沿海城市。

笔顺 丶 丶 氵 氵 氵 氵 沿 沿

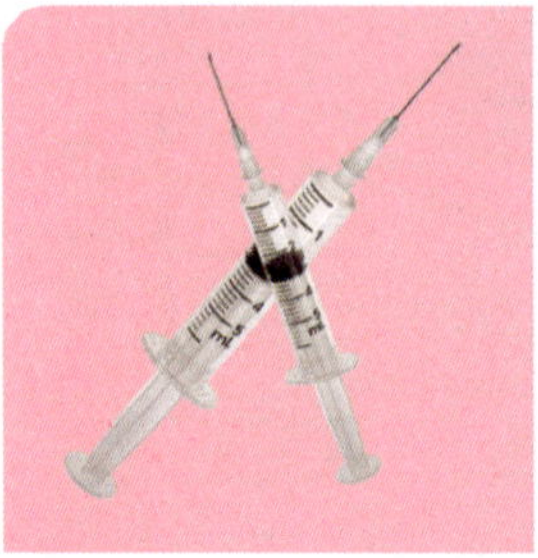

zhù

注

部首 氵 笔画 8 组词 注射

造句 注射器是一种医疗器械。

笔顺 丶 丶 氵 氵 氵 氵 汻 注

shè

涉

部首 氵 笔画 10 组词 涉及

造句 骑行运动者喜欢跋山涉水。

笔顺 丶 丶 氵 氵 汁 汁 汁 浐 浐 浐 涉

fàn

泛

部首 氵 笔画 7 组词 泛舟

造句 他们在湖面上泛舟。

笔顺 丶 丶 氵 氵 氵 泛 泛

cāng

沧

部首 氵 笔画 7 组词 沧桑

造句 文物是风雨沧桑的见证。

笔顺 丶 丶 氵 氵 氵 沦 沧

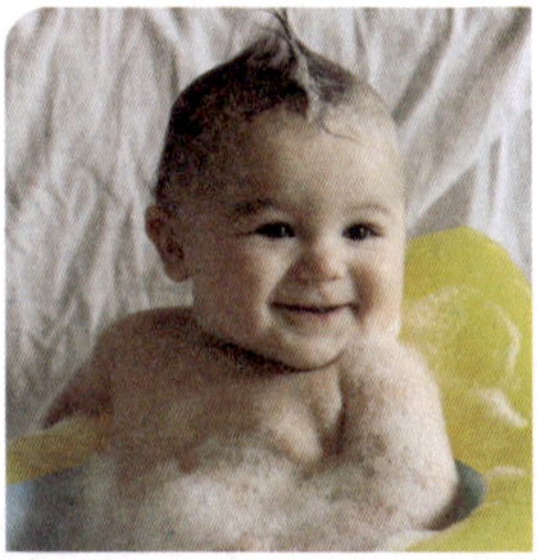

mù

沐

部首 氵 笔画 7 组词 沐浴

造句 小朋友都很喜欢沐浴。

笔顺 丶 丶 氵 氵 汁 汴 沐

qì

气

部首 气 笔画 4 组词 气球

造句 热气球缓缓地升上了天空。

笔顺 ノ 𠂉 乍 气

tài

态

部首 心 笔画 8 组词 液态

造句 水呈现的是液态。

笔顺 一 ナ 大 太 太 态 态 态

wò

沃

部首 氵 笔画 7 组词 肥沃

造句 这片土地十分肥沃。

笔顺 丶 丶 氵 氵 汒 沃 沃

wān

湾

部首 氵 笔画 12 组词 河湾

造句 这是一条蜿蜒绵长的河湾。

笔顺 丶 丶 氵 氵 氵 汴 汴 泞 泞 浐 湾 湾

fèi

沸

部首 氵 笔画 8 组词 沸腾

造句 锅里的水已经沸腾了。

笔顺 丶 丶 氵 汀 沪 泻 涉 沸

zé

泽

部首 氵 笔画 8 组词 沼泽

造句 沼泽具有湿润气候的功能。

笔顺 丶 丶 氵 氵 汉 泽 泽 泽

jiàn

涧

部首 氵 笔画 10 组词 山涧

造句 小溪一路欢唱淌过山涧。

笔顺 丶 丶 氵 氵 氵 汀 汈 涧 涧 涧 涧

xùn

汛

部首 氵 笔画 6 组词 汛期

造句 汛期前要做好抗涝减灾准备。

笔顺 丶 丶 氵 汛 汛 汛

xiè

泻

部首 氵 笔画 8 组词 倾泻

造句 瀑布倾泻而下，气势壮观。

笔顺 丶 丶 氵 氵 氵 泻 泻 泻

xiè

泄

部首 氵 笔画 8 组词 泄洪

造句 泄洪时水花翻滚，水浪轰鸣。

笔顺 丶 丶 氵 氵 汁 沖 泄 泄

xiōng

汹

部首 氵 笔画 7 组词 汹涌

造句 汹涌的浪潮拍打着海岸。

笔顺 丶 丶 氵 氵 汉 汹 汹

yǒng

涌

部首 氵 笔画 10 组词 涌入

造句 海上波涛汹涌，一起一伏。

笔顺 丶 丶 氵 氵 氵 氵 涌 涌 涌 涌

hào

浩

部首 氵 笔画 10 组词 浩渺

造句 雪峰上的夜晚星空浩渺。

笔顺 丶 冫 氵 氵 汇 汁 泩 浩 浩 浩

hàn

瀚

部首 氵 笔画 19 组词 浩瀚

造句 蔚蓝色的大海浩瀚无边。

笔顺 丶 冫 氵 氵 汁 汁 沛 沛 洁 渣 淖 淖 漥 澣 澣 澣 瀚 瀚 瀚

piāo

漂

部首 氵 笔画 14 组词 漂流

造句 男孩在尝试漂流探险项目。

笔顺 丶 冫 氵 氵 汇 沔 沔 洒 洒 洒 湮 漂 漂 漂

jìn

浸

部首 氵 笔画 10 组词 浸入

造句 几颗香瓜被浸入水中清洗。

笔顺 丶 冫 氵 氵 汩 浔 浔 浔 浔 浸

qì

汽

部首 氵 笔画 7 组词 汽车

造句 这辆汽车是乳白色的。

笔顺 丶 冫 氵 氵 汇 汽 汽

yān

淹

部首 氵 笔画 11 组词 淹没

造句 洪水淹没了道路。

笔顺 丶 冫 氵 氵 汁 汰 浃 淹 淹 淹 淹

yòu

柚

部首 木 笔画 9 组词 柚子

造句 柚子长在温暖潮湿的地方。

笔顺 一 十 才 木 木 杣 杣 柚 柚

gān

柑

部首 木 笔画 9 组词 柑橘

造句 北方寒冷不宜种植柑橘。

笔顺 一 十 才 木 木 村 柑 柑 柑

pí

枇

部首 木 笔画 8 组词 枇杷

造句 枇杷滋阴润肺，化痰止咳。

笔顺 一 十 才 木 木 杜 杜 枇

pá

杷

部首 木 笔画 8 组词 枇杷

造句 枇杷树上结了很多果子。

笔顺 一 十 才 木 杙 杷 杷 杷

liú

榴

部首 木 笔画 14 组词 石榴

造句 石榴的籽像一堆水晶豆。

笔顺 一 十 才 木 杉 杉 杉 柳 柳 柳 榴 榴 榴 榴

yē

椰

部首 木 笔画 12 组词 椰汁

造句 椰子汁富含抗氧化物质。

笔顺 一 十 才 木 木 村 村 村 村 椰 椰 椰

jiǎng

奖

部首 大 笔画 9 组词 奖状

造句 学校为三好学生颁发奖状。

笔顺 丶 冫 丬 丬 丬 丬 丬 丬 奖

chéng

惩

部首 心 笔画 12 组词 惩罚

造句 他因做坏事受到了惩罚。

笔顺 丿 彡 彳 彳 彳 彳 彳 征 征 征 惩 惩

zhěng

整

部首 攵 笔画 16 组词 整个

造句 弟弟吃了一整个菠萝。

笔顺 一 一 一 一 申 申 束 束 束 束 敕 敕 敕 整 整 整

bàn

半

部首 丶 笔画 5 组词 两半

造句 我把菠萝切成了两半。

笔顺 丶 丷 丷 兰 半

shū

疏

部首 𤴔 笔画 12 组词 稀疏

造句 湿地植被丰富但树木稀疏。

笔顺 乛 了 𤴔 𤴔 𤴔 𤴔 𤴔 𤴔 𤴔 𤴔 𤴔 疏

mì

密

部首 宀 笔画 11 组词 茂密

造句 热带雨林的树木十分茂密。

笔顺 丶 丶 宀 宀 宓 宓 宓 宓 宓 密 密

yào

药

部首	艹	笔画	9	组词	药物

造句　生病的时候要吃药。

笔顺　一 十 艹 艹 艺 艺 艺 药 药

cái

材

部首	木	笔画	7	组词	材质

造句　这堆木头材质优良。

笔顺　一 十 才 木 木 村 材

zhì

质

部首	贝	笔画	8	组词	质地

造句　银器的质地细腻柔软。

笔顺　一 厂 厂 斤 斤 质 质 质

liáng

量

部首	日	笔画	12	组词	测量

造句　他买了一把卷尺用来测量。

笔顺　丨 冂 日 日 旦 旦 昌 昌 昌 量 量 量

shèng

圣

部首	土	笔画	5	组词	神圣

造句　拉萨是一个神圣的地方。

笔顺　フ 又 圣 圣 圣

dòu

逗

部首	辶	笔画	10	组词	逗弄

造句　猫咪喜欢逗弄毛线团。

笔顺　一 厂 戸 戸 戸 豆 豆 豆 逗 逗

chuī

炊

部首	火	笔画	8	组词	炊烟

造句 灶台炊烟袅袅，这就是生活。

笔顺 丶 丷 丬 火 火' 炒 炊 炊

wū

屋

部首	尸	笔画	9	组词	木屋

造句 爸爸动手搭建了一间木屋。

笔顺 ㇇ ㇇ 尸 尸 屋 屋 屋 屋 屋

jiē

阶

部首	阝	笔画	6	组词	台阶

造句 这里有很多台阶。

笔顺 ㇌ 阝 阝 阶 阶 阶

tī

梯

部首	木	笔画	11	组词	梯子

造句 这是一把木质的梯子。

笔顺 一 十 才 木 木 木 枨 梯 梯 梯 梯

láng

廊

部首	广	笔画	11	组词	长廊

造句 凉亭下是一条长廊。

笔顺 丶 亠 广 广 庐 庐 庐 廊 廊 廊 廊

péng

棚

部首	木	笔画	12	组词	大棚

造句 温室大棚里种植着蔬菜。

笔顺 一 十 才 木 朾 机 朋 朋 棚 棚 棚 棚

qiū

蚯

部首	虫	笔画	11	组词	蚯蚓

造句 蚯蚓没有脊椎，是蠕形动物。

笔顺 丶 冂 口 中 虫 虫 虫 虫 虫 蚚 蚯

yǐn

蚓

部首	虫	笔画	10	组词	蚯蚓

造句 蚯蚓会松土，从而改良土壤。

笔顺 丶 冂 口 中 虫 虫 虫 虫 蚂 蚓

zhà

蚱

部首	虫	笔画	11	组词	蚂蚱

造句 蚂蚱主要危害禾本科植物。

笔顺 丶 冂 口 中 虫 虫 虫 虫 虫 蚱 蚱

yíng

蝇

部首	虫	笔画	14	组词	苍蝇

造句 苍蝇能污染食物传播疾病。

笔顺 丶 冂 口 中 虫 虫 虫 虫 虫 虫 蜗 蝇 蝇 蝇

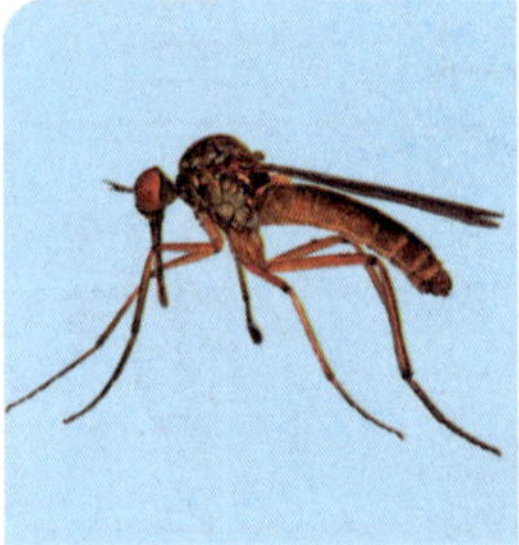

wén

蚊

部首	虫	笔画	10	组词	蚊子

造句 蚊子属于四害之一。

笔顺 丶 冂 口 中 虫 虫 虫 虫 蚄 蚊

hóu

猴

部首	犭	笔画	12	组词	猴子

造句 猴子是很灵性的动物。

笔顺 丿 犭 犭 犭 犭 犭 犭 犭 犭 猴 猴 猴

zhuān

砖

部首 石 笔画 9 组词 红砖

造句 它是用红砖建成的，很漂亮。

笔顺 一 丆 𠂇 石 石 石𠃍 石𠄌 砖 砖

wǎ

瓦

部首 瓦 笔画 4 组词 瓦片

造句 房顶上整齐地排列着瓦片。

笔顺 一 𠃊 瓦 瓦

zhù

柱

部首 木 笔画 9 组词 柱子

造句 这座建筑由很多柱子筑成。

笔顺 一 十 才 木 木` 木亠 朾 杵 柱

liáng

梁

部首 木 笔画 11 组词 屋梁

造句 屋梁是建筑中骨架的主件。

笔顺 丶 丶 氵 汈 汈 沕 沕 梁 梁 梁 梁

píng

屏

部首 尸 笔画 9 组词 屏风

造句 这扇屏风富有诗情画意。

笔顺 𠃌 コ 尸 尸 尸 屄 屄 屏 屏

yán

檐

部首 木 笔画 17 组词 屋檐

造句 屋檐下可以遮风避雨。

笔顺 一 十 才 木 木' 木⺈ 木⺈ 栌 栌 栌 栌 桙 桙 桙 桙 檐 檐

zhǎ

眨

部首 目 笔画 9 组词 眨眼

造句 姐姐眨着眼睛对我笑。

笔顺 丨 冂 月 月 目 目' 目' 眨 眨

fān

翻

部首 羽 笔画 18 组词 翻滚

造句 妹妹正在表演翻跟头。

笔顺 ノ ㇒ ㇒ 亠 平 平 釆 釆 番 番 番 番 番 翻 翻 翻 翻 翻

fān

蕃

部首 艹 笔画 15 组词 蕃茄

造句 我最爱吃糖拌蕃茄。

笔顺 一 十 艹 艹 艹 艹 苎 苹 苹 菜 菜 蕃 蕃 蕃 蕃

tiē

贴

部首 贝 笔画 9 组词 粘贴

造句 创可贴可以用来贴小伤口。

笔顺 丨 冂 贝 贝 贝 贝 贴 贴 贴

sú

俗

部首 亻 笔画 9 组词 风俗

造句 每个地方都有它的风俗。

笔顺 ノ 亻 亻 亻 亻 俗 俗 俗 俗

lǎng

朗

部首 月 笔画 10 组词 朗读

造句 玲玲的朗读声很悦耳。

笔顺 丶 ㇇ ㇇ ㇇ 良 良 朗 朗 朗 朗

luó

箩

部首 竹 笔画 14 组词 箩筐

造句 这只箩筐虽小但能装东西。

笔顺 丿 𠂉 𠂉 𥫗 ⺮ ⺮ 笁 笉 笉 笉 笣 笋 箩 箩

kuāng

筐

部首 竹 笔画 12 组词 竹筐

造句 这只竹筐编织得很精美。

笔顺 丿 𠂉 𠂉 𥫗 ⺮ ⺮ 笁 笁 笁 笁 笁 筐

lán

篮

部首 竹 笔画 16 组词 菜篮

造句 奶奶经常拎着菜篮去买菜。

笔顺 丿 𠂉 𠂉 𥫗 ⺮ ⺮ 竺 竺 竺 竺 竺 竺 竺 竺 竺 篮

lóng

笼

部首 竹 笔画 11 组词 鸟笼

造句 爷爷有一个精巧的鸟笼。

笔顺 丿 𠂉 𠂉 𥫗 ⺮ ⺮ 竺 笋 笼 笼 笼

lǒu

篓

部首 竹 笔画 15 组词 篓子

造句 篓子是由篾子编制成的。

笔顺 丿 𠂉 𠂉 𥫗 ⺮ ⺮ 竺 竺 竺 竺 竺 竺 竺 篓 篓

shāi

筛

部首 竹 笔画 12 组词 竹筛

造句 竹筛上晾着洗好的豆芽。

笔顺 丿 𠂉 𠂉 𥫗 ⺮ ⺮ 竺 竺 竺 竺 筛 筛

guì

跪

部首	⻊	笔画	13	组词	跪地

造句 他是单膝跪地的。

笔顺 丨 ㄇ 口 㔾 㔾 𠯑 𧾷 𧾷 𧾷 𧾷 𧾷 跪 跪

bèng

蹦

部首	⻊	笔画	18	组词	蹦跳

造句 露西性格活泼，喜欢蹦跳。

笔顺 丨 ㄇ 口 㔾 㔾 𠯑 𧾷 𧾷 𧾷 𧾷 𧾷 𧾷 𧾷 𧾷 𧾷 蹦 蹦 蹦

cuān

蹿

部首	⻊	笔画	19	组词	蹿升

造句 他们蹿得很高。

笔顺 丨 ㄇ 口 㔾 㔾 𠯑 𧾷 𧾷 𧾷 𧾷 𧾷 𧾷 𧾷 𧾷 𧾷 𧾷 𧾷 𧾷 蹿

tiào

跳

部首	⻊	笔画	13	组词	跳绳

造句 莉莉在努力地练习跳绳。

笔顺 丨 ㄇ 口 㔾 㔾 𠯑 𧾷 𧾷 𧾷 𧾷 𧾷 跳 跳

cǎi

踩

部首	⻊	笔画	15	组词	踩踏

造句 运动员踩着一只足球。

笔顺 丨 ㄇ 口 㔾 㔾 𠯑 𧾷 𧾷 𧾷 𧾷 𧾷 𧾷 𧾷 踩 踩

tà

踏

部首	⻊	笔画	15	组词	踏步

造句 学生军训正在训练踏步。

笔顺 丨 ㄇ 口 㔾 㔾 𠯑 𧾷 𧾷 𧾷 𧾷 𧾷 𧾷 𧾷 踏 踏

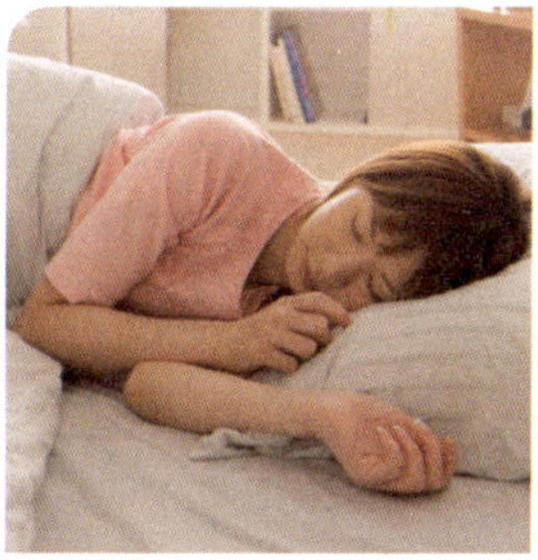

shuì

睡

部首	目	笔画	13	组词	睡眠

造句　她的睡眠质量一直很好。

笔顺　丨 冂 冃 月 目 盯 盰 盱 盱 盱 睡 睡 睡

tǎng

躺

部首	身	笔画	15	组词	躺下

造句　爷孙两个躺在草地上聊天。

笔顺　丿 亻 们 自 自 身 身 躺 躺 躺 躺 躺 躺 躺 躺

pā

趴

部首	⻊	笔画	9	组词	趴下

造句　乐乐开心地趴着拍照。

笔顺　丶 冖 口 尸 㞢 㞢 ⻊ 趴 趴

pá

爬

部首	爪	笔画	8	组词	爬行

造句　小侄子刚刚学会爬行。

笔顺　丿 厂 爪 爪 爬 爬 爬 爬

wò

卧

部首	卜	笔画	8	组词	卧室

造句　小羊羔乖巧地卧在一旁。

笔顺　一 丅 子 孑 孑 臣 卧 卧

dūn

蹲

部首	⻊	笔画	19	组词	蹲守

造句　小男孩蹲在地上。

笔顺　丶 冖 口 尸 㞢 㞢 ⻊ 𧾷 𧾷 𧾷 𧾷 蹈 蹈 蹈 蹈 蹈 蹲 蹲 蹲

yán

严

部首	一	笔画	7	组词	严厉

造句 他是一位很严厉的父亲。

笔顺 一 丅 丌 丌 亚 亚 严

hán

寒

部首	宀	笔画	12	组词	寒冷

造句 尼克感觉到了寒冷。

笔顺 丶 丶 宀 宀 宀 宀 宀 宀 宀 寒 寒 寒

kù

酷

部首	酉	笔画	14	组词	炫酷

造句 涛涛摆了一个炫酷的姿势。

笔顺 一 厂 冂 丙 两 两 酉 酉 酉 酉 酉 酉 酷 酷

shǔ

暑

部首	日	笔画	12	组词	解暑

造句 放暑假了，她们去海边玩耍。

笔顺 丨 冂 日 日 旦 早 昰 昰 暑 暑 暑 暑

yán

炎

部首	火	笔画	8	组词	炎热

造句 沙漠总是格外炎热。

笔顺 丶 丷 火 火 火 火 炎 炎

rè

热

部首	灬	笔画	10	组词	燥热

造句 跑完步会感觉到燥热。

笔顺 一 十 扌 扌 执 执 执 热 热 热

hóng

洪

部首	氵	笔画	9	组词	洪水

造句　洪水无情地吞噬了家园。

笔顺　丶 丶 氵 氵一 氵十 氵廾 泄 洪 洪

hàn

旱

部首	日	笔画	7	组词	干旱

造句　这里常年干旱少雨。

笔顺　丨 冂 日 日 旦 旦 旱

dé

得

部首	彳	笔画	11	组词	得到

造句　乔治得到很多圣诞节礼物。

笔顺　丿 彡 彳 彳 彳冂 彳日 彳日 彳旦 彳旦 得 得

shī

失

部首	大	笔画	5	组词	失落

造句　保险柜里的财物全部丢失。

笔顺　丿 𠂉 二 牛 失

shǐ

始

部首	女	笔画	8	组词	开始

造句　他马上要开始进行比赛了。

笔顺　𡿨 女 女 女厶 女厶 始 始 始

zhōng

终

部首	纟	笔画	8	组词	终点

造句　选手们正在向终点冲刺。

笔顺　𠃋 纟 纟 纟丿 纟夂 终 终 终

cōng

聪

部首	耳	笔画	15	组词	聪明

造句 它们是聪明的动物。

笔顺 一 丆 丌 厅 厅 耳 耳 耳' 耶 耶 聍 聍 聪 聪 聪

bèn

笨

部首	竹	笔画	11	组词	笨重

造句 大象身形庞大显得很笨重。

笔顺 丿 𠂉 𥫗 𥫗 𥫗 𥫗 竺 笁 笨 笨 笨

huì

慧

部首	心	笔画	15	组词	智慧

造句 孔子是一位伟大的智慧者。

笔顺 一 二 三 丰 丰 丰 丰 丰丰 彗 彗 彗 彗 慧 慧 慧

hān

憨

部首	心	笔画	15	组词	憨厚

造句 大熊猫憨厚的模样很可爱。

笔顺 ㇇ 工 子 干 干 耳 耳 耳 耳 敢 敢 敢 憨 憨 憨

líng

灵

部首	火	笔画	7	组词	灵芝

造句 灵芝有极高的药用价值。

笔顺 ㇇ ㇇ 彐 彐 彐 灵 灵

xiān

仙

部首	亻	笔画	5	组词	仙女

造句 嫦娥是神话故事里的仙女。

笔顺 丿 亻 仆 仙 仙

guǐ

鬼

部首 鬼 笔画 9 组词 小鬼

造句 小鬼形象是想象出来的。

笔顺 丿 亻 白 白 白 由 鬼 鬼 鬼

guài

怪

部首 忄 笔画 8 组词 怪物

造句 一群可爱的小怪物们。

笔顺 丶 丷 忄 忆 怀 怪 怪 怪

shé

蛇

部首 虫 笔画 11 组词 蛇胆

造句 蛇是冷血动物。

笔顺 丨 口 口 中 虫 虫 虫 虫 虫 虫 蛇

fán

凡

部首 几 笔画 3 组词 平凡

造句 他们是一对平凡的夫妻。

笔顺 丿 几 凡

bā

吧

部首 口 笔画 7 组词 吧台

造句 吧台上有各种各样的酒。

笔顺 丨 口 口 叩 叩 吧 吧

lā

啦

部首 口 笔画 11 组词 哗啦

造句 她们组建了一支啦啦队。

笔顺 丨 口 口 口 叶 叶 叶 叶 叶 啦 啦

yā

呀

部首 口 笔画 7 组词 哎呀

造句 哎呀！他们真幸福。

笔顺 丨 ㄇ 口 口一 口𠄐 吁 呀

ā

啊

部首 口 笔画 10 组词 啊哈

造句 啊哈！电影真是太精彩了。

笔顺 丨 ㄇ 口 口𠃌 叩 叩一 叩丆 呵 哬 啊

wèi

喂

部首 口 笔画 12 组词 喂食

造句 母亲正在喂食孩子。

笔顺 丨 ㄇ 口 口丨 口冂 口冃 口田 口田 口罒 喂 喂 喂

xiàn

现

部首 王 笔画 8 组词 现代

造句 这是座极具现代化的城市。

笔顺 一 二 干 王 玎 玑 现 现

bì

闭

部首 门 笔画 6 组词 闭上

造句 她轻轻地闭上了眼睛。

笔顺 丶 丨 门 闩 闭 闭

zhēng

睁

部首 目 笔画 11 组词 睁开

造句 她慢慢地睁开了眼睛。

笔顺 丨 冂 月 目 目 盯 盷 眕 睁 睁 睁

shōu

收

部首 攵 笔画 6 组词 收割

造句 农民们正忙着收割庄稼。

笔顺 丨 丩 丩' 屮 收 收

suō

缩

部首 纟 笔画 14 组词 缩进

造句 乌龟可以缩进壳子里。

笔顺 𠃋 纟 纟 纟' 纟' 纩 纩 纩 纩 纩 纩 缩 缩 缩

jī

肌

部首 月 笔画 6 组词 肌肉

造句 拳击教练有一身健硕的肌肉。

笔顺 丿 几 月 月 肌 肌

fū

肤

部首 月 笔画 8 组词 皮肤

造句 她的皮肤保养得很好。

笔顺 丿 几 月 月 月 月 肤 肤

féi

肥

部首 月 笔画 8 组词 施肥

造句 庄稼需要经常施肥。

笔顺 丿 几 月 月 肥 肥 肥 肥

yōng

臃

部首 月 笔画 17 组词 臃肿

造句 这位旅客的身材臃肿。

笔顺 丿 几 月 月 月 月 月 月 月 月 月 月 月 月 臃 臃 臃

zhī

脂

部首 月 笔画 10 组词 松脂

造句 松脂是松树的分泌物。

笔顺 丿 刀 月 月 月' 月' 肸 脂 脂 脂

cháng

肠

部首 月 笔画 7 组词 火腿肠

造句 我最喜欢吃的就是火腿肠。

笔顺 丿 刀 月 月 肑 肠 肠

xiōng

胸

部首 月 笔画 10 组词 胸针

造句 这对胸针真漂亮。

笔顺 丿 刀 月 月 月' 肑 肑 胸 胸 胸

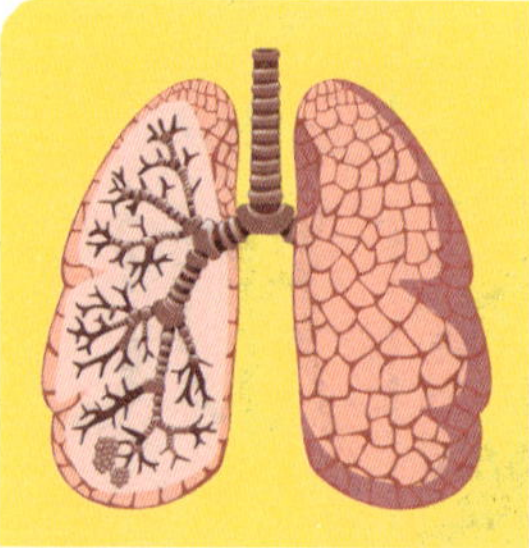

fèi

肺

部首 月 笔画 8 组词 肺部

造句 抽烟会直接损害人的肺部。

笔顺 丿 刀 月 月 月' 肝 肺 肺

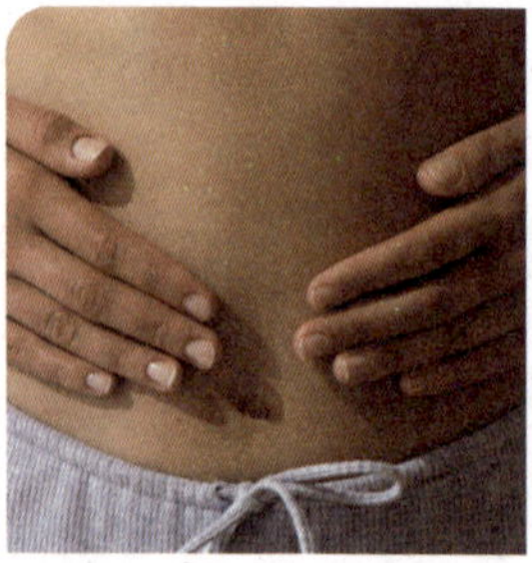

fù

腹

部首 月 笔画 13 组词 小腹

造句 她坚持锻炼减掉了小腹。

笔顺 丿 刀 月 月 月' 月' 月' 胙 胙 胙 脂 腹 腹

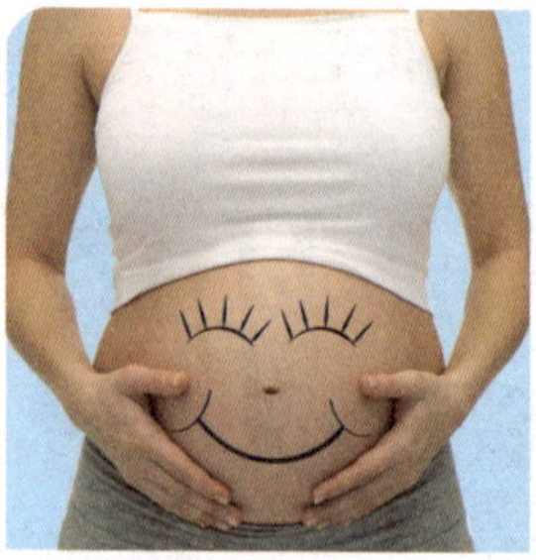

dù

肚

部首 月 笔画 7 组词 肚子

造句 孕妈的肚子里有个宝宝。

笔顺 丿 刀 月 月 月- 肚 肚

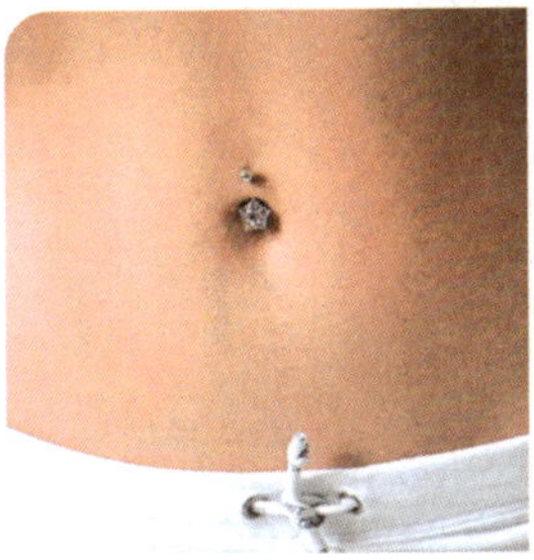

qí

脐

部首	月	笔画	10	组词	脐带

造句 脐带是婴儿与母亲的纽带。

笔顺 丿 几 月 月 月` 月亠 胪 胶 胶 脐

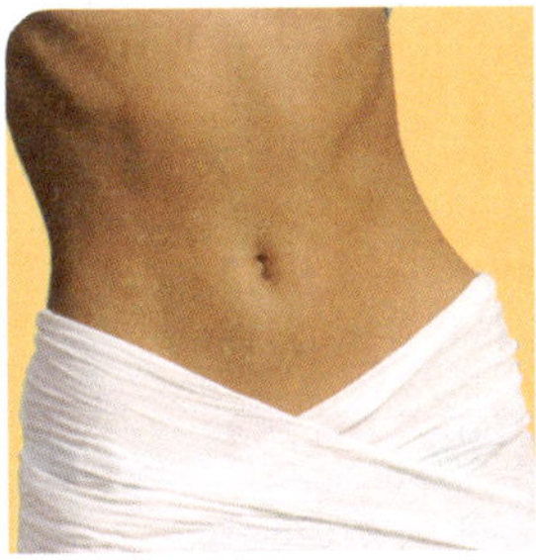

yāo

腰

部首	月	笔画	13	组词	腰部

造句 练瑜伽的人腰部又瘦又细。

笔顺 丿 几 月 月 月一 月冖 月丙 月襾 腼 腼 腰 腰 腰

gē

胳

部首	月	笔画	10	组词	胳膊

造句 健身教练的胳膊肌肉发达。

笔顺 丿 几 月 月 月' 肑 肞 胳 胳 胳

zhī

肢

部首	月	笔画	8	组词	肢体

造句 舞蹈老师的肢体十分灵活。

笔顺 丿 几 月 月 月一 肀 肢 肢

shū

舒

部首	人	笔画	12	组词	舒服

造句 她舒服地靠在沙发上看书。

笔顺 丿 人 𠆢 今 全 舍 舍 舍 舍' 舒 舒 舒

mián

眠

部首	目	笔画	10	组词	睡眠

造句 宝宝成长需要充足的睡眠。

笔顺 丨 冂 冃 月 目 目' 目" 眂 眂 眠

zhāng
张

部首	弓	笔画	7	组词	张开

造句 他张开怀抱拥抱大海。

笔顺 ㇆ ㇆ 弓 弓' 弘 张 张

yáng
杨

部首	木	笔画	7	组词	胡杨

造句 生长在沙漠里的胡杨傲然挺拔。

笔顺 一 十 才 木 杩 杨 杨

zhàn
战

部首	戈	笔画	9	组词	战争

造句 我的愿望是世界和平没有战争。

笔顺 丨 ⺊ ⺊ 占 占 占 战 战 战

dòu
斗

部首	斗	笔画	4	组词	打斗

造句 两只猎豹正在打斗。

笔顺 丶 丶 三 斗

jī
击

部首	一	笔画	5	组词	敲击

造句 她开心地敲击着架子鼓。

笔顺 一 二 干 击 击

zhèn
阵

部首	阝	笔画	6	组词	方阵

造句 战士们排着整齐的方阵前进。

笔顺 ㇋ 阝 阝 阵 阵 阵

zhǐ
指

部首	扌	笔画	9	组词	指点

造句 妹妹指着她喜欢的那个玩具。

笔顺 一 扌 扌 扌 抡 抬 指 指 指

mài
迈

部首	辶	笔画	6	组词	迈步

造句 青年们大胆迈步奔向前方。

笔顺 一 丆 万 万 迈 迈

jiè

借

部首	亻	笔画	10	组词	借阅

造句：同学们经常去图书馆借阅图书。

笔顺：丿 亻 亻 仁 仕 仳 供 借 借 借

zhǎo

找

部首	扌	笔画	7	组词	查找

造句：老师正仔细地查找书籍。

笔顺：一 十 扌 扌 扎 找 找

tán

坛

部首	土	笔画	7	组词	坛子

造句：奶奶用坛子来腌制酸菜。

笔顺：一 十 土 圵 坛 坛 坛

tǎ

塔

部首	土	笔画	12	组词	铁塔

造句：巴黎的埃菲尔铁塔闻名遐迩。

笔顺：一 十 土 圵 圵 垪 垬 坎 坎 塔 塔 塔

dǎo

岛

部首	山	笔画	7	组词	岛屿

造句：海的中间有一座美丽的岛屿。

笔顺：丿 勹 勺 鸟 鸟 岛 岛

yán

岩

部首	山	笔画	8	组词	岩石

造句：山上有许多巨大的岩石。

笔顺：丨 山 山 屵 岸 岩 岩 岩

bì

壁

部首	土	笔画	16	组词	墙壁

造句：这面红色的墙壁很漂亮。

笔顺：乛 コ 尸 尸 吊 吊 启 启 启 启 启 辟 辟 辟 辟 壁

hè

壑

部首	土	笔画	17	组词	沟壑

造句：这里的地形千沟万壑。

笔顺：丶 卜 卜 卢 卢 卢 卢 卢 卢 卢 卢 卢 叡 叡 叡 叡 壑

zhuàn

撰

部首 扌 笔画 15 组词 撰写

造句 学生正在撰写学术论文。

笔顺 一 十 扌 扌 扌 扌' 扌'' 扌'' 扌'' 扌'' 扌'' 扌'' 扌'' 撰 撰

láo

唠

部首 口 笔画 10 组词 唠叨

造句 她唠叨了大半天。

笔顺 丨 口 口 口一 口十 口廾 口艹 口艹 唠 唠

xià

吓

部首 口 笔画 6 组词 惊吓

造句 他们被电影片段吓到了。

笔顺 丨 口 口 口一 叮 吓

chǎo

吵

部首 口 笔画 7 组词 吵架

造句 父母不该在孩子面前吵架。

笔顺 丨 口 口 口丨 口刂 口小 吵

hē

呵

部首 口 笔画 8 组词 呵护

造句 婴儿需要倍加呵护。

笔顺 丨 口 口 口一 口丁 口可 口可 呵

chì

斥

部首 斤 笔画 5 组词 呵斥

造句 他对着电话大声呵斥。

笔顺 ㇀ 厂 斤 斤 斥

yī

依

部首	亻	笔画	8	组词	依然

造句 岁月如歌，他们依然是好朋友。

笔顺 丿 亻 亻丶 亻亠 亻亠丿 亻衣 亻衣 依

wēi

偎

部首	亻	笔画	11	组词	依偎

造句 女儿依偎着妈妈有说有笑。

笔顺 丿 亻 亻丨 亻冂 亻冂 亻田 亻田 亻罒 偎 偎 偎

jià

架

部首	木	笔画	9	组词	书架

造句 书架上摆满了各种书籍。

笔顺 フ 力 力丨 加 加 加一 架 架 架

yǐn

引

部首	弓	笔画	4	组词	指引

造句 路牌是指引方向的。

笔顺 ㇕ コ 弓 引

dī

低

部首	亻	笔画	7	组词	降低

造句 这种户型降低了房子的高度。

笔顺 丿 亻 亻丿 亻丿丨 亻氏 低 低

dào

倒

部首	亻	笔画	10	组词	倒影

造句 他正优雅地倒着红酒。

笔顺 丿 亻 亻一 亻厶 亻至 亻至 亻至 倒 倒 倒

yìng

映

部首 日 笔画 9 组词 放映

造句 他们放映着文件研究方案。

笔顺 丨 ㄇ 日 日 日丨 日冖 日口 映 映

pài

派

部首 氵 笔画 9 组词 派对

造句 大家举办了热闹的派对。

笔顺 丶 丶 氵 氵' 氵厂 氵厂 派 派 派

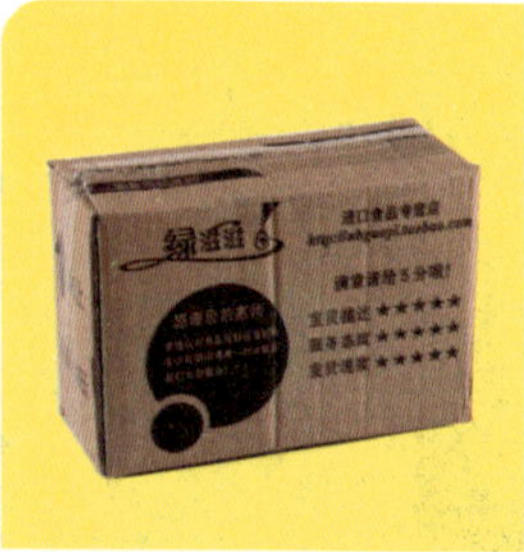

guǒ

裹

部首 衣 笔画 14 组词 包裹

造句 这是一个空包裹。

笔顺 丶 亠 亠 亠 亠 亠 亠 亠 亠 亠 亠 亠 亠 裹

shú

赎

部首 贝 笔画 12 组词 赎罪

造句 恶人要为犯下的罪行赎罪。

笔顺 丨 ㄇ 贝 贝 贝一 贝十 贝士 贝士 贝士 贝士 赎 赎

shì

示

部首 示 笔画 5 组词 警示

造句 牌子提示我们要爱护花草。

笔顺 一 二 亍 亍 示

jué

决

部首 冫 笔画 6 组词 决定

造句 决明子是一种中草药材。

笔顺 丶 冫 冫 冫 冫 决

nán

难

部首	隹	笔画	10	组词	难过

造句 她最近有一些难过。

笔顺 ㇇ 又 又 对 对 对 对 难 难 难

yì

易

部首	日	笔画	8	组词	容易

造句 这些题对我来说很容易。

笔顺 丨 冂 日 日 旦 号 易 易

wū

污

部首	氵	笔画	6	组词	污染

造句 工厂排放了大量的污染物。

笔顺 丶 丶 氵 汀 汚 污

jié

洁

部首	氵	笔画	9	组词	洁净

造句 洗洁精能很好地去除油污。

笔顺 丶 丶 氵 汁 汁 沽 沽 洁 洁

huāng

荒

部首	艹	笔画	9	组词	荒废

造句 这个村庄已经荒废很久了。

笔顺 一 十 艹 艹 芒 芒 芦 茾 荒

liáng

凉

部首	冫	笔画	10	组词	凉菜

造句 这碟凉菜看起来很好吃。

笔顺 丶 冫 冫 冫 冫 冫 冫 凉 凉 凉

shì

世

部首 一 笔画 5 组词 世界

造句 他们家三世同堂其乐融融。

笔顺 一 十 廿 廿 世

jiè

界

部首 田 笔画 9 组词 界碑

造句 这是我们中国的界碑。

笔顺 丨 冂 日 田 田 甲 臾 界 界

lù

陆

部首 阝 笔画 7 组词 陆地

造句 我们主要生活在陆地上。

笔顺 ㇋ 阝 阝一 阝二 阝+ 陆 陆

duān

端

部首 立 笔画 14 组词 端点

造句 服务员绅士地端着碟子。

笔顺 丶 亠 亠 立 立 立' 竗 竗 竗 竗 竗 端 端 端

jiǎn

俭

部首 亻 笔画 9 组词 俭朴

造句 农民伯伯的生活十分俭朴。

笔顺 丿 亻 亻 伶 伶 伶 俭 俭 俭

yuē

约

部首 纟 笔画 6 组词 约束

造句 老师制定了班级公约。

笔顺 ㇜ 乡 纟 纟 约 约

bān

扳

部首	扌	笔画	7	组词	扳手

造句 爸爸买了一把扳手。

笔顺 一 十 扌 扌 扩 扳 扳

bān

颁

部首	页	笔画	10	组词	颁奖

造句 他们正在颁发奖项。

笔顺 丿 八 分 分 分 分 分 颁 颁 颁

zhí

值

部首	亻	笔画	10	组词	值日

造句 强强是今天的值日生。

笔顺 丿 亻 仁 仁 什 仕 佰 佰 值 值

guǎn

管

部首	竹	笔画	14	组词	吸管

造句 这些五颜六色的吸管很漂亮。

笔顺 管 管 管 管 管

fǎng

访

部首	讠	笔画	6	组词	采访

造句 领导正在接受记者的采访。

笔顺 丶 讠 讠 讠 访 访

sù

诉

部首	讠	笔画	7	组词	诉说

造句 他正在诉说自己的心事。

笔顺 丶 讠 讠 订 䜣 诉 诉

jī

积

部首 禾 笔画 10 组词 积木

造句 这是一个积少成多的过程。

笔顺 ㇒ 二 千 禾 禾 和 和 和 和 积

shà

厦

部首 厂 笔画 12 组词 大厦

造句 城市里有许多高楼大厦。

笔顺 一 厂 厂 厂 厂 后 盾 盾 盾 厦 厦 厦

qǐng

顷

部首 页 笔画 8 组词 公顷

造句 我国良田万顷资源丰富。

笔顺 一 ㇗ 匕 匕 匸 顷 顷 顷

zhí

植

部首 木 笔画 12 组词 植物

造句 花园里栽种了很多绿色植物。

笔顺 一 十 才 木 木 朩 杧 枯 植 植 植 植

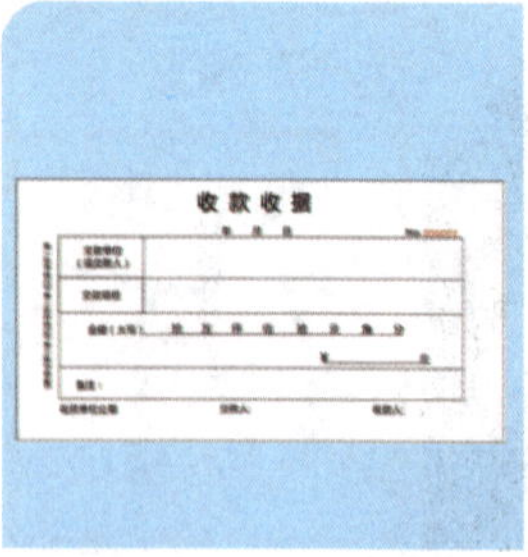

jù

据

部首 扌 笔画 11 组词 收据

造句 这是一张收据单。

笔顺 一 十 扌 扌 扌 护 护 护 据 据 据

lí

鹂

部首 鸟 笔画 12 组词 黄鹂

造句 黄鹂鸟的歌声清脆动听。

笔顺 一 厂 丽 丽 丽 丽 丽 丽 丽 丽 鹂 鹂

chèng

秤

部首 禾　笔画 10　组词 台秤

造句 台秤使用起来方便又简单。

笔顺 丿 二 千 禾 禾 禾 禾 禾 秆 秤

tuó

砣

部首 石　笔画 10　组词 秤砣

造句 秤杆和秤砣组合成一把秤。

笔顺 一 丆 ㄏ 不 石 石 石 矿 矿 砣

guà

挂

部首 扌　笔画 9　组词 悬挂

造句 衣服被整齐地挂在里面。

笔顺 一 十 扌 扌 扌 拄 拄 挂 挂

fàng

放

部首 攵　笔画 8　组词 绽放

造句 小女孩正在学习放风筝。

笔顺 丶 亠 方 方 方 方 放 放

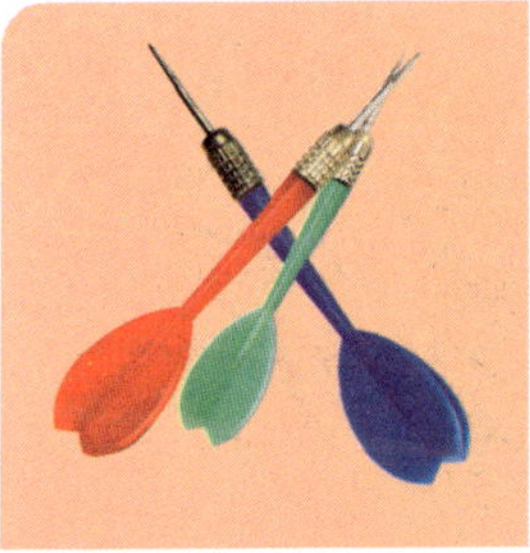

biāo

镖

部首 钅　笔画 16　组词 飞镖

造句 小男孩喜欢玩飞镖。

笔顺 丿 𠂉 𠂉 乍 钅 钅 钅 钔 钾 钾 钾 钾 镖 镖 镖 镖

zhèn

震

部首 雨　笔画 15　组词 地震

造句 地震造成了房屋倒塌。

笔顺 一 ㄏ 币 币 雨 雨 雨 雨 雨 雨 雨 雨 雨 雨 震

yè

页

部首 页 笔画 6 组词 页码

造句 这本书一共有288页。

笔顺 一 丆 丆 百 页 页

yìn

印

部首 卩 笔画 5 组词 印章

造句 爷爷有一个自己的印章。

笔顺 ′ 𠂆 𠂉 𠂎 印

bǎn

版

部首 片 笔画 8 组词 版画

造句 墙面上挂着一幅版画。

笔顺 丿 丿 片 片 片′ 版 版 版

kān

刊

部首 刂 笔画 5 组词 书刊

造句 阅读书刊能拓宽我们的视野。

笔顺 一 二 干 刊 刊

gé

革

部首 革 笔画 9 组词 皮革

造句 皮革可以用来做鞋或包。

笔顺 一 十 廿 廿 廿 芇 苩 莒 革

jí

疾

部首 疒 笔画 10 组词 疾速

造句 高铁疾速飞驰，一啸而过。

笔顺 ` 亠 广 广 疒 疒 疒 疒 疾 疾

bìng
病

部首 疒 笔画 10 组词 生病

造句 她生病了，浑身没有力气。

笔顺 丶 亠 广 广 疒 疒 疒 疔 病
病

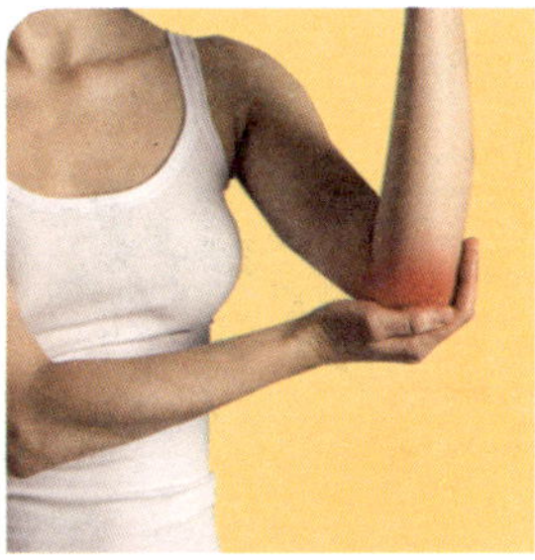

téng
疼

部首 疒 笔画 10 组词 疼痛

造句 她的肘关节疼痛难忍。

笔顺 丶 亠 广 广 疒 疒 疒 疚 疚
疼

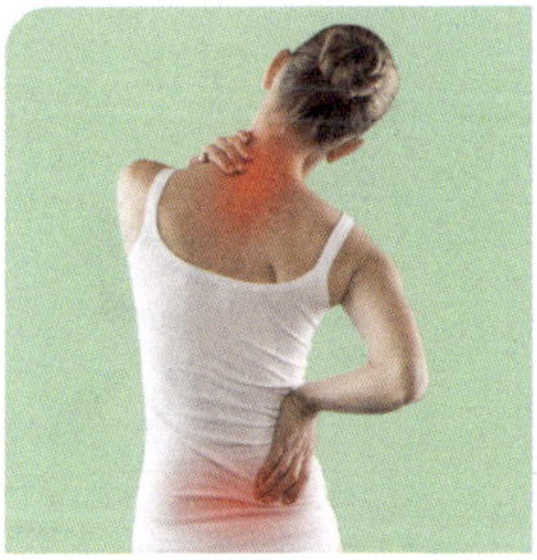

tòng
痛

部首 疒 笔画 12 组词 痛苦

造句 她感到腰酸背痛。

笔顺 丶 亠 广 广 疒 疒 疒 疒 病
痛 痛 痛

yǎng
痒

部首 疒 笔画 11 组词 挠痒

造句 小猴正在挠痒。

笔顺 丶 亠 广 广 疒 疒 疒 疒 痒
痒 痒

jǐ
脊

部首 月 笔画 10 组词 山脊

造句 山脊的另一面是万丈悬崖。

笔顺 丶 冫 㳄 㳄 犮 炏 脊 脊 脊
脊

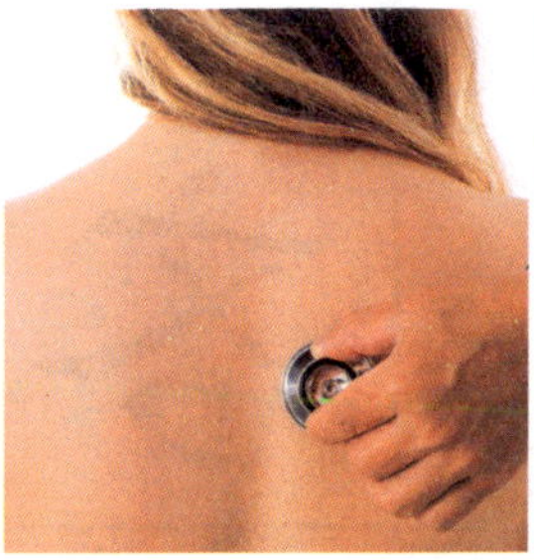

bèi
背

部首 月 笔画 9 组词 背部

造句 医生在检查患者的背部。

笔顺 丨 丬 丬 北 北 北 背 背 背

微 wēi

部首：彳
笔画：13
组词：微小　微米
造句：微米是极小的长度单位。
笔顺：丿 彡 彳 彳' 彳⺈ 彳⺌ 彳⺌ 彳⺌ 彳⺌ 彳⺌ 彳⺌ 微 微

广 guǎng

部首：广
笔画：3
组词：广告　广阔
造句：这里是一片广阔的天地。
笔顺：丶 亠 广

知 zhī

部首：矢
笔画：8
组词：知识　知道
造句：他已经知道了这件事。
笔顺：丿 𠂉 𠂇 午 矢 矢丨 知 知

识 shí

部首：讠
笔画：7
组词：认识　识别
造句：我认识了一些新朋友。
笔顺：丶 讠 讠丨 讠口 讠口 识 识

吝 lìn

部首：口
笔画：7
组词：吝啬　吝惜
造句：她是一个很吝啬的人。
笔顺：丶 亠 亣 文 文 吝 吝

啬 sè

部首：口
笔画：11
组词：吝啬
造句：他对身边的人从不吝啬。
笔顺：一 十 土 土 𠀎 㐄 啬 啬 啬 啬 啬

部首	亻
笔画	13
组词	傻笑 傻气
拼音	shǎ
字	傻

造句 他只是一个劲地傻笑。

笔顺 丿 亻 亻' 亻' 亻ʹ 伯 伯 伯 伯 伯 佴 傻 傻

部首	礻
笔画	9
组词	精神 神色
拼音	shén
字	神

造句 她的神色十分慌张。

笔顺 丶 ㇇ 礻 礻 礻 𥘅 𥘅 和 神

部首	口
笔画	10
组词	哦哦
拼音	ò
字	哦

造句 哦哦，我知道了。

笔顺 丨 ㄇ 口 口' 口ᐟ 吁 呀 哦 哦 哦

部首	口
笔画	5
组词	念叨 唠叨
拼音	dāo
字	叨

造句 妈妈经常在我耳边念叨。

笔顺 丨 ㄇ 口 叼 叨

部首	月
笔画	8
组词	脂肪
拼音	fáng
字	肪

造句 我们要减少脂肪的摄入。

笔顺 丿 刀 月 月 月` 肀 肪 肪

部首	月
笔画	7
组词	肝脏 心肝
拼音	gān
字	肝

造句 孩子是父母的心肝宝贝。

笔顺 丿 刀 月 月 月一 月二 肝

部首	月	dǎn
笔画	9	胆
组词	胆量 胆小	

造句 他生性怯懦，胆小怕事。

笔顺 丿 刀 月 月 月丨 肌 肌 胆 胆

部首	月	wèi
笔画	9	胃
组词	胃口 肠胃	

造句 姥姥的肠胃不太好。

笔顺 丨 冂 冂 田 田 甲 胃 胃 胃

部首	月	shèn
笔画	8	肾
组词	肾脏 肾炎	

造句 肾脏是人体很重要的器官。

笔顺 丨 刂 刂 収 収 肾 肾 肾

部首	月	tún
笔画	17	臀
组词	臀部 臀围	

造句 她的臀部不小心受了伤。

笔顺 ㇇ ㇕ 尸 尸 尸 屏 屏 屏 屏 屏 屏 殿 殿 殿 臀 臀 臀

部首	月	bó
笔画	14	膊
组词	胳膊 赤膊	

造句 他的胳膊被玻璃划破了。

笔顺 丿 刀 月 月 肛 肛 胪 胪 胪 脯 脯 膊 膊 膊

部首	疒	zhèng
笔画	10	症
组词	症状 病症	

造句 医生详细地了解了她的症状。

笔顺 丶 亠 广 广 疒 疒 疔 疔 症 症

昨 zuó

部首：日
笔画：9
组词：昨天 昨晚
造句：昨天发生的事已经过去了。
笔顺：丨 冂 月 日 日' 旷 昨 昨 昨

次 cì

部首：欠
笔画：6
组词：次序 依次
造句：同学们都依次排着队。
笔顺：丶 冫 冫' 冫′ 次 次

寻 xún

部首：寸
笔画：6
组词：寻觅 寻找
造句：墙上贴着一张寻人启事。
笔顺：乛 ⺕ 彐 ⺕ 寻 寻

雇 gù

部首：隹
笔画：12
组词：解雇 雇佣
造句：他因为偷懒被老板解雇了。
笔顺：丶 亠 ⺕ 户 户 户 户 户 户 户 雇 雇

各 gè

部首：口
笔画：6
组词：各个 各位
造句：敌军的防御被各个击破。
笔顺：丿 ク 夂 夂 各 各

定 dìng

部首：宀
笔画：8
组词：决定 定制
造句：哥哥定制了一套西装。
笔顺：丶 丶 宀 宀 宁 宁 定 定

部首	走	zhào
笔画	9	赵
组词	赵氏 姓赵	

造句 完璧归赵是一则成语故事。

笔顺 一 十 土 キ 丰 丰 走 赵 赵

部首	冂	zhōu
笔画	8	周
组词	周围 周末	

造句 周末，我和妈妈一起去逛街。

笔顺 丿 冂 冂 月 用 周 周 周

部首	口	wú
笔画	7	吴
组词	东吴 吴语	

造句 吴刚伐桂是一个神话传说。

笔顺 丨 冂 口 口 旦 旲 吴

部首	阝	zhèng
笔画	8	郑
组词	郑州 郑重	

造句 郑州是河南省的省会。

笔顺 丶 丷 丷 兰 关 关 关 郑

部首	丿	qiáo
笔画	6	乔
组词	乔装 乔木	

造句 他把自己乔装成一个老头。

笔顺 一 二 チ 天 乔 乔

部首	彳	xú
笔画	10	徐
组词	徐缓 徐风	

造句 徐风迎面吹来，舒服极了。

笔顺 丿 彡 彳 彳 彸 徐 徐 徐 徐 徐

部首 阝
笔画 10
组词 城郭 东郭
guō 郭
造句 古城一般都会建造城郭。
笔顺 丶 亠 亣 市 亨 亨 亨 享 享3 郭

部首 冫
笔画 5
组词 冯氏 姓冯
féng 冯
造句 我有一个姓冯的朋友。
笔顺 丶 冫 冫 冯 冯

部首 讠
笔画 6
组词 许愿 默许
xǔ 许
造句 吹生日蜡烛前要先许愿。
笔顺 丶 讠 讠 讠 讠 许

部首 女
笔画 8
组词 姓名 姓氏
xìng 姓
造句 每个人都有自己的姓名。
笔顺 ㄑ 女 女 女 女 女 姓 姓

部首 攵
笔画 10
组词 敌人 敌对
dí 敌
造句 战士们在战场上奋勇杀敌。
笔顺 丿 二 千 千 舌 舌 舌 舌 舌 敌

部首 亻
笔画 8
组词 侠士 武侠
xiá 侠
造句 他很喜欢看武侠小说。
笔顺 丿 亻 亻 亻 亻 亻 侠 侠

增 zēng

部首：土
笔画：15
组词：增加 增添
造句：天气寒冷要增添衣物保暖。
笔顺：一 十 土 圹 圹 圹 圹 圹 圹 圹 圹 坩 埠 增 增

删 shān

部首：刂
笔画：7
组词：删除 删掉
造句：这篇文章要删掉一些句子。
笔顺：丿 刀 刀 冊 册 册 删

强 qiáng

部首：弓
笔画：12
组词：强势 强化
造句：姐姐是个十分强势的人。
笔顺：乛 ㇅ 弓 弘 弘 弘 弘 弘 弘 弭 强 强

弱 ruò

部首：弓
笔画：10
组词：瘦弱 弱点
造句：贫困地区的孩子身体瘦弱。
笔顺：乛 ㇅ 弓 弓 弓 弓 弓 弱 弱 弱

善 shàn

部首：口
笔画：12
组词：善良 改善
造句：她是个心地善良的好姑娘。
笔顺：丶 丷 䒑 䒑 兰 兰 羊 羊 羊 美 善 善

恶 è

部首：心
笔画：10
组词：作恶 恶人
造句：作恶的人是没有好下场的。
笔顺：一 丅 亓 亓 亚 亚 亚 恶 恶 恶